Naturheilkunde
Lexikon

Michael Faller

Naturheilkunde Lexikon

Krankheitsbilder und Heilverfahren

ORBIS VERLAG

ISBN 3-572-01501-4

© 2003 by Orbis Verlag, einem Unternehmen der Verlagsgruppe
Random House GmbH, 81673 München
www.orbis-verlag.de
© der Originalausgabe by Falken Verlag

Zeichnungen: Hartmut Dietrich, Wiesbaden; Gisela Häring, Frankfurt;
Ulrike Hoffmann, Bodenheim; Horst Lünser, Berlin; Gerhard Scholz,
Dornburg-Frickhofen; Agnes Stockmann-Sauer, As-Design, Offenbach
Redaktion: Herta Winkler
Umschlaggestaltung: soldan advertising, München
Herstellung: JUNG MEDIENPARTNER, Limburg/Lahn

Druck: Tesinska Tiskarna

Printed in the Czech Republic

817 2635 4453 62

Inhaltsverzeichnis

Vorwort

Auch wenn ihre Gegner einen Rückfall ins finstere Mittelalter mit Gefahren für Gesundheit und medizinischen Fortschritt heraufbeschwören, erlebt die Naturmedizin seit geraumer Zeit einen ungeahnten Aufschwung. Zum einen ist er begründet in den überzeugenden Therapieergebnissen. Zum anderen erweist sich die Konzeption der offiziellen Medizin, durch immer mehr Arzneimittel, immer gewagtere Operationen Krankheiten zu »reparieren«, zunehmend als verfehlt. Gesünder wurden die Menschen dadurch nicht, sie leben nur länger mit ihren Erkrankungen, die unterdrückt, oft aber nicht ausgeheilt werden.

Der Preis dafür sind Nebenwirkungen, die nicht selten schlimmer als die ursprüngliche Krankheit ausfallen, und ein Medizinbetrieb, der Kranke nicht mehr als körperlich-seelische Einheit annimmt, sondern als bloße »Fälle« behandelt.

Die Naturheilkunde wird als Ganzheitsmedizin den Bedürfnissen kranker Menschen viel besser gerecht. Ihre zahlreichen Heilverfahren aktivieren in erster Linie den »inneren Arzt«, nämlich die jedem Menschen innewohnenden seelisch-geistigen und körperlichen Abwehr- und Selbstheilungskräfte, die Krankheiten nicht nur unterdrücken, sondern ihre Ursachen heilen, ohne daß damit schwerwiegende Risiken verbunden sind. Und sie vermittelt Geborgenheit und Zuwendung, deren Bedeutung für die Heilung nie unterschätzt werden darf.

Oft wenden Kritiker gegen Naturheilmittel ein, daß sie vor allem durch den Glauben der Patienten an die Wirkung (Placeboeffekt) helfen. Dagegen wäre ja auch nichts einzuwenden. Es gibt schließlich keine »Heilung 1. Klasse« durch Arzneimittel und Operationen und »2. Klasse« durch das Vertrauen in die Therapie. Ausschlaggebend ist immer das therapeutische Ergebnis. Aber davon abgesehen trifft es nicht zu, daß Naturheilverfahren überwiegend durch den Placeboeffekt wirken. Mittlerweile gibt es genügend streng wissenschaftliche Untersuchungen, die eindeutig belegen, daß auch einfache Naturheilmittel objektiv wirksam sind.

Nachdem dies nicht mehr länger ignoriert werden kann, vollzieht sich auch in der Schulmedizin allmählich ein Wandel hin zu mehr naturmedizinischem Denken. Typisches Beispiel dafür ist die intensive Erforschung des Immunsystems in den letzten Jahren.

Während es in der Naturmedizin stets im Mittelpunkt stand, glaubte die offizielle Medizin viel zu lange, ohne diesen »inneren Arzt« auskommen zu können. Inzwischen gilt die Immuntherapie für immer mehr Wissenschaftler bereits als eine der größten Hoffnungen zum Beispiel in der Krebsmedizin. Ähnlich verhält es sich mit anderen, früher mißachteten oder gar bekämpften Naturheilverfahren.

Die Zahl natürlicher Heilmethoden ist heute auch für den Fachmann schier unüberschaubar geworden – und längst nicht alle verdienen Vertrauen. Dieses Lexikon will deshalb als Wegweiser durch den Therapiedschungel jene Heilverfahren vorstellen, die sich bewährt haben und teilweise auch zur Selbsthilfe geeignet sind. Damit kommt das Buch dem Bedürfnis mündiger Patienten nach sachlicher Information und aktiver Mitarbeit sowohl bei der Gesundheitsvorsorge als auch bei der Therapie entgegen.

Einführung in die Naturheilkunde

Einfache Naturheilmittel nahmen noch im 19. Jahrhundert breiten Raum in der Medizin ein, denn es gab kaum Alternativen dazu. Erst mit dem Aufschwung der Naturwissenschaften, vor allem der Chemie, begann die Entwicklung chemischer Arzneimittel, die in der modernen Schulmedizin bevorzugt verordnet werden. Sie verdrängten die Naturheilverfahren nicht ganz, aber diese führen in der wissenschaftlichen Heilkunde heute ein Schattendasein.

Nun wird sich auch der überzeugteste Anhänger der Naturmedizin kaum die Zeit zurückwünschen, in denen es keine wirksamen Medikamente zum Beispiel gegen Bakterien gab und Operationen bei vollem Bewußtsein durchgeführt wurden. Trotz aller Vorteile hat die Naturheilkunde eben ihre Grenzen und darf den medizinischen Fortschritt der Schulmedizin nicht ignorieren. Die beiden Therapierichtungen sollen sich nicht gegenseitig ausschließen, sondern sinnvoll ergänzen, damit der kranke Mensch bei geringstem Risiko bestmöglich behandelt wird. In der Praxis bedeutet das, so wenig »Chemie« wie möglich, aber kein Verzicht darauf, wenn Leiden auf andere, natürliche Weise nicht ausreichend gelindert werden kann. Die Bereitschaft zu dieser »Koalition der Vernunft«, die dem Patienten zugute käme, ist leider bei den Vertretern beider Richtungen oft noch zu gering. Auf dem Rücken leidender Menschen trägt man fruchtlose Grabenkämpfe aus. Aber je mehr die wissenschaftliche Forschung die Naturheilkunde bestätigt und erweitert, desto mehr Hoffnung besteht, daß man schließlich doch zu einer vernünftigen Zusammenarbeit findet.

Dazu müssen freilich auch die Patienten selbst beitragen, indem sie nicht länger mit dem Erwartungsanspruch zum Arzt kommen, möglichst rasch und bequem ihre Beschwerden loszuwerden. Gesundheit gibt es nicht auf Krankenschein und Rezept, dazu muß man selbst beitragen. Schließlich sind die heute häufigsten Krankheiten »hausgemacht«, die Folgen von Verhaltensfehlern, die nur durch Korrektur des falschen Verhaltens gelindert und geheilt werden können.

Historische Entwicklung

Naturheilkunde, die Urform der Medizin, kennen nicht nur wir Menschen. Auch kranke Tiere wenden zum Beispiel Fastenkuren, Wasser und sogar Heilpflanzen instinktiv richtig an. Wahrscheinlich folgten die Menschen in grauer Vorzeit zum Teil diesem Beispiel, als sie aus Versuch und Irrtum lernten, mit welchen natürlichen Mitteln sie ihre Verletzungen und Krankheiten heilen konnten.

Anfangs war dieses Wissen Allgemeingut, das mündlich überliefert wurde. Im Laufe der Zeit übertrug man die Sorge für die Gesundheit dann aber bestimmten Personen, oft Priestern und Schamanen. Durch ihr sorgfältig gehütetes »Herrschaftswissen« gewannen sie in vielen Kulturen großen Einfluß.

Ein Relikt aus jener Zeit ist sicherlich die Ehrfurcht, mit der auch heute noch viele Menschen den sogenannten »Halbgöttern in Weiß« begegnen, obwohl deren Ansehen in letzter Zeit vor allem durch die aufgedeckten großen Abrechnungsschwindeleien viel gelitten hat.

Hippokrates (460–375 v.Chr.)

Galenus (129–199 n.Chr.)

Als Begründer der wissenschaftlichen Medizin gilt der griechische Arzt HIPPOKRATES (460–375 v. Chr.). Er formulierte auch schon einen der bis heute gültigen Grundsätze der Naturmedizin: Der Arzt darf der Natur nicht unter dem Vorwand, ihr helfen zu wollen, in »die Zügel fallen«, sondern muß nur die natürlichen Heilkräfte unterstützen, wenn sie allein der Krankheit nicht Herr werden. Anders gesagt: Die Natur heilt, der Arzt kann ihr dabei nur helfen, darf dabei des Guten aber nie zuviel tun. Dieses bescheiden-realistische Verständnis ärztlichen Handelns zeichnet auch die meisten großen Naturheiler aus, der offiziellen Medizin hingegen kam es weitgehend abhanden.

Der hippokratischen Lehren beeinflußten die Medizin der Antike jahrhundertelang. Erst der 124 v. Chr. in Kleinasien geborene ASKLEPIADES und nach der Zeitenwende der in Pergamon geborene Arzt GALENUS (129–199 n. Chr.) ergänzten und erweiterten die Heilkunst des Hippokrates. Der Einfluß von Galenus hielt bis in die Neuzeit an. An der Schwelle vom Mittelalter zur Neuzeit brachte PARACELSUS (1493–1541) frischen Wind in die jahrhundertelang in Dogmen erstarrte Heilkunde. Durch seine unerschrockene Kritik an der etablierten Medizin machte er sich viele Feinde, die ihn um seine Professur in Basel brachten. Danach führte er bis zum Lebensende ein unstetes Wanderleben. Mit Paracelsus beginnt die moderne Naturheilkunde, aber auch die Spaltung der Medizin in die ganzheitlich-biologisch orientierte Richtung und die offizielle, an den Universitäten gelehrte Heilkunde, die den Anspruch der »Wissenschaftlichkeit« für sich allein erhebt. Verschärft wurde diese Trennung in zwei verfeindete Lager im 19. Jahrhun-

Paracelsus (1493–1541)

Samuel Hahnemann (1755–1843)

dert mit dem Aufschwung der Naturwissenschaften.

Als Gegenreaktion darauf formierte sich die Lebensreform- und Naturheilbewegung. Vertreter beider Richtungen polarisierten die Gegensätze derart, daß man lange Zeit kaum mehr zu einem Gedankenaustausch, geschweige denn zur Zusammenarbeit am Krankenbett fand. Erst heute beginnen diese unsinnigen Fronten zaghaft aufzubrechen.

Nicht nur die Schulmedizin errang in den letzten 200 Jahren große Fortschritte, auch die Naturheilkunde entwickelte sich stetig weiter. Zu ihren hervorragendsten Vertretern gehören:

SAMUEL HAHNEMANN (1755–1843), der schon als junger Arzt erkannte, daß die »heroische« Medizin seiner Zeit den Patienten oft mehr schadete als nützte. Daraufhin entwickelte er die Homöopathie, ein revolutionäres neues Heilverfahren, das Erkrankungen nicht massiv durch Gegenmittel bekämpft, sondern durch hochverdünnte Wirkstoffe die körpereigenen Selbstheilungskräfte aktiviert. Sie bildet heute eine Säule der Naturmedizin und findet auch immer mehr Anhänger in der Ärzteschaft, obwohl sie nach wie vor offiziell noch als wissenschaftlich nicht ausreichend begründet gilt.

SEBASTIAN KNEIPP (1821–1897), der weltbekannte »Gießkannenpfarrer« von Wörishofen, der sich in jungen Jahren selbst mit Roßkuren in der eiskalten Donau von schwerer Lungentuberkulose heilte. Ausgehend von den Vorarbeiten der Schweidnitzer Stadtärzte Hahn Vater und Sohn des Laientherapeuten Prießnitz baute er die Wassertherapie zu einem individuell sehr genau und fein dosierbaren Heilverfahren mit vielfältigen Anwendungsmöglichkeiten aus. Seine Kuren, die neben Wasser noch Ernährungsreform, Bewegung an der frischen Luft, Heilpflanzen und eine geordnete Lebensführung umfassen, werden heute weltweit praktiziert, teilweise auch von der offiziellen Medizin.

EMANUEL FELKE (1856–1926), im Volksmund als »Lehmpastor« bekannt, begründete die altbewährte Lehm- und Heilerdebehandlung neu und verhalf ihr zu weltweitem Ansehen. Die von ihm entwickelten Anwendungen, die er durch gesunde Ernährung, Luft, Sonne und Bewegung ergänzte, eroberten sich rasch einen festen Platz in der Naturmedizin, werden teilweise aber auch von der Schulmedizin berücksichtigt.

MAXIMILIAN BIRCHER-BENNER (1867–1939), ein Schweizer Arzt, und WERNER KOLLATH (1892–1970), Professor für Hygiene an der Universität Rostock, machten sich vor allem um die Ernährungsreform verdient. Ihnen verdanken wir grundlegende Erkenntnisse zur Vollwertkost, die heute angesichts der verbreiteten Fehlernährung wichtiger als je zuvor geworden sind. Insbesondere gelang es ihnen, die Ernährungslehre auf eine wissenschaftliche Grundlage zu stellen und ihre große Bedeutung für die Erhaltung oder die Wiederherstellung der Gesundheit einwandfrei nachzuweisen.

Diese und viele ungenannte Ärzte und Laientherapeuten schufen in den letzten zwei Jahrhunderten das umfassende Therapiesystem der modernen Naturheilkunde mit vielfältigen Anwendungsmöglichkeiten, das durchaus gleichberechtigt neben der Schulmedizin steht. Und sie verhinderten mit ihrer Arbeit, für die sie von den Vertretern der offiziellen Medizin meist angegriffen wurden, daß die Naturheilkunde zur völligen Bedeutungslosigkeit herabsank und ihre bewährten Heilverfahren für immer in Vergessenheit gerieten.

Grundsätze der Naturmedizin

Naturheilkunde und offizielle Medizin verfolgen die gleichen Ziele: Wiederherstellung der Gesundheit und Linderung von Symptomen, um dem Patienten bis zur Heilung unnötiges Leid zu ersparen. Dabei folgen sie aber teilweise unterschiedlichen Grundsätzen. Die Schulmedizin ist stark symptomorientiert, hinterfragt also nicht so gründlich wie die Naturheilkunde die eigentlichen Ursachen. Deshalb unterdrückt sie die Beschwerden massiv, wobei auch erhebliche Nebenwirkungen in Kauf genommen werden, und verwechselt die Symptomfreiheit oft schon mit der Heilung. Das entspricht dem naturwissenschaftlichen Lehrgebäude der offiziellen Medizin.

Aus der Sicht der Naturheilkunde sind Krankheiten Ausdruck der Abwehr- und Selbstheilungsversuche, die man nicht um der raschen Symptomfreiheit willen massiv unterdrücken darf. Sonst wird nämlich auch die Selbstheilungskraft eingeschränkt, und die Krankheitsursachen können nicht vollständig überwunden werden, so daß es über kurz oder lang zur erneuten Erkrankung kommt. Daher versucht die Naturheilkunde zwar auch, die Beschwerden zu lindern, unterdrückt sie jedoch nicht so stark, daß dadurch auch die Selbstheilungsfähigkeit lahmgelegt wird. Dies ist einer der wichtigsten Grundsätze der natürlichen Heilweise.

Um die Ursachen einer Erkrankung zu verstehen, beschränkt sich die Naturmedizin nicht auf das Symptombild. Wenn ein Patient zum Beispiel an einer Erkältung leidet, besteht die Ursache aus der Sicht der Schulmedizin in einer Infektion mit Viren, die Therapie in der Beseitigung der Schleimhautentzündung der oberen Atemwege. Die naturmedizinische Behandlung richtet sich zwar auch gegen die

Sebastian Kneipp (1821–1897)

Emanuel Felke (1856–1926)

Entzündung, begnügt sich aber nicht mit diesem lokalen Symptom. Vielmehr stellt man sich die Frage, weshalb das Immunsystem des Kranken nicht stark genug war, um die Erkältung zu verhindern. Ernährt er sich falsch und leidet an Mangelzuständen, die das Immunsystem schwächen? Ist er verweichlicht, weil er sich zuwenig an der frischen Luft bewegt, und deshalb anfälliger für Infektionen? Oder bestehen psychische Probleme, die – wie mittlerweile die wissenschaftliche Psycho-Neuro-Immunologie einwandfrei nachwies – das Immunsystem stören? Der Patient wird mit solchen Fragen also in seiner körperlichen und seelisch-geistigen Ganzheit erfaßt und dementsprechend ganzheitlich behandelt, ein weiterer Grundsatz der Naturmedizin, der ihre oft erstaunlichen Heilerfolge sogar in scheinbar aussichtslosen Fällen erklärt. Erst

durch diese umfassende Diagnose und Therapie werden alle Krankheitsursachen erkannt und beseitigt, sofern sie überhaupt beeinflußt werden können. Das ist im Vergleich zur schulmedizinischen Behandlung oft der unbequemere und zeitaufwendigere, aber auf längere Sicht auch der erfolgreichere Weg.

Schließlich will die Naturmedizin Symptome nicht um den Preis erheblicher Nebenwirkungen rasch beseitigen, denn der letzte wichtige Grundsatz lautet: Vor allem nicht schaden. Wenn man bedenkt, daß die Arzneimittel der Schulmedizin immer häufiger zu Begleiterscheinungen führen, die schlimmer als die eigentliche Krankheit sind, ja sogar bei leichten Erkrankungen tödlich enden können, erkennt man die Bedeutung dieses Grundsatzes, der eigentlich selbstverständlich Maxime ärztlichen Handelns sein sollte. Die offizielle

11

Maximilian Bircher-Benner (1867–1939)

Werner Kollath (1892–1970)

Medizin trägt dagegen meist vor, daß es keine Arzneiwirkung ohne mögliche Nebenwirkungen gibt, aber das trifft so generell nicht zu. Sicher, es gibt Heilpflanzen und andere Naturheilmittel, die Nebenwirkungen verursachen können, meist aber nur, wenn sie nicht korrekt angewendet werden. Die Arzneimittel der Schulmedizin können aber bereits bei sachgemäßem Gebrauch zu ernsten Komplikationen führen. Und bei der homöopathischen Behandlung sind Nebenwirkungen praktisch ausgeschlossen, obwohl sie objektiv wirksam ist.

Methodik und Wirkungsweise

Wenn man die Naturheilkunde wörtlich nimmt, gehören dazu nur die Heilmittel, die in der Natur vorkommen, also vor allem Licht, Luft, Wasser, Erde, Heilpflanzen und Lebensmittel. In der Tat fordern manche Anhänger der Naturmedizin, sich auf diese Anwendungen zu beschränken. Aber dann müßten viele Heilmethoden ausgeklammert werden, zum Beispiel auch die Homöopathie, und die Naturheilkunde wäre neben der offiziellen Medizin nicht mehr »konkurrenzfähig«.

Deshalb muß der Begriff Naturheilmittel heute dem Fortschritt angepaßt werden und neben den klassischen Methoden auch alle anderen Heilverfahren umfassen, die den Grundsätzen der Ganzheit, Aktivierung des »inneren Arztes« und Unschädlichkeit entsprechen. Dadurch wird das Instrumentarium der Naturmedizin so erweitert, daß sie als vollwertige Alternative neben der Schulmedizin bestehen kann. Im lexikalischen Teil dieses Buchs werden die heute gebräuchlichen Naturheilverfahren in diesem erweiterten Sinn ausführlich vorgestellt.

So verschieden die zahlreichen Heilverfahren der Naturmedizin auch erscheinen, weisen sie in ihrer Wirkungsweise doch eine grundlegende Gemeinsamkeit auf: Sie helfen nicht, indem sie lediglich die Symptome unterdrücken, wie es für viele Heilmittel der offiziellen Medizin typisch ist; im Vordergrund der Wirkungsweise steht vielmehr die Anregung der körperlichen und seelisch-geistigen Abwehr-, Widerstands- und Selbstheilungskräfte, mit denen die Natur uns ausgestattet hat. Sie reichen bei vielen Erkrankungen aus, um eine Heilung oder zumindest anhaltende Besserung herbeizuführen, denn die natürliche Tendenz zur Selbstheilung ist sehr stark. Man muß ihr nur freien Lauf lassen und sie fördern, anstatt durch massive symptomunterdrückende Maßnahmen die Abwehrkräfte zusätzlich zu schwächen. Selbst schwerste Krankheiten wie Krebs können dann noch geheilt oder zumindest für eine lange Zeit in Schach gehalten werden.

Heilung nach diesem natürlichen Wirkungsprinzip erfordert etwas mehr Zeit als die bloße Unterdrückung von Symptomen. Der Patient muß also genügend Geduld und Vertrauen aufbringen und auch bereit sein, für eine gewisse Zeit mit Beschwerden zu leben oder gar eine vorübergehende Verschlimmerung als Reaktion auf den Abwehrkampf in Kauf nehmen. Dafür geht er aus einer nach diesem Wirkungsprinzip überwundenen Erkrankung meist gesünder und abwehrstärker hervor und kann zukünftige Krankheiten sicherer vermeiden, wenn er die Krise zum Anlaß für eine Änderung krankheitsfördernder Verhaltensweisen nimmt. Krankheit wird so zur Wende hin zu einem gesünderen Leben, für das sich die aktive Mitarbeit bei der Therapie lohnt.

Vorteile und Grenzen natürlicher Heilverfahren

Die Vorteile der naturgemäßen Therapie im Vergleich zur üblichen schulmedizinischen Behandlung ergeben sich aus den oben beschriebenen Grundsätzen und Wirkungsprinzipien der verschiedenen Naturheilverfahren.

■ Die ganzheitliche Diagnose und Therapie erfaßt alle Krankheitsursachen, nicht nur die Symptomatik, so daß eine grundlegende Umstimmung von Körper, Geist und Psyche als Voraussetzung für völlige Heilung eintritt.

■ Durch Aktivierung der körperlichen und seelisch-geistigen Abwehr- und Selbstheilungsregulationen »doktert« die Naturmedizin nicht nur an den Symptomen herum, sondern versetzt den Kranken in die Lage, letztlich aus eigener Kraft die Ursachen seiner Krankheit zu überwinden.

■ Bei richtiger Anwendung sind die meisten Naturheilverfahren gut verträglich, zumindest frei von ernsten Nebenwirkungen; insbesondere führen sie nicht durch massive Unterdrückung der Symptomatik (die ja letztlich den erwünschten Abwehrkampf des Körpers anzeigt) zur weiteren Schwächung der Selbstheilungskräfte, wie es bei chemischen Arzneimitteln oft der Fall ist.

Aus den Wirkungsprinzipien der Naturheilverfahren erklärt sich aber auch, daß sie keine »Wunder« vollbringen können, sondern bei manchen Erkrankungen an ihre Grenzen stoßen. Bei vielen Menschen sind die Abwehr- und Selbstheilungskräfte heute infolge langjähriger Fehlernährung und ungesunder Lebensführung derart gestört, daß es nicht immer gelingt, sie schnell genug zu aktivieren. Dann kann es zunächst notwendig sein, auch

Arzneimittel der Schulmedizin einzusetzen, um den Patienten von seinen Beschwerden zu entlasten, bis die flankierende naturgemäße Therapie ausreichend wirkt. Bei anderen Erkrankungen muß chirurgisch behandelt werden, weil Naturheilverfahren dagegen nichts ausrichten können, zum Beispiel bei bestimmten Verletzungen.

Und schließlich gibt es Krankheiten, die so schnell und schwer verlaufen, daß es unverantwortlich wäre, allein auf die Widerstandskräfte des Patienten zu bauen, die vielleicht nicht mehr rasch genug aktiviert werden können; das gilt vor allem für ernste bakterielle Infektionskrankheiten, die ohne Antibiotika häufig (oder immer) tödlich enden.

Aber gerade bei den heute am häufigsten vorkommenden Zivilisationskrankheiten, die durch Fehlverhalten verursacht oder gefördert werden, leistet die umfassende naturheilkundliche Therapie hervorragende Dienste, weil sie an den Wurzeln der Erkrankungen ansetzt. Chemische Arzneimittel können in solchen Fällen niemals die von der Naturmedizin verordnete Reform der Verhaltensfehler ersetzen, sie »reparieren« nur schlecht und recht die schlimmsten Folgen.

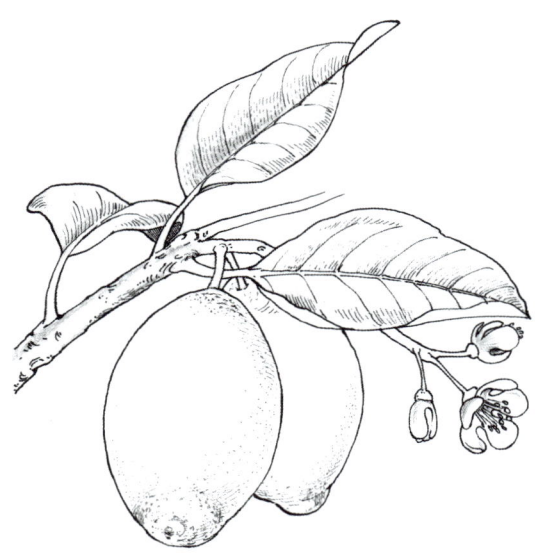

Lexikon

Der folgende lexikalische Teil dieses Buchs erfüllt zwei wichtige Funktionen. Einmal werden darin die heute gebräuchlichen Heilverfahren der Naturmedizin ausführlich vorgestellt, um dem Leser einen Eindruck von der Arbeits- und Wirkungsweise zu vermitteln und ihn in vertretbaren Fällen zur alleinigen oder ergänzenden Selbsthilfe zu befähigen. Dabei wurden bewußt nur solche Heilmethoden ausgewählt, die teils empirisch (also durch praktische Erfahrung), teils auch schon durch exakte wissenschaftliche Untersuchungen hinreichend abgesichert sind.

Auf Heilverfahren, die auch in der Naturmedizin noch heftig umstritten sind, wurde verzichtet. Damit soll nicht vorab gegen solche Heilmittel votiert werden, denn die Naturheilkunde bleibt für neue Therapieansätze immer offen. Aber es ist heute einfach noch nicht möglich, sie abschließend zu beurteilen.

Die andere Aufgabe des Lexikons besteht darin, häufige Krankheiten darzustellen, bei denen Naturheilverfahren sich allein oder ergänzend gut bewährt haben. Das dient nicht allein der Information, sondern ermutigt auch, bei solchen Erkrankungen den naturheilkundlich orientierten Therapeuten aufzusuchen. Außerdem wird zu diesen Krankheitsbildern angegeben, wie sie selbständig oder zusätzlich durch Naturheilmittel für den Hausgebrauch behandelt werden können.

Der so umfassend aufgeklärte Leser wird im Krankheitsfall nie zum »Objekt« der Medizin, läßt sich nicht einfach nur behandeln, damit seine Beschwerden rasch verschwinden. Als mündiger Partner des Therapeuten kann er nämlich seinen eigenen Beitrag dazu leisten.

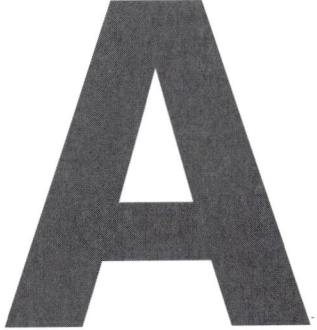

Abführmittel (Laxantien)

Diese Arzneimittel gehören zu den am häufigsten zur Selbsthilfe gebrauchten Medikamenten und werden vor allem von Frauen oft jahre- oder gar jahrzehntelang ununterbrochen angewendet. Dieser Mißbrauch führt vor allem zu chronischen Darmschäden und manchmal lebensbedrohlichen Kaliumverlusten, außerdem verschlimmert sich dadurch meist die ⇨ Stuhlverstopfung. Die Entwöhnung von Laxantien und die Behandlung der Schäden muß frühzeitig durch den Therapeuten erfolgen. Tatsächlich angezeigt sind Abführmittel allenfalls vorübergehend bei hartnäckiger Verstopfung, die anders nicht zu beseitigen ist.

Hält die Darmträgheit über eine längere Zeit an, kann das psychische Ursachen haben, auf Ernährungsfehler oder Krankheiten hinweisen, die durch Laxantien nicht geheilt werden.

Nach der Wirkungsweise unterscheidet man folgende Laxantien:

■ Mittel, die den Stuhlentleerungsreiz auslösen und durch ⇨ Einlauf in den Darm gebracht werden.
■ Salinische Mittel, wie Glaubersalz und manche Mineralwässer, Lactulose und Sorbit, die teils den Darminhalt erweichen, teils zusätzlich die Darmbewegungen anregen.

■ Gleitmittel, zum Beispiel Paraffinöl, die dafür sorgen, daß der Stuhl besser durch den Darm gleitet; sie können zu Verdauungsstörungen und Vitaminmangel führen.
■ Schleimhautreizende Mittel, die streng genommen durch Schädigung der

Der Faulbaum gehört zu den schleimhautreizenden Abführmitteln

Darmschleimhaut den Stuhlgang fördern; dazu gehören die pflanzlichen Mittel Faulbaum, Rhabarber, Rizinus und Senna sowie chemische Wirkstoffe, zum Beispiel Bisacodyl, Natriumpicosulfat und Phenolphthalein.

- Füll-(Ballast-)stoffe, wie Leinsamen und Weizenkleie, die im Darm aufquellen und die Stuhlentleerung mechanisch auf natürliche, unschädliche Weise anregen; bei vollwertiger Ernährung werden sie mit pflanzlicher Kost ausreichend zugeführt.

Da Abführmittel, ausgenommen Ballaststoffe, die Stuhlentleerung künstlich erzwingen, läßt sich häufigere oder ständige Einnahme nicht mit gesunder Lebensführung vereinbaren. Das gilt auch für die rein pflanzlichen Mittel.

Vincenz Prießnitz (1799–1851)

Abhärtung – Abwehrsteigerung

Früher trainierte die einfache, naturnahe Lebensweise mit grober Kost und viel Bewegung an der frischen Luft die Abwehrkräfte ständig, besondere Abhärtung war nicht erforderlich. Mit dem Industriezeitalter veränderten sich auch die Lebensumstände, insbesondere Ernährung, Bekleidung und Raumklima, die Menschen verbrachten immer mehr Zeit in geschlossenen Räumen. Diese naturferne Lebensführung trägt bis heute zur Verweichlichung mit ⇨ Abwehrschwäche bei. Naturheiler wie FELKE, KNEIPP, PRIESSNITZ, RIKLI, Turnvater JAHN und DR. SCHREBER erkannten diese Gefahr frühzeitig. Ihre Heilverfahren mit Licht, Luft, Bewegung und gesunder Kost dienten deshalb auch der Abhärtung, um die Widerstandskräfte gegen schädliche Einflüsse zu steigern.

Abhärtung bedeutet Gesundheitsvorsorge, die durch Training der Kreislauf- und Gefäßregulation, vermehrte Produktion

Arnold Rikli (1823–1906)

Friedrich Ludwig Jahn (1778–1852)

Daniel G. M. Schreber (1808–1861)

von Abwehrstoffen, Aktivierung der Hormonausschüttung vor allem der Nebennieren und Harmonisierung von Nervensystem und Seelenleben den Organismus in die Lage versetzt, Krankheiten erfolgreich abzuwehren. Grundlage der Abhärtung bildet die vollwertige Ernährung mit reichlich pflanzlicher Rohkost, die alle Nähr- und Vitalstoffe für die Körperfunktionen zuführt und für regelmäßige Entschlackung des Darms sorgt (⇨ Diät, ⇨ Ernährungstherapie). Eine weitere unverzichtbare Voraussetzung besteht in ausreichend Bewegung an der frischen Luft bei jedem Wetter (⇨ Bewegungstherapie). Und da auch die Psyche großen Einfluß auf die Abwehrkräfte nimmt, gehört schließlich auch die Ordnungstherapie mit geregelter Lebensweise und ⇨ Entspannungstherapie zur Abhärtung im weiteren Sinn. Mit diesen grundlegenden

Maßnahmen soll frühzeitig begonnen werden, und man behält sie ein Leben lang bei.
Ergänzt werden sie durch kalte Wasseranwendungen (⇨ Kneipptherapie, ⇨ Wassertherapie), die vor allem Durchblutung, Stoffwechsel und Bildung von Abwehrstoffen anregen. Auch Luftbäder und vernünftige Sonnenbäder (⇨ Heliotherapie) sind wichtige Bestandteile des abhärtenden Gesundheitsprogramms. Für die Bekleidung gilt, daß sie nicht zu warm sein darf und möglichst aus Naturmaterialien bestehen soll. Beim Klima in geschlossenen Räumen, in denen sich der moderne Mensch überwiegend aufhält, muß vor allem darauf geachtet werden, daß man sie nicht über 20 – 22 Grad aufheizt, denn das verweichlicht, macht schlapp und müde. Abhärtung bedeutet für den Körper immer eine Belastung, die bei verweichlichten

Anfängern sorgfältig dosiert werden muß, damit es nicht zu Gesundheitsschäden durch Überforderung kommt. Die obigen Maßnahmen dürfen deshalb nicht alle auf einmal eingeführt werden, sondern Schritt für Schritt, bis man das gesamte abwehrsteigernde Programm gut verträgt. Bei regelmäßiger Durchführung schafft man damit eine »sturmfeste« Gesundheit, die viele Krankheiten verhindert.

Ab- und Ausleitung

Diese Heilverfahren beruhen auf der Vorstellung der antiken Medizin, daß Krankheiten durch falsch zusammengesetzte Körpersäfte (Dyskrasie) entstehen. Deshalb versuchte man, Blut und Lymphe durch Ausleitung von Krankheitsstoffen und Ableitung (Umverteilung) in andere Körpergebiete zu behandeln. Diese Humoraltherapie (lateinisch humor=Körperflüssigkeit) wurde von den berühmten antiken Ärzten HIPPOKRATES und GALENUS wissenschaftlich begründet und ausgebaut. Zeitweilig stand sie im Mittelpunkt ärztlichen Handelns.

Die Schulmedizin lehnte die Humoraltherapie lange Zeit ab. Inzwischen wird sie aber wieder mehr beachtet, denn die Erforschung des Lymph- und Immunsystems führte zu Erkenntnissen, die ab- und ausleitende Maßnahmen in ihrer Wirkung zumindest teilweise bestätigen. Wenn diese Heilverfahren nicht längst in Vergessenheit geraten sind, verdanken wir das vor allem dem Dozenten für Gynäkologie und Neurophysiologie DR. BERNHARD ASCHNER (1883–1960), der sie gründlich erforschte und mehrere Fachbücher darüber schrieb.

Zu den wichtigsten ab- und ausleitenden Verfahren nach Aschner gehören Aderlaß, Baunscheidtismus, Blutegel, Cantharidenpflaster und Schröpfen, die unter den entsprechenden Stichwörtern gesondert abgehandelt werden. Hier interessieren lediglich die folgenden Maßnahmen:

■ Ableitung auf den Darm durch Bitter-, Glauber- und Karlsbader Salz, um vermehrt Schlacken auszuscheiden.
■ Ableitung auf das Leber-Gallenblasen-System durch Heilpflanzen wie Artischocke, Löwenzahn, Mariendistel, Tausendgüldenkraut und Wermut, die ebenfalls der Entschlackung und Entgiftung dient und die Verdauungsfunktionen verbessert.
■ Ableitung auf den Magen zur Anregung der Verdauungssäfte durch Bitterdrogen, vor allem Enzian, Kalmus, Tausendgüldenkraut und Wermut.

Gelber Enzian wirkt ableitend auf den Magen

Diese Formen der Ableitung werden meist gemeinsam angewendet. Sie beeinflussen nicht nur das gesamte Verdauungssystem und die Stoffwechsel- und Entgiftungsfunktionen günstig, sondern spielen in der allgemeinen Vorsorge und Grundbehandlung vieler Krankheiten eine Rolle. Die Dauer der Behandlung und die Heilmittel verordnet der Therapeut.

Bei Frauen ist nach fachlicher Anweisung noch die Ableitung durch Anregung der zu schwachen Monatsblutung möglich, die nach DR. ASCHNER ebenfalls der Selbstreinigung dient. Auch die dazu notwendigen Heilmittel müssen verordnet werden, Selbsthilfe ist nicht erlaubt.

Abreibung – Abwaschung

Diese beiden milden Anwendungen verträgt fast jeder, auch der alte und kranke Mensch. Sie härten schonend ab, beleben und erfrischen, fördern Atmung und Kreislauf. Die Wirkung kommt teils durch den mechanischen Reiz, teils durch den Temperaturreiz zustande. Vor der Behandlung muß der Körper durch ⇨ Gymnastik aktiv oder durch die Bettwärme passiv gut durchwärmt werden. Die folgenden Techniken sind für den Hausgebrauch vereinfacht:

Abreibung – der ganze Körper wird in ein naßkaltes, leicht ausgewrungenes Tuch

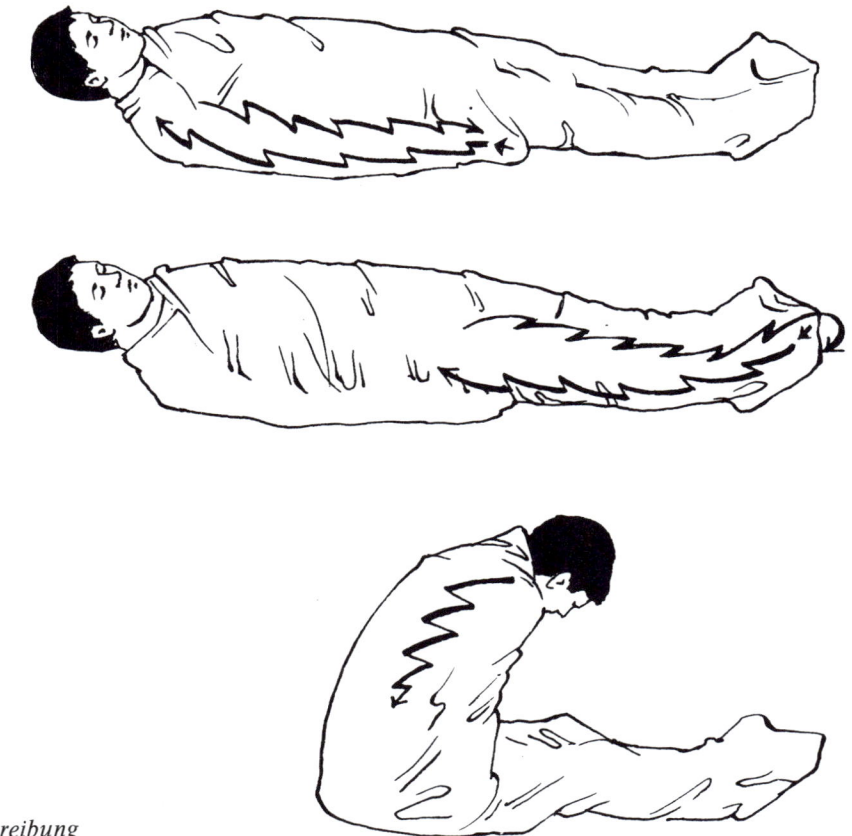

Abreibung

20

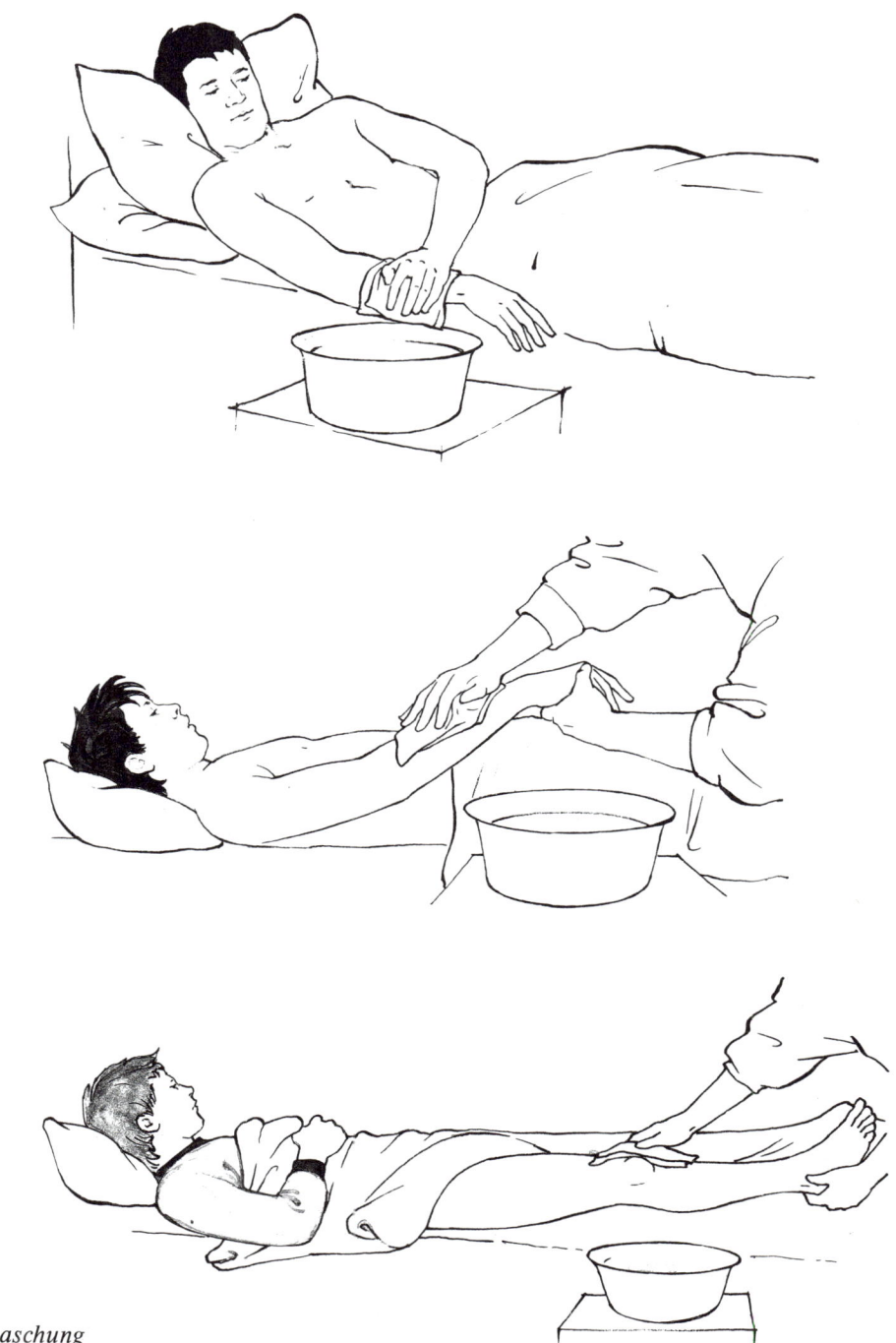

Abwaschung

gehüllt. Ein Helfer legt die Hände fest auf das Tuch und reibt den Körper durch das Tuch in nachstehender Reihenfolge kräftig ab: Rechter Handrücken; am rechten Arm außen empor zur Schulter; innen am Arm zurück zur Hand, wobei gleichzeitig die rechte Brustseite mit abgerieben wird; rechte Rückenhälfte; sinngemäß den linken Oberkörper. Rechter Fuß; am rechten Bein außen empor zur Hüfte; innen am Bein zurück zum Fuß; Fußsohle; sinngemäß das linke Bein. Zum Schluß Rumpf und Gesäß. Für Teilanwendungen an einzelnen Körperabschnitten gilt sinngemäß die gleiche Reihenfolge. Nach der Anwendung kräftig trockenfrottieren und noch eine halbe Stunde im warmen Bett ruhen.

Abwaschung – sie wirkt in gleicher Weise wie die Abreibung, aber etwas stärker. Die Reihenfolge, in der man den Körper abwäscht, und das Verhalten vor und nach der Anwendung entspricht der Abreibung. Der Körper wird nicht in ein naßkaltes Tuch eingehüllt, sondern man verwendet ein passend zusammengefaltetes, grobes Leintuch oder einen Waschlappen. Er wird in kaltes Wasser getaucht, leicht ausgewrungen und dann wie beim Waschen zur Behandlung verwendet, wobei man die Haut kräftig abreibt. Zwischendurch feuchtet man das Tuch nach Bedarf immer wieder neu an.

Beide Anwendungen können zur Abhärtung regelmäßig, am besten jeden Morgen, durchgeführt werden. Bei Krankheiten wendet man sie 3- bis 4mal täglich an, wenn nichts anderes verordnet wird.

Abszeß

Infektionen kleinster Hautrisse und -wunden führen zur Eiteransammlung unter der Haut. Symptomatisch ist die gerötete derbe Schwellung mit Hitze- und Klopfgefühl,

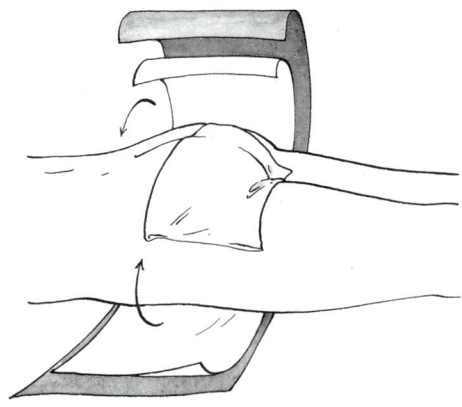

Eine heiße Auflage erweicht den Abszeß

die in der Mitte federnd weich nachgibt; stärkere Schmerzen oder Fieber treten seltener auf.

Die Therapie muß den Durchbruch des Eiters nach außen fördern. Dazu eignen sich ⇨ Wickel mit Alkohol oder ⇨ Heilerde sehr gut.

Von innen unterstützt man die Reifung des Abszesses durch ⇨ Homöopathie, insbesondere die Mittel Hepar sulfuris D 3 und/oder Myristica sebifera D 4. Zugsalben sollten zur Selbsthilfe möglichst nicht verwendet werden, denn sie können auch die Ausbreitung des Eiters im Gewebe (Phlegmone) begünstigen.

Wenn sich der Abszeß nicht bald öffnet, führt der Arzt einen kleinen chirurgischen Eingriff durch. Damit darf man jedoch auf keinen Fall zu lange warten, sonst droht schlimmstenfalls die »Blutvergiftung« als Komplikation.

Wenn Abszesse häufig wiederkehren, ist eine ⇨ Umstimmungstherapie notwendig. Abszesse zwischen den Rippen und in der Becken-Leisten-Gegend sind verdächtig auf Tuberkulose, der Arzt soll in einem solchen Fall unbedingt sofort aufgesucht werden.

Abwaschung
⇨ Abreibung – Abwaschung

Abwehrsteigerung
⇨ Abhärtung – Abwehrsteigerung

Adenoide Wucherungen
Diese Krankheit betrifft Säuglinge und Kinder. Sie führt zur Vergrößerung der Mandeln, chronischer Nasen-Nebenhöhlen-Entzündung, Ohrtrompeten-Mittelohr-Katarrh und Schwellung der Halslymphknoten. Damit verbunden ist die erhöhte Anfälligkeit für Erkrankungen der Atemwege; die Entwicklung der Kinder wird allgemein behindert.
Als Ursache liegt eine Fehlfunktion des lymphatischen Systems mit Abwehrschwäche zugrunde. Die Therapie entspricht der bei chronischen ⇨ Mandelentzündungen.

Aderlaß
Dieses seit alters bekannte Heilverfahren wurde vor allem im Mittelalter viel zu häufig angewendet, so daß es den Patienten oft schadete. Deshalb geriet es in Verruf und wird heute selten verordnet. Dabei könnte es bei richtiger Anwendung vielen Kranken gut helfen.
Zu den wichtigsten Heilanzeigen gehören alle Erkrankungen, die mit einer Verdikkung des Bluts einhergehen. Dazu gehören einige der heute verbreitetsten Zivilisationskrankheiten, vor allem die Einlagerung von Eiweiß in den Gefäßwänden bei falscher Ernährung, die ⇨ Arterienverkalkung begünstigt, hohe Blutfettwerte, ⇨ Bluthochdruck und ⇨ Zuckerkrankheit. Ferner können Aderlässe Herzinfarkt (⇨ Herzleiden) und ⇨ Schlaganfall vorbeugen, ⇨ Rheumatismus lindern, durch Blutreinigung entgiften und eine ⇨ Umstimmung des ganzen Körpers bewirken. Bei alten Menschen wird der träge gewordene Stoffwechsel dadurch wieder angeregt.
Der Aderlaß wird immer vom Arzt durchgeführt und ähnelt dem Blutspenden: aus der Armvene werden 100 bis 500 Milliliter Blut entnommen. Dadurch verdünnt sich das Blut, strömt besser durch den Körper und gelangt auch wieder in die feinsten Kapillaren. In der Regel wiederholt man Aderlässe in unterschiedlich langen Abständen, bei alten Menschen können sie auch regelmäßig zur Vorsorge durchgeführt werden.

Akne
Die typische Pubertätsakne kommt bei jungen Menschen verbreitet vor und belastet auch psychisch stark, insbesondere wenn sie schwer verläuft und lange Jahre dauert. Ihre Ursachen sind noch nicht restlos geklärt; hauptsächlich entsteht sie aber wohl durch hormonelle Veränderungen während der Pubertät, außerdem teilweise durch die damit verbundenen psychischen Einflüsse. Ferner können im Einzelfall noch erbliche Faktoren, Ernährungsfehler und Magen-Darm-Störungen eine Rolle spielen. Die Krankheit heilt zwar immer aus, aber das kann bis zum 25. Lebensjahr, manchmal sogar noch wesentlich länger dauern. Bei unsachgemäßer Behandlung bleiben oft entstellende Narben zurück, die seelisch belasten. Deshalb darf Akne nie als bloßes »kosmetisches Problem« auf die leichte Schulter genommen werden.
Bei Akne besteht eine übermäßige Talgproduktion, die schwärzliche Mitesser, eiternde Pusteln und entzündliche rote Knötchen hervorruft. Bevorzugt treten diese Symptome im Gesicht, am Nacken,

Rücken und auf der oberen Brust auf. Die Behandlung ist langwierig und darf sich nicht auf äußerliche Anwendungen beschränken, sondern soll auch innerlich erfolgen und das Seelenleben mit einbeziehen. Folgende Maßnahmen gehören zur Basistherapie:

- Seifenfreie gründliche Reinigung der betroffenen Hautpartien mit Syndets, die den Säureschutz der Haut nicht zerstören, am Morgen und Abend; anschließend Auftragen spezieller Aknelösungen, -cremes und -salben, die oft Schwefel zur Regulierung der Talgproduktion enthalten.
- Wöchentlich 3- bis 4mal ⇨ Dampfbäder für das Gesicht, Masken mit ⇨ Heilerde, Waschungen des Gesichts mit Ackerschachtelhalm- und mit Kamillentee (⇨ Heilpflanzen).
- Rohkostreiche, fett- und gewürzarme Ernährung, bei schwerem Verlauf auch streng vegetarische Kost und kurze umstimmende Fastenkuren (⇨ Heilfasten); bei Neigung zu Stuhlverstopfung außerdem Leinsamen und Weizenkleie zur Nahrungsergänzung und ⇨ Symbioselenkung.
- Verzicht auf Genußmittel, vor allem Nikotin und Süßigkeiten (Schokolade), auch nur mäßig Alkohol und Kaffee.
- ⇨ Blutreinigungskuren durch Heilpflanzen, wie Brennessel und Löwenzahn.
- Ausreichend Bewegung an der frischen Luft, vorsichtige Sonnenbäder (⇨ Heliotherapie), geregelte Lebensweise ohne übermäßigen ⇨ Streß, ⇨ Entspannungstherapie und ⇨ Autosuggestion, um die Psyche zu beeinflussen.

In leichteren Fällen genügt diese Basistherapie meist, um das Krankheitsbild deutlich zu bessern und bald auszuheilen. Verläuft die Akne schlimmer und/oder dauert sie länger, müssen zusätzlich Arzneimittel verordnet werden. ⇨ Homöopathie bewährt sich meist gut, die individuell angezeigten Mittel muß der Fachmann auswählen. In besonders schweren Fällen sind für kurze Zeit auch äußerlich und/oder innerlich Antibiotika angezeigt. Hormone kommen nur selten (möglichst äußerlich) in Frage, weil man bei jungen Menschen nicht derart massiv in den Hormonhaushalt eingreifen sollte. Mit etwas Geduld und Konsequenz kann Akne im allgemeinen aber durch natürliche Heilverfahren gut beeinflußt werden.

Sonderformen der Akne entstehen unabhängig vom Alter durch unverträgliche Stoffe (oft berufsbedingter Kontakt), zum Beispiel Chlor-, Brom-, Jod-, Teer-, Staubakne. Solche Fälle erfordern stets fachliche Diagnose und Behandlung.

Akupressur – Akupunktur

Wer diese beiden Heilverfahren einst begründete, läßt sich heute nicht mehr nachvollziehen. Am Anfang stand wahrscheinlich die praktische Erfahrung, daß man Symptome lindern kann, indem man druckempfindliche und schmerzende Hautpunkte massiert. Dieses Phänomen erforschten die Chinesen genauer und entwickelten daraus vor 5 bis 6 Jahrtausenden ein Therapiesystem, das zunächst wahrscheinlich nur in der Akupressur durch Fingerdruck bestand. Weitere Experimente, bei denen man anfangs die Hauptpunkte mit spitzen Steinen und Holzstäbchen, später auch mit Nadeln behandelte, schufen dann die Akupunktur. Im westlichen Kulturkreis erfuhr man erstmals im 17. Jahrhundert durch Missionare von dieser Heilkunst, die aber rasch wieder vergessen wurde. Erst 1939 fand sie durch den Bericht des in Indochina stationierten französischen Diplomaten DE MORANT erneut Beachtung im Westen, ging

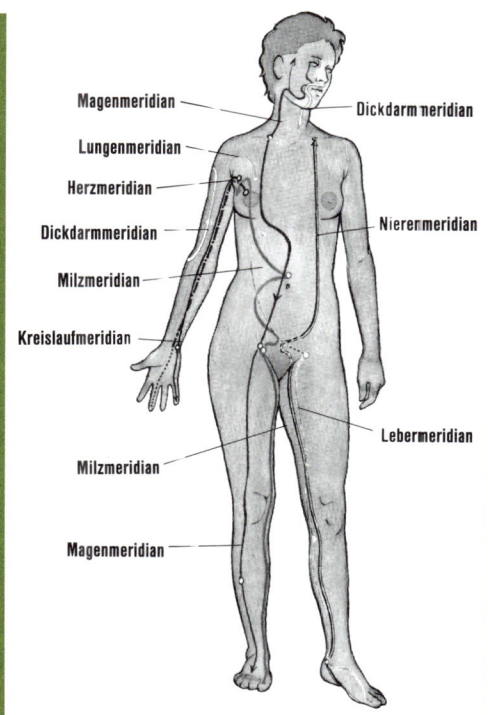

Magenmeridian

Lungenmeridian

Herzmeridian

Dickdarmmeridian

Milzmeridian

Kreislaufmeridian

Milzmeridian

Magenmeridian

Dickdarmmeridian

Nierenmeridian

Lebermeridian

Beispiel für den Verlauf verschiedener
Akupressurmeridiane (Vorderansicht)

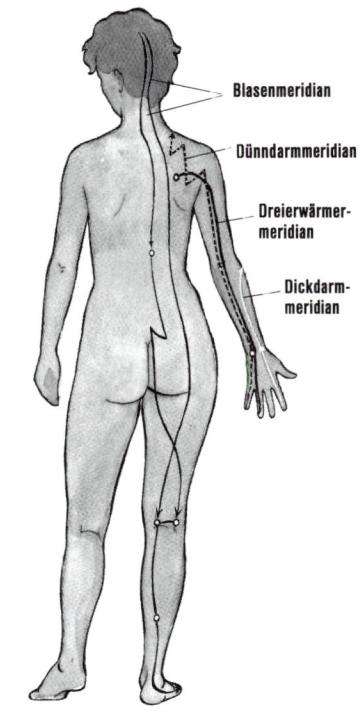

Blasenmeridian

Dünndarmmeridian

Dreierwärmer-
meridian

Dickdarm-
meridian

Beispiel für den Verlauf verschiedener
Akupressurmeridiane (Rückansicht)

aber nochmals in den Kriegswirren unter. Seit den 60er Jahren befaßt sich die westliche Medizin eingehend mit Akupressur und Akupunktur. Zum Teil konnten ihre Wirkungen schon wissenschaftlich bestätigt werden, aber eine befriedigende umfassende Erklärung steht noch aus. Deshalb bestehen noch erhebliche Vorbehalte in der Schulmedizin, während die Naturheilkunde diese Therapieformen heute ganz selbstverständlich einsetzt.

Grundlagen der chinesischen Medizin: Asiatische Heilkunst wird stark von traditionellen philosophisch-religiösen Vorstellungen geprägt, die dem streng naturwissenschaftlichen Denken der westli-

chen Medizin schwer zugänglich sind. Es führte zu weit, diese Grundlagen hier ausführlich darzustellen. Vereinfacht gesagt beruhen Akupressur und Akupunktur auf der Theorie, daß im gesunden Organismus Lebensenergie ungestört durch Energiebahnen zirkuliert, die man als Meridiane bezeichnet. Teils handelt es sich um Erbenergie, teils um aus Atmung und Verdauung ständig neu gewonnene Energien. Anatomisch nachgewiesen wurden die Meridiane noch nicht, aber man kann sie aus praktischer Erfahrung ableiten und die Energie an ihren Wirkungen erkennen. (Der westlichen Medizin genügt das aber nicht als Beweis.) Krankheiten entstehen, wenn dieser Energiefluß gestört wird.

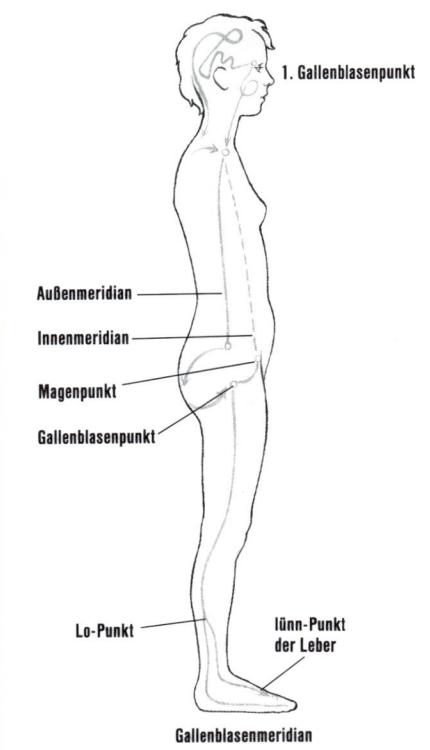

*Beispiel für den Verlauf eines Akupressur-
meridians (Seitenansicht)*

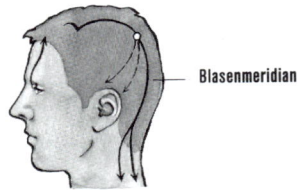

*Beispiel für den Verlauf eines Akupressur-
meridians am Kopf*

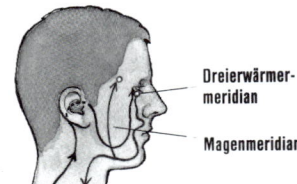

*Beispiel für den Verlauf eines Akupressur-
meridians am Gesicht*

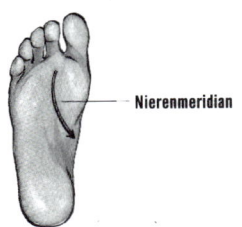

*Beispiel für den Verlauf eines Akupressur-
meridians am Fuß*

Hauptsächlich besteht das Energiesystem des Körpers aus 12 Organ- und 6 »Wunder-«Meridianen. Die Organmeridiane faßt man zu 6 Paaren zusammen. Sie versorgen Herz, Kreislauffunktionen, Nieren, Harnblase, Magen, Dünn-, Dickdarm, Leber, Gallenblase, Milz, Lungen und das bei uns unbekannte »Drei-Erwärmer-Organ« zur Umsetzung der Nahrung in Energie. Durch Längs- und Querverbindungen stehen diese Meridiane miteinander in Beziehung. Die »Wunder-« (im Sinne von außergewöhnlich) Meridiane sind an den Abwehr- und Drüsenfunktionen beteiligt, versorgen Skelett, Nerven-, Genital-, Leber-Gallenblasen-System und Blutzirkulation mit Energie und regulieren den Energiehaushalt insgesamt. Daneben gibt es noch Sehnen-Muskel- und Sondermeridiane, die weitere Verbindungen zwischen den Hauptmeridianen herstellen, damit alle Organe und Gewebe mit Energie versorgt werden.

Über den Meridianen befinden sich auf der Haut zahlreiche Punkte (über 700 sind bisher sicher bekannt). In ihnen wird die Energie konzentriert oder zur Körperoberfläche geleitet und Umwelt-(Krankheits-)energie aufgenommen. Für Diagnose und Therapie sind diese Punkte in folgender Weise bedeutsam:

- Störungen des Energiestroms in den Meridianen, die zur Erkrankung führen, können durch Druckempfindlichkeit oder Schmerzhaftigkeit der Punkte diagnostiziert werden; objektiv meßbar ist dabei eine Veränderung des elektrischen Hautwiderstands über den jeweiligen Punkten.
- Durch Akupressur und ähnliche Techniken an den diagnostizierten Punkten wird der Energiestrom wieder harmonisiert und Krankheitsenergie ausgeleitet; das lindert die Symptome und heilt die Erkrankung aus.

Wenn man diese Vorstellungen der chinesischen Medizin vorurteilsfrei auf ihren Kern reduziert, lassen sie sich durchaus mit dem Wissen der westlichen Medizin in Einklang bringen.

Techniken der Punktbehandlung:

- Akupressur als (wahrscheinlich) älteste Form der Punkttherapie ist so einfach, daß man sie nach der Anleitung eines guten Fachbuchs auch zur Selbsthilfe bei leichteren Krankheiten anwenden kann. Die druckempfindlichen oder schmerzenden Punkte werden dabei durch kreisend-drückende Bewegungen mit den Fingerkuppen (seltener Handflächen) so behandelt, daß sich der gestörte Energiestrom wieder harmonisiert. Der unterschiedlich starke Druck wird einige Sekunden bis mehrere Minuten lang ausgeübt, bei akuten Beschwerden in Abständen von 1 bis 2 Stunden, sonst 2- bis 4mal täglich. Das genügt zur Behandlung einfacherer Erkrankungen und zur Soforthilfe bei plötzlich auftretenden Symptomen, ersetzt aber nicht in jedem Falle eine fachliche Hilfe.

- Akupunktur erfolgt mit dünnen Edelstahl-, Gold- und Silbernadeln, manchmal auch mit einem Nadelhämmerchen. Die Nadeln werden unterschiedlich tief in die Punkte eingestochen und bleiben meist 15 bis 60 Minuten darin, wobei sie auch gedreht werden können, mit dem Nadelhämmerchen beklopft man die Punkte. Die Wirkung tritt meist deutlicher als bei Akupressur ein und hilft deshalb auch bei stärkeren Beschwerden. Akupunktur bleibt aber immer fachlicher Anwendung durch den Therapeuten vorbehalten.
- Elektroakupunktur durch niederfrequenten Strom zwischen 1,5 und 9 Volt wurde in den 60er Jahren im Westen als Alternative zur Nadelbehandlung ent-

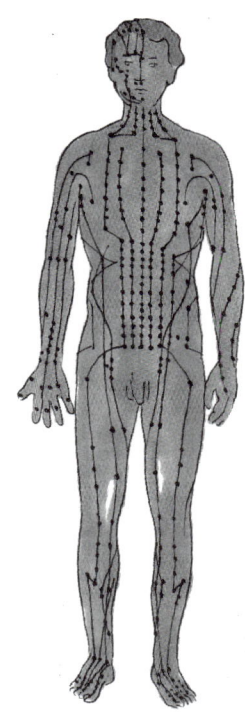

Akupunkturpunkte auf den verschiedenen Meridianen

wickelt. Dabei wird der Strom mit Elektroden auf die Punkte übertragen, ohne daß ein unangenehmer Nadeleinstich erforderlich ist. Es kann lediglich zu einem prickelnden oder pulsierenden, nicht schmerzhaften Gefühl kommen. Die Wirkung ist ähnlich gut wie bei Akupunktur. Selbsthilfe nach einem speziellen Buch ist durch Elektroakupunktur bedingt möglich, besser überläßt man die Anwendung aber dem Fachmann.

■ Laserakupunktur erfolgt mit scharf gebündeltem Laserlicht, das auf die zu behandelnden Punkte gerichtet wird. Die Wirkung gleicht der bei Elektroakupunktur, ein Einstich in die Haut erfolgt nicht. Nur der Therapeut darf diese Technik anwenden.

■ Moxibustion, eine traditionelle Sonderform der Punktbehandlung, kann vor allem bei Energieblockaden und stärkeren Schmerzen wirksamer sein. Dazu verwendet man Moxakugeln aus Heilpflanzen oder mit Kräutern gefüllte, zigarettenähnliche Papierrollen. Sie werden angezündet und dann (so nahe wie erträglich) an die Punkte herangeführt, um den Energiefluß anzuregen. Die abbrennenden Kugeln können auch auf Akupunkturnadeln gesteckt werden, die zuvor in die Punkte gestochen wurden. Es gibt auch ein Sieb, in dem man Kräuter verbrennt, um mit dem Rauch Meridiane zu bestreichen. Diese Technik bleibt immer fachlicher Anwendung vorbehalten und ist bei akuten Krankheiten, im Gesicht, an Zonen mit Herzenergie und am Unterleib schwangerer Frauen nicht erlaubt.

■ Aurikulartherapie behandelt nicht die Punkte am Körper, sondern geht davon aus, daß sich an der Ohrmuschel ebenfalls Punkte (rund 120 sind heute bekannt) mit Beziehungen zu Meridianen und inneren Organen befinden, die durch Punktur, Akupressur, Elektro- und Laserstimulation, teilweise auch durch Magneten beeinflußt werden können. Die Wirkung auf den Energiestrom ähnelt der anderer Techniken, oft wird die Ohr- mit der Körperakupunktur kombiniert. Nach einem guten Buch kann die Aurikulartherapie teilweise auch zur Selbsthilfe durchgeführt werden.

Anwendungsgebiete der chinesischen Punktbehandlung: Da Störungen des Energiestroms aus der Sicht der chinesischen Medizin die Grundursache der meisten (aller?) Krankheiten darstellen, zeichnen sich Akupunktur und ähnliche Techniken durch vielfältige Einsatzmöglichkeiten aus. Grundsätzlich erscheint es möglich, damit praktisch alle Erkrankungen günstig zu beeinflussen, zumindest andere Heilverfahren wirksam zu ergänzen. Zu den wichtigsten, heute schon besser erforschten Indikationen, die auch in der westlichen Punktbehandlung anerkannt werden, gehören vor allem:

■ Schmerzzustände unterschiedlicher Ursachen, wobei die Punkttherapie nicht nur die Schmerzen unterdrückt, sondern durch Harmonisierung des Energiestroms auch die Krankheitsursachen beeinflußt. Vor allem Kopf-, Nervenschmerzen, Ischias, Migräne, rheumatische Schmerzen und Zahnschmerzen sprechen gut auf die Therapie an.

■ Psychosomatische Funktionsstörungen innerer Organe durch seelisch-nervöse Einflüsse, die heute weit verbreitet sind; unter anderem gehören dazu Herz-, Kreislauf- und Verdauungsstörungen ohne erkennbare organische Ursachen.

■ Allgemeine Nervosität, Schlafstörungen, Depressionen, Angstzustände und Wetterfühligkeit, ebenfalls weit verbrei-

tete Beschwerden des heutigen Menschen.
- Organische Herz-, Kreislauf-, Blutdruckstörungen, Magen-Darm-Katarrhe, Verstopfung, Durchfall, Husten, Nebenhöhlen- und Mandelentzündungen, Asthma und andere Atemstörungen.
- Knochen-, Gelenkerkrankungen, Muskellähmungen, Krämpfe und Koliken.
- Linderung der Symptome und Anregung der Körperabwehr bei Infektionskrankheiten, vor allem Erkältungen und grippale Infekte.
- Seh-, Hörstörungen und Schwindelanfälle bei Ohrenleiden.

Aber dies stellt nur eine kleine Auswahl möglicher Indikationen dar, bei denen die Punktbehandlung allein oder ergänzend durchgeführt werden kann. Inzwischen operiert man sogar auch in westlichen Kliniken bei vollem Bewußtsein mit Akupunkturnarkose, ein besonders überzeugender Beweis dafür, daß die chinesische Therapie keineswegs nur durch den Glauben an die Wirkung hilft. Auch in der Tiermedizin, wo ein solcher Placeboeffekt ausgeschlossen werden kann, behandelt man inzwischen schon mit Akupunktur und Akupressur.
Bei richtiger Durchführung drohen von der Akupunktur und ähnlichen Techniken keine unerwünschten Nebenwirkungen. Nach der Behandlung kann es vorübergehend zur Verschlimmerung bestehender Beschwerden, Benommenheit oder euphorischen Zuständen kommen, aber das ist als Zeichen der Wirkung unbedenklich und darf nicht medikamentös unterdrückt werden. Manchmal treten im Verlauf der Puntktherapie neue Symptome auf, oft lange Zeit medikamentös unterdrückte chronische Krankheiten, die wieder akut werden und in die Heilungsphase übergehen; auch diese Reaktion ist erwünscht.

Unsachgemäße Anwendung kann zur Infektion durch unsterile Nadeln, teilweise zu gefährlichen Blutungen oder zum Abbrechen von Nadeln in der Haut führen. Dem gut ausgebildeten, erfahrenen Fachmann werden solche Fehler aber kaum unterlaufen.

Akupunktur
⇨ Akupressur – Akupunktur

Alexander-Technik
Diese Haltungs- und Körpertherapie begründete der australische Schauspieler FREDERICK M. ALEXANDER, nachdem ihm immer häufiger bei seinen Auftritten die Stimme versagte. Da kein Arzt eine Ursache fand, versuchte er, sich selbst zu heilen. Bald fand er heraus, daß er oft unbewußt den Kopf falsch hielt und dabei die Halswirbelsäule so ungünstig belastete, daß es durch Fernwirkung über die Nieren zu Kehlkopfstörungen kam. Nach dieser grundlegenden Einsicht ging ALEXANDER daran, seine Kopf- und Körperhaltung bewußt zu korrigieren, bis ihm die gute Haltung wieder in Fleisch und Blut übergegangen war und seine Stimmstörungen verschwanden. Aus dieser Erfahrung entwickelte er dann die nach ihm benannte Technik zur Haltungskorrektur.
Sie geht von der Vorstellung aus, daß durch die Wirbelsäule wie in einem Kanal Energie für alle körperlichen und seelisch-geistigen Lebensfunktionen strömt. Bei Fehlhaltungen, die oft bewußt nicht mehr wahrgenommen werden und teilweise mit der inneren Haltung eines Menschen in Beziehung stehen können, wird der freie Energiefluß behindert und blockiert. Örtlich führt das zu Schmerzen, Muskelverspannungen und Bandscheibenschäden. Darüber hinaus treten aber auch allgemei-

ne Symptome als Folge der gestörten Energieversorgung auf, insbesondere Abgespanntheit und Leistungsschwäche, Nervosität, depressive Verstimmungen und Blutdruckstörungen, bei denen der Zusammenhang mit Haltungsfehlern nicht offensichtlich ist. Sie klingen nach der Haltungskorrektur oft erstaunlich schnell ab, weil die Energie wieder frei fließt.

Die Alexander-Technik ist eine individuelle Therapie, die jeder Fachmann nach seinem persönlichen Stil durchführt. Deshalb läßt sie sich auch nicht genau beschreiben. Verallgemeinert dargestellt besteht sie aus folgenden Grundschritten:

■ Gründliche Analyse der unbewußten Haltungsfehler, damit sie überhaupt wieder wahrgenommen und verändert werden können.

■ Verschiedene Übungen und therapeutische Manipulationen, bei denen die individuell richtige Haltung bewußt wieder hergestellt und die Muskelverspannung durch ⇨ Entspannungsübungen gelöst wird.

■ Einprägung des Idealbilds von der richtigen Haltung, bis sie zur ständigen guten Gewohnheit geworden ist, so daß man die Haltung später nicht mehr bewußt kontrollieren muß.

ALEXANDER verstand seine Übungen weniger als medizinische Therapie, sondern in erster Linie als eine Art Unterricht. Im Lauf der Zeit kommt es dadurch nicht allein zu körperlichen Reaktionen, sondern zur umfassenden Wirkung auch auf das Seelenleben und auf die geistigen Lebenseinstellungen. Das kann eine grundlegende, weit über die Verbesserung der Gesundheit hinausgehende Wandlung des Lebens herbeiführen.

Dauer und Häufigkeit der Anwendung sind individuell verschieden. Manchmal genügen 12 Sitzungen, nicht selten muß jedoch Monate bis Jahre regelmäßig geübt werden, ehe sich der bleibende Erfolg einstellt. Anleitung durch den Therapeuten ist vor allem für Anfänger unbedingt erforderlich. Die erlernten Übungen sollen dann selbständig regelmäßig zu Hause wiederholt werden.

Alkalische Nahrung

Im gesunden Organismus herrscht ein bestimmtes Verhältnis von Säuren und Basen. Es wird innerhalb enger Grenzen ständig vom Körper selbst reguliert, denn die biochemischen Lebensprozesse er-

Gemüse und Salate sind im Körper basenbildend

Auch Obst ist wesentlich bei einer alkalischen Ernährung

fordern einen annähernd gleichbleibenden Basen-Säure-Haushalt. Stärkere Veränderungen führen zur Alkalose oder Azidose, die beide lebensbedrohlich werden können.

Um ein ausgewogenes Basen-Säure-Verhältnis zu gewährleisten, ist eine gesunde Ernährung erforderlich, die basenüberschüssig (alkalisch) sein muß, darin sind sich alle Ernährungsreformer einig. Auf einen einfachen Nenner brachte das der schwedische Ernährungsforscher RAGNAR BERG, nach dessen Ernährungsregel täglich 5- bis 7mal mehr Früchte, Gemüse, Wurzeln, Salate und Kartoffeln (teilweise als Rohkost) als andere Nahrungsmittel zusammen verzehrt werden sollen. Da alle pflanzlichen Lebensmittel (auch die sauer schmeckenden) im Körper basenbildend sind, erreicht man auf diese Weise eine zu etwa 80% alkalische und zu ungefähr 20% säurebildende Ernährung, die ein ideales Basen-Säure-Verhältnis darstellt. Die heute übliche Zivilisationskost entspricht diesem Grundsatz vor allem deshalb nicht mehr, weil sie zu reichlich säurebildende tierische Nahrungsmittel, aber zu wenig basenbildende pflanzliche Rohkost enthält. Daher führt sie zur chronischen Übersäuerung als einer Ursache vieler Krankheiten, da der Körper den Säureüberschuß nicht vollständig ausgleichen kann.

Eine Weiterentwicklung der Bergschen Ernährungsregel bildet die ⇨ Haysche Trennkost, die auch als Diät bei verschiedenen Krankheiten zur Grundbehandlung in Frage kommt.

Allergie/Allergose

Unter diesem Oberbegriff (von griechisch allos = anders, ergon = Tätigkeit; sinngemäß: andersartige Reaktion) faßt man eine Reihe von Krankheiten zusammen, die heute immer häufiger auftreten. Die häufigsten dieser Krankheitsbilder (Allergosen) werden unter den entsprechenden Stichwörtern einzeln vorgestellt (⇨ Asthma, ⇨ Ausschlag, ⇨ Ekzem, ⇨ Heuschnupfen, ⇨ Juckreiz, ⇨ Nesselsucht).

Allen Allergosen gemeinsam ist die allergische Reaktion, also die unerwartete Überempfindlichkeit gegen einzelne oder viele Stoffe (Allergene), die Nicht-Allergiker reaktionslos vertragen. Sie entsteht, wenn unerwünschte Abwehrstoffe gegen Allergene gebildet werden, die man einatmet oder verzehrt oder die auf die Haut gelangen. Die daraufhin erfolgende Abwehrreaktion ist – im Gegensatz zu der notwendigen gegen Krankheitserreger – nutzlos und überschießend, dient also nicht wie normale Immunreaktionen der Gesunderhaltung, sondern wird selbst zur Krankheitsursache.

Es gibt zahllose solcher Allergene, praktisch kann man gegen alles allergisch werden, was Gesunde problemlos vertragen, angefangen bei Nahrungs- und Genußmitteln, Pollen, Staub, Kosmetika, Federn, Tierhaaren und Metallen bis hin zu Sonnenlicht, Wärme oder Druck auf die Haut, nicht zu vergessen die zahlreichen Schadstoffe in der Umwelt, denen man heute nirgendwo mehr entgehen kann. Manche Allergiker reagieren nur auf einzelne Allergene überempfindlich, andere sind gegen viele allergisch, das ist individuell sehr unterschiedlich. Gleiche Allergenarten können zu verschiedenen Reaktionen führen; was beim einen vielleicht Heuschnupfen erzeugt, ruft bei anderen Asthma oder Hautausschläge hervor. Gelegentlich kommt es sogar zu einem akut lebensbedrohlichen Schock mit Kreislaufversagen.

Die Ursachen der Allergien sind noch nicht restlos geklärt. Die Bereitschaft dazu kann angeboren sein, aber das muß nicht unbedingt zur akuten Allergose führen. Oftmals tritt diese nur dann auf, wenn noch andere Faktoren hinzukommen. Viele Fachleute gehen mittlerweile davon aus, daß vor allem die zunehmende Umweltverschmutzung bei vielen dieser Fehlfunktionen des Immunsystems eine entscheidende Rolle spielt. Daneben diskutiert man auch noch Fehler der Ernährung und Lebensweise sowie seelische Einflüsse als wichtige Ursachen.

Manchen Allergenen kann man einfach aus dem Weg gehen, wenn sie durch Selbstbeobachtung und/oder Allergietests erst einmal entlarvt wurden, indem man zum Beispiel unverträgliche Nahrungs-, Arzneimittel oder Kosmetika strikt meidet. Aber dadurch verhindert man lediglich die Symptome, die Immunstörung als eigentliche Ursache wird nicht beseitigt. Deshalb kann es im Lauf der Zeit zu anderen Allergosen kommen. Viele Allergene sind aber allgegenwärtig, man denke an Pollen, Staub oder Umweltschadstoffe. Ihnen kann man nicht dauernd ausweichen, will man nicht hermetisch gegen die Umwelt abgekapselt ständig unter einer Art Glasglocke leben. Das Ziel der Therapie muß deshalb immer darin bestehen, die Überreaktionen des Immunsystems zu normalisieren.

Schulmedizinisch versucht man das vor allem durch Desensibilisierung, bei der die Allergene in winzigen, allmählich ansteigenden Dosen verabreicht werden, bis sich der Körper daran gewöhnt hat und nicht mehr übermäßig reagiert. Bei manchen Allergenen (besonders Pollen) gelingt das recht gut, bei vielen anderen stellt diese nicht immer verträgliche Langzeitbehandlung jedoch nicht zufrieden. Dann bleiben der Schulmedizin meist nur Arzneimittel, wie Antihistaminika oder gar Corticoide, die um den Preis erheblicher Nebenwirkungen die allergischen Symptome unterdrücken.

Die Naturmedizin versucht bei Allergien, die eigentlichen Ursachen der Überempfindlichkeit des Immunsystems zu heilen. Dazu stehen ihr verschiedene Heilverfahren zur Verfügung, die sich oft gut bewähren, vor allem die Grundbehandlung durch ⇨ Diät, ⇨ Homöopathie, ⇨ Eigenbluttherapie, ⇨ Thymustherapie und

⇨ Symbioselenkung. Da diese Heilverfahren individuell vom Therapeuten verordnet werden müssen, erübrigt es sich, hier weiter darauf einzugehen. Die guten Erfahrungen damit sollten jeden Allergiker veranlassen, sich ganzheitlich-naturgemäß behandeln zu lassen.

Allopathie

Diese Bezeichnung (von griechisch: allos = anders, pathos = Leiden) wurde von SAMUEL HAHNEMANN, dem Begründer der ⇨ Homöopathie, für die andersartige Behandlungsweise von Krankheiten durch die Schulmedizin eingeführt. Man versteht darunter also die offizielle, an den Hochschulen gelehrte Medizin.

Altern, vorzeitiges

Altern als unvermeidlicher natürlicher Prozeß beginnt eigentlich schon mit der Geburt, aber davon nimmt man lange nichts wahr. Normalerweise treten die ersten mäßigen Alterserscheinungen erst jenseits der Lebensmitte auf, zum Beispiel allmählich nachlassende Spannkraft, Seh- und Hörfähigkeit. Das ist aber keine Krankheit, die zu Beschwerden führen muß, man kann trotzdem bis ins hohe Alter fit, gesund und geistig rege bleiben.
Immer mehr Menschen klagen heute aber schon vor der Lebensmitte über erste deutlichere Alterserscheinungen, die rasch zunehmen und oft in ⇨ Alterskrankheiten übergehen. Das erklärt sich in erster Linie aus der üblichen ungesunden Zivilisationskost und falscher Lebensführung mit zuviel Streß, Hektik und Reizüberflutung, die vorzeitig verschleißen und Krankheiten begünstigen. Hinzu kommen oft noch Bewegungsmangel, Mißbrauch von ⇨ Genußmitteln und nicht zuletzt negative psychische Einflüsse.

Es gibt zwar kein Mittel, um das natürliche Altern zu verhindern, aber dem vorzeitigen Altersprozeß kann man vorbeugen. Dazu gehören folgende Maßnahmen:
- ⇨ Ernährungstherapie durch Vollwertkost, die dem Organismus vor allem Vitalstoffe in natürlicher Form mit pflanzlicher Rohkost zuführt, aber zu reichlich Fleisch und Fett vermeidet.
- Regelmäßig ausreichend ⇨ Bewegungstherapie an der frischen Luft, die auf vielfältige Weise dem Altern und Leistungsabfall vorbeugt.
- Geregelte Lebensweise mit sinnvollem Wechsel von Anspannung und ⇨ Entspannung ohne anhaltenden zu hohen ⇨ Streß.
- Nur mäßiger Konsum von Alkohol, Kaffee und süßen Genußmitteln und völliger Verzicht auf das Genußgift Nikotin.
- Aktive, interessante und abwechslungsreiche Lebensgestaltung mit reger Teilnahme am Leben, um Geist und Seele jung und elastisch zu halten; diese positive Lebensführung kann sogar über schwere Alterskrankheiten hinweghelfen.

Wenn diese Grundvoraussetzungen für ein gesundes Altern erfüllt sind, bedarf es im allgemeinen keiner Arzneimittel (Geriatrika), um den Altersprozeß zu bremsen. Bestehen bereits vorzeitige Alterserscheinungen, kann es aber angezeigt sein, neben den obigen Maßnahmen durch geeignete Naturheilmittel eine Besserung herbeizuführen. Zu den wichtigsten, inzwischen auch wissenschaftlich gut erforschten Möglichkeiten gehören revitalisierende Kuren mit Ginseng (⇨ Heilpflanzen) und/oder Blütenpollen (⇨ Apitherapie). Auch Vitamin-Mineral-Gemische, ⇨ Zelltherapie oder Procaininjektionen können nach fachlicher Verordnung nützlich sein. Durch ⇨ Homöopathie behandelt der Therapeut bei Bedarf gezielt ausgeprägte Altersbeschwerden, die in Alterskrankheiten überzugehen drohen. »Wunder« darf man von diesen Therapien freilich nicht erwarten, denn es gibt keine ewige Jugend, und langjährige Verhaltensfehler lassen sich nicht immer noch vollständig ausgleichen.

Alterskrankheiten

Diese Gesundheitsstörungen gehen weit über bloße mäßige Beschwerden hinaus, zum Teil handelt es sich um ernste Erkrankungen, die schließlich zum vorzeitigen Tod führen. Sie treten bevorzugt im höheren Alter auf, heute aber auch vermehrt schon bald nach der Lebensmitte. Einige sind schicksalhaft und lassen sich durch gesunde Lebensweise nicht vermeiden, man denke an die Alzheimer- oder Parkinson-Krankheit. Viele der häufigsten Alterskrankheiten werden jedoch durch Fehler der Ernährungs- und Lebensweise zumindest begünstigt, wenn nicht gar verursacht; das gilt zum Beispiel für ⇨ Arterienverkalkung, ⇨ Bluthochdruck und ⇨ Zuckerkrankheit. Weitere typische Alterskrankheiten sind unter anderem noch Altersherzschwäche, ⇨ Gelenkabnutzung, Lungenemphysem, chronische ⇨ Verdauungsstörungen und ⇨ grauer Star. Aber auch andere Krankheiten treten im Alter vermehrt auf und neigen zum chronischen Verlauf, weil die Abwehr- und Selbstheilungskräfte alter Menschen geschwächt sind.

Zur Vorbeugung gilt, was beim vorzeitigen Altern (⇨ Altern, vorzeitiges) empfohlen wurde. Die Behandlung von Alterskrankheiten, die möglichst früh beginnen muß, bleibt fachlicher Verordnung vorbehalten. Heilung ist oft auch durch Naturheilmittel nicht mehr möglich, aber eine anhaltende Besserung der Symptomatik und Verzögerung des weiteren Krankheitsverlaufs läßt sich in vielen Fällen erreichen, zum Beispiel durch ⇨ Homöopathie, ⇨ Heilpflanzentherapie, ⇨ Enzymtherapie und ⇨ Zelltherapie.

Anämie
⇨ Blutarmut

Angina
⇨ Mandelentzündung

Angina pectoris

Die »Brustenge« entsteht, wenn der Herzmuskel nicht mehr genügend mit Blut versorgt wird, weil die Herzkranz-(Koronar-)gefäße verengt sind. Häufig liegt ⇨ Arterienverkalkung vor, aber auch seelisch-nervöse Gefäßverkrampfungen können dazu führen. Das Blut-Sauerstoff-Defizit erzeugt anfallsweise auftretende typische Symptome der Krankheit: Enge- und Beklemmungsgefühl bis hin zu starken Schmerzen in der linken Brust, die meist in den linken Arm, oft auch in den Rücken oder in die Magengegend ausstrahlen. Begleitet werden sie von Angst, Herzklopfen, Ausbruch von kaltem Schweiß und Übelkeit oder Erbrechen.

Ausgelöst werden Angina-pectoris-Anfälle oft durch körperliche Anstrengung oder seelisch-nervöse Belastungen (wie Aufregung, Ärger, Streß), aber auch durch Witterungseinflüsse, schwere Mahlzeiten oder hormonelle Einflüsse. Die Betroffenen sind oft übergewichtig, rauchen und leiden zusätzlich an ⇨ Bluthochdruck. Im allgemeinen dauern die akuten Anfälle, in denen das mangeldurchblutete Herz durch den Schmerz dramatisch geradezu nach mehr Sauerstoff »schreit«, 3 bis 5 Minuten. Durch gefäßerweiternde Medikamente (vor allem Nitrokapseln) kann der Anfall meist rasch unterbrochen werden. Länger dauernde Anfälle rechtfertigen den Verdacht auf Infarkt (⇨ Herzleiden) und erfordern sofortige ärztliche Hilfe. Auch nach dem Abklingen des Anfalls besteht die Koronarverengung durch Arteriosklerose fort, so daß es jederzeit zum erneuten Anfall kommen kann. Das Herz wird dadurch zunehmend geschädigt, schließlich droht ein Infarkt oder anderer chronischer Herzschaden.

Die Behandlung dieser ernsten Erkrankung erfolgt immer durch den Therapeuten. Sie soll frühzeitig beginnen, um häufige Anfälle mit fortschreitender Schädigung des Herzens zu vermeiden und das Infarktrisiko zu vermindern. Die Basistherapie umfaßt Diät wie bei ⇨ Arterienverkalkung, ein wohldosiertes Bewegungsprogramm und bei Rauchern strengen Nikotinverzicht; seelisch-nervöse Faktoren werden durch ⇨ Entspannungstherapie gut beeinflußt.

Zur medikamentösen Behandlung des akuten Anfalls genügen oft die individuell richtig verordneten Mittel der ⇨ Homöopathie. Vorsorglich sollte man aber für schwerere Anfälle vom Arzt verschriebene Nitrokapseln oder ähnliche gefäßerweiternde Arzneimittel mit sich führen, die einen Anfall schneller unterdrücken; oft handelt es sich dabei um Zubereitungen, deren Wirkstoffe bereits über die Mundschleimhaut aufgenommen werden und deshalb besonders rasch helfen.

Zur Dauerbehandlung, die erneuten Anfällen vorbeugen und weitere Schäden am Herzen vermeiden soll, wird der Therapeut vor allem homöopathische und pflanzliche Medikamente individuell verordnen. Oft bewährt sich auch Magnesium gut, am besten kombiniert mit Vitamin E, das den Herzmuskel ebenfalls günstig beeinflußt.

Alpha-Entspannung
⇨ Entspannungstherapie

Angstzustände
Angst unterscheidet sich von der Furcht (zum Beispiel vor Bestrafung für einen Fehler) dadurch, daß sie sich nicht aus einem konkreten Anlaß erklären läßt und von anderen nicht nachvollzogen werden kann. Mit einem gewissen Maß an Lebens- und Existenzangst können und müssen wir leben. Sie ist nach MARTIN HEIDEGGER eine »Grundbefindlichkeit des Seins« und letztlich wohl auf die Angst vor dem Tod zurückzuführen, die unsere kulturellen und zivilisatorischen Leistungen mit motiviert. Zur psychischen Krankheit wird Angst, wenn sie das Leben übermäßig beherrscht und lähmt. Dann beruht sie auf einer seelischen Störung (zum Beispiel Angstneurose), deren Wurzeln weit in die Kindheit zurückreichen können, und ist teilweise mit ⇨ Depressionen oder funktionellen Organstörungen (psychosomatische Krankheiten) verbunden. Letztlich mag dahinter eine Störung der »Biochemie des Seelenlebens« stehen, also jener körpereigenen Botenstoffe (Neurotransmitter), die vermutlich die Grundlagen psychischer Vorgänge bilden; das ist jedoch noch nicht hinreichend geklärt. In manchen Fällen treten Angstzustände aber auch als Folge organischer Krankheiten auf, bevorzugt bei Herz- und Atemwegserkrankungen, die sich wegen der ständigen Wechselbeziehungen zwischen Körper und Psyche auf das Seelenleben auswirken. Deshalb sollte bei unklaren Angstzuständen vorsorglich auch auf eine körperliche Krankheit untersucht werden, nach deren gezielter Behandlung die Angst verschwindet.

Bei rein seelisch bedingten Ängsten hilft oft fachliche ⇨ Psychotherapie. Dabei versucht man, die unbewußten Ursachen der Angst wieder bewußt zu machen und zu verarbeiten, ein meist langwieriger und nicht immer angenehmer Weg. Weniger ausgeprägte Angstzustände lassen sich teilweise auch durch ⇨ autogenes Training oder ⇨ Autosuggestion bewältigen, sofern die Ängste nicht alle positiven Denkansätze blockieren.

Durch Psychopharmaka, insbesondere die am häufigsten verordneten der Benzodiazepingruppe (wie Valium), werden Ängste meist rasch unterdrückt. Das bedeutet aber keine Heilung; nach dem Absetzen der Medikamente kehrt die Angst oft zurück. Außerdem drohen erhebliche Nebenwirkungen und Suchtrisiken. Deshalb soll diese Therapie nur bei erheblichen, anders zunächst nicht beeinflußbaren Ängsten unter ständiger ärztlicher Kontrolle für kurze Zeit durchgeführt werden, bis zum Beispiel eine Psychotherapie zu wirken beginnt.

Die Naturmedizin verordnet bei Angstzuständen neben Psychotherapie hauptsächlich pflanzliche und homöopathische ⇨ Beruhigungsmittel. Sie sind auch bei längerem Gebrauch gut verträglich und unterdrücken nicht nur das Symptom Angst, sondern können zusätzlich die seelischen Selbstheilungsregulationen anregen. Teilweise bewährt sich daneben auch ein hartes ⇨ Bewegungsprogramm, das auf noch nicht genau geklärte Weise die Angst günstig beeinflußt.

Ansteigendes Bad
⇨ Bäder – Badezusätze

Anthroposophische Medizin
Diese ausschließlich von speziell geschulten Ärzten praktizierte Form der Ganzheitsmedizin steht zwar der Natur-

Rudolf Steiner (1861–1925)

heilkunde (vor allem Homöopathie) nahe, wendet zum Teil aber auch schulmedizinische Verfahren an. Sie versteht sich als »erweiterte Heilkunde«, die Mensch und Natur als Ganzheit erfaßt. Begründet wurde die Anthroposophie (von griechisch anthropos = Mensch, sophia = Weisheit), die auch in Naturwissenschaften, Pädagogik (Waldorfschulen) und Religion hineinwirkt, von dem österreichischen Geistes- und Naturwissenschaftler RUDOLF STEINER (1861–1925), der sein Lebenswerk als »Lehre vom bewußten Menschsein« verstand.

Das theoretische Lehrgebäude läßt sich hier kaum darstellen. Grob vereinfacht beruht die Anthroposophie auf folgenden Vorstellungen STEINERS:

■ Am Beginn des Seins steht ein geistiger Zustand, der sich in 7 Stufen zur Materie (Erde) verstofflichte. Die Erde strebt danach, den geistigen Ursprungszustand wieder zu erreichen, was entscheidend mit von der menschlichen Entwicklung abhängt.

■ Tod und Auferstehung Christi befreiten als Sieg des Geistes über die Materie den Menschen und weckten wieder die in ihm ruhenden Kenntnisse von den höheren Welten, so daß er sich zum Geistmenschen entwickeln kann.

■ Diese menschliche Entwicklung erfordert die Läuterung durch mehrere Wiedergeburten, damit der Mensch höchste ethische Reinheit erlangt und unmittelbar die gesamte geistige Welt erkennt.

■ Nach dem anthroposophisch erweiterten Menschenbild fügt der Mensch alle Elemente der mineralischen, pflanzlichen und tierischen Welt in seine eigene Ordnung, Gestalt, Lebensfunktionen, psychologischen Fähigkeiten und Beziehungen zur Mitwelt ein. Deshalb gibt es nicht nur den sichtbaren physischen Leib, sondern auch noch den Astralleib, auf dem Bewußtsein und seelische Vorgänge beruhen, den Ätherleib, der die Lebensfunktionen beherrscht, und das Ich als geistige Organisation, die sich der anderen Glieder bedient.

■ Im Menschen wirken drei Kraftsysteme, die auf dem Stoffwechsel-Gliedmaßen-System, Nerven-Sinnes-System und rhythmischen System (vor allem Herz, Lungen) beruhen. Aus den gegensätzlichen Tendenzen des Nerven-Sinnes- und Stoffwechsel-Gliedmaßen-Systems ergeben sich zwei große Krankheitsgruppen: entzündliche und sklerosierende (verhärtende) Krankheiten. Um gesund zu bleiben oder wieder gesund zu werden, muß man die Mitte zwischen diesen beiden Tendenzen anstreben, ein Hauptziel der anthroposophischen Therapie.

■ Krankheiten stellen nach diesem Verständnis keinen negativen Zustand dar, der rasch unterdrückt werden soll; sie bilden eine Möglichkeit der Entwicklung zum Geistmenschen und müssen daher bewußt angenommen werden.

Auf der Grundlage dieser stark weltanschaulich-religiös geprägten Vorstellungen erfolgt die anthroposophische Therapie. Sie versucht zunächst, den Sinn der Krankheit und ihrer Symptome zu erkennen und dem Patienten für seine Entwicklung bewußt zu machen; dabei spielt oft auch die ⇨ Psychotherapie eine wichtige Rolle. Medikamentös behandelt man bevorzugt mit homöopathischen und pflanzlichen Mitteln, nicht-medikamentös vor allem durch Eurhythmie (eine besondere Form der Bewegungstherapie), Mal-, Musik-, Sprachtherapie und ⇨ Wasseranwendungen.

Die anthroposophische Heilkunst kann für denjenigen, der ihre Vorstellungen verstanden und bejaht hat, nicht nur ganzheitliche Heilung, sondern eine Bereicherung des gesamten Lebens bedeuten. Wer ihren geistigen Grundlagen jedoch mit Unverständnis oder Ablehnung gegenübersteht, sollte eine andere Heilmethode bevorzugen, sonst bleiben Mißerfolge kaum aus.

Apitherapie

Seit der Antike kennt man diese Heilverfahren, die Honig, Pollen und andere Produkte aus dem Bienenstock (Apis mellifera=Honigbiene) zur Therapie verwenden. In der modernen Schulmedizin spielt sie kaum noch eine Rolle, aber auch in der Naturheilkunde wird sie vernachlässigt. Dabei liegen inzwischen wissenschaftliche Untersuchungen aus aller Welt vor, die ihre teilweise erstaunlichen Heilkräfte bestätigen. Deshalb verdienten die Bienenprodukte wieder mehr Beachtung, vor allem auch in der Volksmedizin der Laien.

Honig – Dieses bekannteste Produkt, das die Bienen von lebenden Pflanzen sammeln, durch körpereigene Stoffe bearbeiten und in Waben gespeichert im Stock reifen lassen, wird fälschlicherweise oft als bloßes »Süßmittel« verstanden. Neben rasch verwertbarem Zucker enthält es aber noch eine Vielzahl anderer Bestandteile, von denen vor allem folgende medizinisch wichtig sind:

■ Acetylcholin, das als Botenstoff (Neurotransmitter) für die Reizleitung im Nervensystem unentbehrlich ist und den Kaliumhaushalt sowie die Energieaufnahme der Herzmuskelzellen günstig beeinflußt.

■ Enzyme, die als »Zündfunken« bei zahlreichen biochemischen Lebensfunktionen mitwirken; sie werden vorwiegend aus den Drüsen der Bienen dem Honig beigemischt und ergänzen die körpereigene Enzymproduktion.

■ Inhibine, die als Hemmstoffe gegen verschiedene Krankheitserreger selbst in hoher Verdünnung gut wirksam sind.

■ Ein Wuchshormon, das nicht nur das Wachstum von Hefen und Pflanzensetzlingen fördert, sondern auch bei Säuglingen das Längenwachstum und den Hämoglobingehalt des Bluts zu verbessern scheint.

Wenn man dann noch berücksichtigt, daß Honig auch Vitalstoffe enthält, wird offenkundig, daß seine Gleichsetzung mit Zucker und anderen Süßigkeiten verkehrt ist, denn diese enthalten praktisch nur leere Kalorien. Vielmehr erfüllt Honig wie kaum ein anderes Lebensmittel die Forderung, daß unsere Nahrung zugleich unser Heilmittel sein soll. Nur darf man natürlich nie zu reichlich davon verwenden und muß auf gute Qualität achten (am besten aus dem Reformhaus).

Zur Gesundheitsvorsorge und Verbesserung der Leistungsfähigkeit (auch bei Sportlern bewährt) genügen schon 10 bis 20 Gramm Honig am Tag, die man zum Beispiel dem Bircher-Müsli zufügen kann. Wird Honig als Heilmittel verwendet, können höhere Dosen notwenig sein, das bespricht man mit dem Therapeuten. Nach heutigem Stand der wissenschaftlichen Honigforschung eignet er sich allein oder ergänzend neben anderen Heilverfahren vor allem bei nervöser Erschöpfung, Schwächezuständen durch Überforderung, in der Rekonvaleszenz nach Krankheiten und Operationen, bei Herz-, Kreislauf- und Blutdruckstörungen, entzündlichen Erkrankungen der Atemwege, Verdauungsstörungen mit Appetitmangel, Blähungen und Darmträgheit, Magen-Darm-Katarrhen und -geschwüren sowie bei Leber-Gallenblasen-Leiden. Äußerlich kann er bei Verletzungen, Entzündungen, Eiterungen und Geschwüren der Haut, Mundschleimhaut- und Mandelentzündungen empfohlen werden.

Pollen – Die winzigen Samenzellen (Blütenstaub) der Pflanzen lagern die Bienen als Futtervorrat vor allem zur Aufzucht ihrer Brut im Stock ein. Im Gegensatz zum Honig ist Pollen reich an Eiweiß und hochungesättigten Fettsäuren, die für eine vollwertige Ernährung wichtig sind. Außerdem enthält er Vitalstoffe und Enzyme. Somit gilt auch hier, daß dieses Bienenprodukt sich als wertvolle Nahrungsergänzung mit umfassender vorbeugender Wirkung eignet. Der Tagesbedarf liegt bei ungefähr 20 Gramm und kann in Honig, Flüssigkeit oder Speisen eingenommen werden. Da die sehr harte Haut des Pollens von den Verdauungssäften nicht aufgelöst werden kann, empfiehlt es sich, pulverisierte Zubereitungsformen, Trinkampullen oder Kapseln zu verwenden.

Therapeutisch sind neben den genannten Inhaltsstoffen auch noch keimfeindliche Bestandteile (unter anderem gegen Salmonellen) und hormonartige Stoffe von Bedeutung. Die Heilanzeigen ähneln denen des Honigs, durch gemeinsame Einnahme von Honig und Pollen kann die Wirkung oft verbessert werden. Gute Ergebnisse sind vor allem bei Nervosität, Leistungsschwäche, Erschöpfungszuständen, Abwehrschwäche, Blutarmut, zu hohen Cholesterinblutspiegeln, Durchblutungsstörungen bei ⇨ Arteriosklerose vor allem des Gehirns, Magen-Darm-Katarrhen, Leberleiden, Erkrankungen der Prostata und Sehschwäche (vor allem nachts) nachgewiesen. Ferner kann die Polleneinnahme die Desensibilisierung durch Injektionen bei ⇨ Allergien überflüssig machen, aber das bleibt unbedingt dem Fachmann vorbehalten. Grundsätzlich sollten Pollenallergiker zur Vermeidung von Überreaktionen nämlich auf alle Bienenprodukte verzichten.

Gelee Royale – Dieser Futtersaft wird von den Bienen in Drüsen gebildet; die Larven der Arbeitsbienen erhalten ihn nur 3 Tage lang, die Bienenkönigin wird ständig damit gefüttert und verdankt dem wahrscheinlich ihre Lebenserwartung von 5 bis 6 Jahren (Arbeitsbienen 30 bis 40 Tage). Der gelblich-trübe, gallertartige, sauer schmeckende Saft besteht zu etwa zwei Dritteln aus Wasser. In der Trockensubstanz sind reichlich Eiweiß, Zucker, Fette, Vital- und Farbstoffe enthalten, ferner wies man hormon- und antibiotikaartige Substanzen darin nach.

Die Anwendungsmöglichkeiten für Gelee Royale in der Gesundheitsvorsorge und Therapie sind weitgehend mit denen des Pollens identisch. Die praktische Erfahrung lehrt, daß man die besten Ergebnisse häufig durch Kombination von Pollen mit Gelee Royale erzielt; dazu gibt es geeignete fertige Heilmittel. Wer frischen Futtersaft direkt vom Imker bevorzugt, muß ihn luft- und lichtgeschützt im Kühlschrank lagern, dann behält er seine Wirkung noch monatelang.

Propolis – Dieses Kittharz besteht aus den harzigen Absonderungen der Knospen von Laub- und Nadelbäumen. Die Bienen sammeln es, vermischen es mit ihren Drüsensekreten und verwenden es dann, um den Stock innen auszukleiden. Auf diese Weise schützen sie sich nicht nur vor Zugluft und Feuchtigkeit, sondern beugen auch Infektionskrankheiten vor, denn Propolis ist als natürliches Antibiotikum vielseitig wirksam. Deshalb wurde es auch schon im antiken Griechenland und Rom medizinisch genutzt. Seine keimfeindliche Wirkung gegen viele Bakterien, einige Viren und Pilze wird ergänzt durch die allgemein abwehrsteigernde Wirkung, so daß es auch zur Vorbeugung von Infektionen (zum Beispiel ⇨ Erkältung) gebraucht werden kann.

Ferner zeichnet sich Propolis durch seine schmerz- und entzündungslindernde Wirkung aus, die ähnlich wie bei dem chemischen Wirkstoff Azetylsalizylsäure durch Hemmung der körpereigenen Prostaglandine entsteht. Unter anderem nützt man diese Wirkung bei Rheuma- und Nervenschmerzen, Haut- und Schleimhautentzündungen. Hervorzuheben ist außerdem, daß Propolis giftige Schwermetalle aus der Umwelt im Körper bindet und bei Rauchern den Abbau von Teerablagerungen fördert. Schließlich kann das Harz noch zur Regulierung des Stuhlgangs, Linderung von Menstruationsstörungen, Herz-Kreislauf-Funktionsstörungen und zur Harmonisierung des Nervensystems gebraucht werden. Diese Anwendungsgebiete erklären sich aus den zahlreichen, bisher erst teilweise bekannten Inhaltsstoffen, darunter Harze, Wachse, flüchtige Öle, Vitalstoffe und Enzyme.

Bienengift – Schon im alten Ägypten ließ man sich zum Beispiel zur Rheumatherapie von Bienen stechen. Heute gewinnt man das Bienengift (Apisinum) durch eine spezielle Methode und bereitet daraus Arzneimittel zu. Die Inhaltsstoffe des Gifts bewirken als ⇨ Reizkörper eine allgemeine ⇨ Umstimmung mit Anregung der Abwehr- und Selbstheilungskräfte, wobei auch die körpereigene Bildung von Corticosteroiden in den Nebennieren aktiviert wird, beeinflussen Durchblutung, Blutdruck und vegetatives Nervensystem günstig und scheinen sogar die Teilung von Krebszellen zu hemmen (?). In erster Linie wird Bienengift aber nach wie vor bei ⇨ Rheumatismus, ⇨ Ischias und anderen Nervenschmerzen injiziert. Die ⇨ Homöopathie gebraucht es unter anderem bei Haut-, Schleimhaut- und Drüsenentzündungen.
Bienengift darf nur der Therapeut anwenden, denn es kann ⇨ Allergien bis zum lebensbedrohlichen Kreislaufzusammenbruch provozieren. Bei bekannter Überempfindlichkeit darf es nie verabreicht werden. Dann ist oft eine Desensibilisierung (⇨ Allergien) angezeigt, um eventuelle Komplikationen nach einem Bienenstich zu verhüten.

Appetitlosigkeit
Mangelnder Appetit, teilweise mit Übelkeit oder Ekel vor bestimmten Speisen verbunden, ist ein vieldeutiges Symptom. Akut tritt sie oft bei »verdorbenem« Magen, nach zu reichlichen Mahlzeiten, Alkohol-

mißbrauch oder bei fiebrigen Infektionskrankheiten auf, nicht selten auch durch seelisch-nervöse Einflüsse (wie Streß, Aufregung, Ärger), die den Appetit »verschlagen«. Dann kehrt der Appetit zurück, sobald die Ursachen beseitigt wurden. Zur Behandlung empfiehlt sich oft kurzes ⇨ Heilfasten und die Einnahme pflanzlicher Bittermittel (Apotheke), wie Enzian, Tausendgüldenkraut und Wermut. Zusätzlich können Wechselbäder (⇨ Bäder) und Kompressen (⇨ Wickel) auf die Magengegend angezeigt sein. Die ⇨ Homöopathie gibt unter anderem Chininum arsenicosum D 4 und Nux vomica D 6.
Dauert Appetitlosigkeit länger oder kehrt sie häufig wieder, muß der Therapeut nach den Ursachen suchen und gezielt behandeln. Oft ist eine grundlegende Umstellung der ⇨ Ernährung erforderlich, um die Verdauungsfunktionen dauerhaft zu normalisieren. Alkohol-, Kaffee- und Nikotinmißbrauch müssen aufgegeben werden. Als mögliche weitere Ursachen, die eine spezielle Therapie erfordern, kommen noch chronische ⇨ Magenleiden und ⇨ Leberleiden oder ⇨ Blutarmut in Frage. Nicht selten liegen auch seelische Störungen (Magersucht, vor allem bei pubertierenden Mädchen) vor, die ⇨ Psychotherapie erfordern.

Armguß
⇨ Güsse

Arndt-Schulz-Gesetz
Der Psychiater RUDOLF ARNDT (1835–1900) und der Pharmakologe HUGO SCHULZ (1853–1932) formulierten dieses für die ⇨ Homöopathie sehr wichtige »biologische Grundgesetz«. Danach fördern schwache Reize, wie sie homöopathische Mittel ausüben, die Lebensfunktionen,

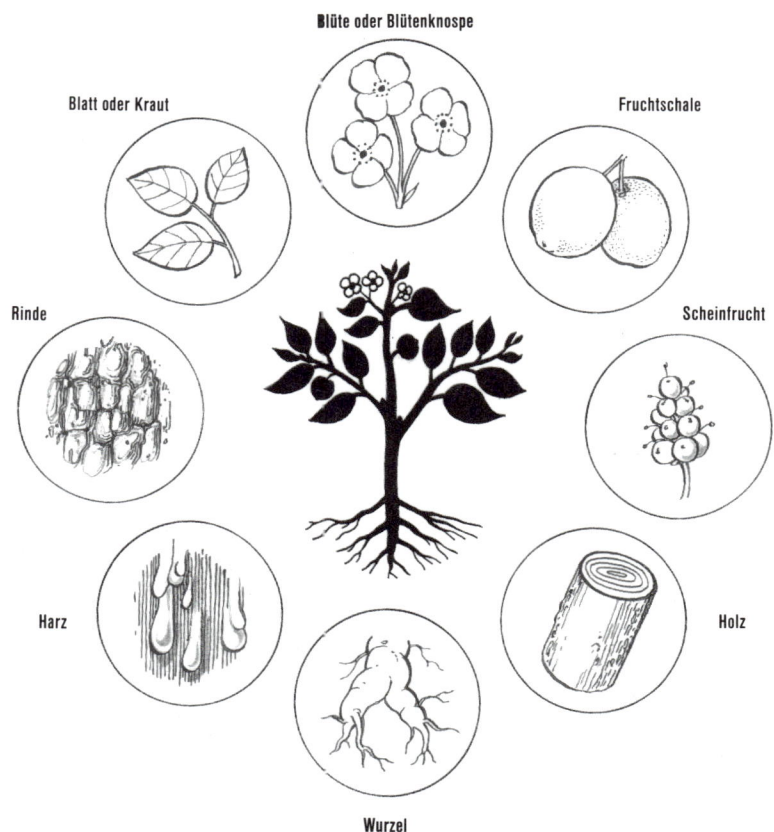

Blüte oder Blütenknospe

Blatt oder Kraut

Fruchtschale

Rinde

Scheinfrucht

Harz

Holz

Wurzel

Aromaöle können von ganz verschiedenen Pflanzenteilen gewonnen werden

mittelstarke hemmen sie und starke wirken lähmend, verursachen also Krankheiten. Die offizielle Medizin erkennt dieses Gesetz nur bedingt an.

Aromatherapie

Erste Hinweise auf die Aromatherapie findet man schon 4 Jahrtausende v. Chr. in der ägyptischen Heilkunde, die unter anderem Essenzen aus Zedernholz gewann. In Europa begann die Aromatherapie erst im 13. Jahrhundert, als man die Technik der Destillation besser beherrschte, und er-

lebte unter dem Sonnenkönig LUDWIG XIV. (1638–1715) in Frankreich einen Höhepunkt. Im 19. Jahrhundert ging die aufstrebende Chemie daran, die Aromastoffe zu analysieren und synthetisch herzustellen, aber diese künstlichen Essenzen waren weniger wirksam. So geriet die Aromatherapie fast in Vergessenheit. Erst in den letzten Jahren wird sie in der Naturmedizin gründlicher erforscht und vermehrt verordnet. Mit der ⇨ Heilpflanzentherapie ist sie zwar verwandt, aber nicht identisch, sondern versteht sich als eigenständiges Heilverfahren.

Zur Aromatherapie verwendet man durch Destillation gewonnene ätherische Öle von Pflanzen, die hauptsächlich aus Kohlenstoff und Wasserstoff bestehen. Sie wirken subtil auf einer sogenannten »feinstofflichen« Ebene, also durch seelisch-geistige Harmonisierung, die sich auf den Körper überträgt. Da Aromatherapeuten Krankheit als Störung der Harmonie erklären, können ätherische Öle universell verwendet werden.

Diese Vorstellungen mögen »esoterisch« anmuten, im Prinzip werden sie aber durch wissenschaftliche Untersuchungen bestätigt. Danach wirken die über die Nase aufgenommenen Aromastoffe auf jenen Teil des Gehirns, den man als limbisches System bezeichnet. Es ist vor allem für das Gefühls- und Triebleben und die davon über das vegetative Nervensystem beeinflußten Organfunktionen, indirekt auch für die Steuerung der Hormondrüsen und wahrscheinlich auch für das Gedächtnis zuständig.

Geruchssinn und limbisches System wirken so eng zusammen, daß selbst Gerüche, die man bewußt nicht wahrnimmt, zum Beispiel zu Gefühlsreaktionen führen. Das erklärt mit, weshalb man manche Menschen auf Anhieb sympathisch findet, andere aber im wahren Sinn des Wortes nicht »riechen« kann, ohne das begründen zu können.

Die Aromatherapie wirkt also hauptsächlich auf das Seelenleben und über das vegetative Nervensystem auf zahlreiche Körperfunktionen, die automatisch ohne Zutun des Willens ablaufen. Das bietet gerade heute, da bis zu 70 % aller Krankheiten vorwiegend seelisch-nervös (psychosomatisch) verursacht werden, eine Fülle von Anwendungsmöglichkeiten. Darüber hinaus erzielt man durch ätherische Öle aber auch noch unterschiedliche örtliche Wirkungen, vor allem:

■ Desinfektion der Atemwege bei ⇨ Inhalation, die Infektionen vorbeugt oder behandelt; außerdem wird die Atmung erleichtert und angeregt, Verschleimung gelöst und Hustenreiz gelindert.
■ Anregung der Verdauungsfunktionen und des Appetits sowie Vorbeugung oder Therapie von Magen-Darm-Katarrhen bei Einnahme der ätherischen Öle.
■ Vermehrte Durchblutung, Aktivierung der Herz-Kreislauf-Funktionen und Regulierung gestörter Blutdruckwerte, die durch Inhalation, Einnahme oder Auftragen auf die Haut erreicht wird.
■ Schutz und Pflege der Haut und Heilung von Hautleiden durch die antibiotische Wirkung der örtlich angewendeten ätherischen Öle.

Meist wird die Aromatherapie gut vertragen, wenn die Essenzen nur tropfenweise nach Gebrauchsanweisung verabreicht werden. Nebenwirkungen sind meist auf zu hohe Dosierung oder allergische Überreaktionen zurückzuführen. Dadurch entstehen Reizungen der Haut, Schleimhäute, Verdauungsstörungen, zu starke Anregung oder abnorme Müdigkeit, in seltenen Fällen sogar epileptische oder asthmatische Anfälle. Allergiker, Asthmatiker und Epileptiker müssen deshalb vor der Anwendung unbedingt den Therapeuten befragen.

Die kurze Auswahl ätherischer Öle auf den folgenden Seiten veranschaulicht, wie vielseitig die Aromatherapie genutzt werden kann. Zur umfassenden Information und Selbstbehandlung gibt es genügend einschlägige Literatur.

Da die Zubereitung der Essenzen zu umständlich für den Hausgebrauch ist, verwendet man stets fertige Zubereitungen aus natürlichen ätherischen Ölen, keine synthetischen Produkte.

Indikationen der gebräuchlichsten ätherischen Öle

Anis	innerlich bei Verdauungs-, Menstruationsstörungen und versuchsweise bei Angstzuständen; Inhalation bei Husten.
Arnika	innerlich bei Übelkeit; äußerlich bei Bluterguß, Prellung, Verstauchung, Zerrung, Wunden, Muskel- und Gelenkrheuma.
Baldrian	innerlich bei Nervosität, Schlafstörungen, psychosomatischen Funktionsstörungen innerer Organe; Inhalation/Badezusatz ergänzend bei den gleichen Indikationen.
Bergamotte	innerlich bei Appetitmangel, anderen Verdauungsstörungen; Inhalation bei Erschöpfung, nervöser Schwäche, Depressionen; Gurgeln bei Mund-Rachen-Entzündung; äußerlich bei Hautleiden.
Eukalyptus	innerlich bei Erschöpfung, Abwehrschwäche, Atemwegserkrankungen; Inhalation zusätzlich bei Atemwegsleiden; äußerlich bei Rheuma- und Nervenschmerzen; Verdampfung zur Raumdesinfektion (auch Erkältungsvorbeugung).
Fichtennadeln	innerlich bei Atemwegserkrankungen; Inhalation ergänzend bei Erkrankungen der Atmungsorgane; äußerlich bei Rheuma- und Nervenschmerzen.
Hopfen	innerlich bei Nervosität, Schlafstörungen, Kopfschmerzen; Inhalation zusätzlich bei Kopfschmerzen und Migräne; äußerlich bei schlecht heilenden Wunden.
Kamille	innerlich bei Magen-, Darm-, Leber-, Gallenblasenleiden, Menstruationsstörungen, versuchsweise auch bei Nervosität; Inhalation bei Atemwegserkrankungen; äußerlich/Badezusatz bei Hautleiden.
Lavendel	innerlich bei Nervosität, Schlafstörungen, Kopfschmerzen, Migräne; Inhalation ergänzend bei den gleichen Indikationen; äußerlich bei Hautleiden und Nervenschmerzen; Badezusatz zur allgemeinen Entspannung.
Melisse	innerlich bei Nervosität, Schlafstörungen, Kopfschmerzen, Migräne, Magen-Darm-Beschwerden, Menstruationsstörungen; Inhalation zur Entspannung und versuchsweise bei Depressionen; äußerlich bei Hautleiden, Insektenstichen; Rheuma- und Nervenschmerzen; Badezusatz zur Beruhigung, Schlafförderung, Sitzbad bei Menstruationsstörungen.
Pfefferminze	innerlich bei Übelkeit, Sodbrennen, Magen-, Darm- und Leberleiden, Kopfschmerzen, Migräne; Inhalation bei Atemwegserkrankungen, zur Anregung; äußerlich/Badezusatz bei Rheuma- und Nervenschmerzen.
Rosmarin	innerlich zur Anregung, bei Erschöpfung, niedrigem Blutdruck, Verdauungsschwäche, Gallenblasenleiden; Inhalation zur Anregung und Leistungssteigerung; äußerlich bei Rheumatismus; Badezusatz vor allem morgens bei niedrigem Blutdruck (nie nach 17 Uhr anwenden, sonst kann es zu Schlafstörungen kommen).

Indikationen der gebräuchlichsten ätherischen Öle

Sandelholz	innerlich bei Atemwegserkrankungen, Darminfektionen mit Durchfall; Inhalation bei Bronchitis, zur Anregung; äußerlich zur Hautpflege; Badezusatz zur Entspannung und milden Anregung.
Thymian	innerlich bei Magen-Darm-, Atemwegsinfektionen, Verdauungsschwäche, zur Kreislaufanregung und Nervenstärkung; Inhalation bei Atemwegserkrankungen; Gurgeln bei Hals-Rachen-Katarrhen; äußerlich/ Badezusatz bei Hautleiden und Rheuma; Verdampfung zur Desinfektion der Raumluft.
Wermut	innerlich bei Appetitmangel, Verdauungsschwäche, Koliken; Inhalation zur Anregung, versuchsweise bei Depressionen, äußerlich zur Anregung der Durchblutung.
Zitrone	innerlich zur Blutreinigung, bei Verdauungsschwäche, Leber-, Gallenblasenleiden, Blutarmut; Inhalation zur allgemeinen Belebung; Gurgeln bei Mund- und Zahnfleischentzündungen; Verdampfung reinigt und erfrischt die Raumluft.

Anis (Pimpinella anisum)

Bergamotte (Citrus bergamia)

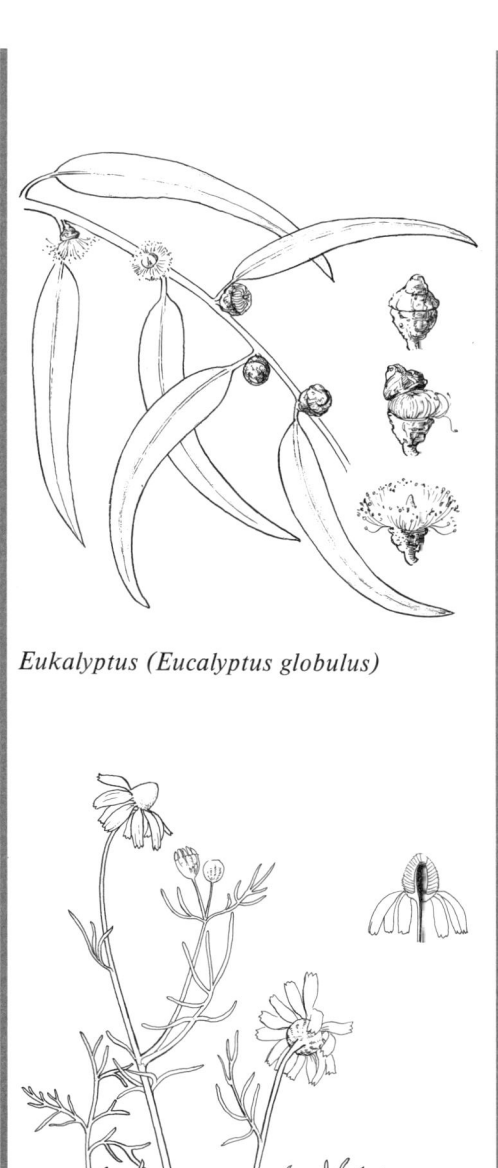

Eukalyptus (Eucalyptus globulus)

Lavendel (Lavendula officinalis)

Kamille (Matricaria chamomilla)

Melisse (Melissa officinalis)

Pfefferminze (Mentha piperita)

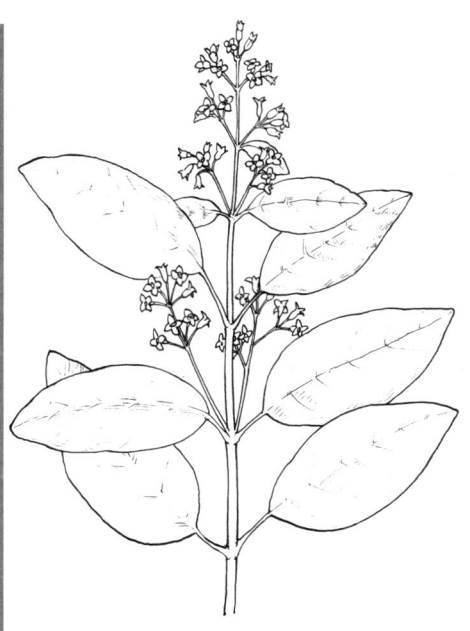

Sandelholz (Santalum album)

Rosmarin (Rosmarinus officinalis)

Thymian (Thymus vulgaris)

Die Anwendung ergibt sich aus der Ge-brauchsanweisung oder fachlicher Ver-ordnung, grundsätzlich gilt dazu:

- Innerlich gibt man 3mal täglich 1 bis 2 Tropfen Essenz in etwas Wasser oder auf 1 Teelöffel Honig, nie länger als 4 Wochen ununterbrochen.
- ⇨ Inhalationen führt man mit 8 bis 10 Tropfen Essenz auf 1 l kochendes Wasser täglich 2- bis 4mal, zur Vorsorge auch nur 2- bis 4mal wöchentlich durch, Dauer 10 bis 12 Minuten; einfacher geht es mit einem elektrischen Inhalator nach Betriebsanleitung.
- Gurgelwasser (⇨ Gurgeln) stellt man mit 3 Tropfen Essenz auf 1 Glas lauwar-mes Wasser her und verwendet es 1- bis 2mal täglich zur Vorbeugung oder bis zu 6mal täglich zur Therapie.
- Badezusatz bereitet man mit 8 bis 10 Tropfen für Teilbäder oder 15 Tropfen für Vollbäder zu, die dem Badewasser beigemischt werden; man badet 2- bis 4mal wöchentlich je 15 bis 20 Minuten; Herz-Kreislauf-Kranke befragen vorher den Therapeuten, denn sie vertragen ⇨ Bäder nicht immer.
- ⇨ Wickel und ⇨ Auflagen werden in Wasser getaucht, dem man 10 Tropfen Essenz zufügt, und ein- bis mehrmals täglich für 1 bis 1½ Stunden angelegt.
- Hautpflege und Behandlung von Haut-leiden erfolgt mit fertigen Ölen und Ein-reibungen, die nach Gebrauchsanwei-sung verwendet werden.
- Verdampfung im Raum geschieht mit einer Aromalampe, die mit einer Ker-ze oder Glühbirne betrieben wird; in die Verdampferschale gibt man 5 bis 10 Tropfen Essenz.

Die verschiedenen Anwendungsformen der ätherischen Öle können miteinander kombiniert werden, dann erzielt man oft bessere Wirkungen.

Arteriosklerose

Diese Krankheit verschont praktisch kei-nen alten Menschen, denn sie wird mit durch altersbedingten Verschleiß der Ar-terien hervorgerufen, aber das allein muß noch keine stärkeren Beschwerden verur-sachen. Meist kommen andere Faktoren hinzu, ehe Arteriosklerose ausgeprägt auftritt. In erster Linie gehören dazu zivili-satorische Einflüsse, wie zu fett- und ei-weißreiche Ernährung, die oft auch zu Übergewicht führt und Zuckerkrankheit begünstigt (beides sind zusätzliche Risi-kofaktoren), Bewegungsmangel, Rau-chen (Nikotin ist ein starkes Gefäßgift), oft auch noch übermäßiger Dauerstreß. Ho-her Blutdruck gilt ebenfalls als Risikofak-tor, kann aber auch erst im Verlauf der Arte-riosklerose als Folgekrankheit eintreten. Erbanlagen, insbesondere anlagebe-dingte Fettstoffwechselstörungen, spielen gleichfalls eine individuell unterschiedli-che Rolle. Im Einzelfall sind auch noch an-dere Ursachen möglich, hauptsächlich ist Arteriosklerose jedoch als Zivilisations-krankheit zu verstehen. Deshalb beobach-tet man sie heute immer häufiger schon vor der Lebensmitte, ja sogar schon bei Kindern und Jugendlichen.

Am Anfang steht die Schädigung der Arte-rienwand mit Verdickung und Verhärtung, später wird dann Fett, Eiweiß und Kalk ein-gelagert. Die Arterie verliert zunehmend ihre Elastizität und verengt sich, das von ihr versorgte Gewebe wird immer weniger durchblutet. In fortgeschrittenen Fällen wird die Arterie völlig verschlossen und das nicht mehr versorgte Gewebe stirbt ab. Als Komplikationen drohen vor allem Herzinfarkt (⇨ Herzleiden) und ⇨ Schlag-anfall.

Die Krankheit verläuft schleichend-chro-nisch, beginnend mit Stadium I, das noch keine Beschwerden verursacht, bis zum Stadium IV mit völliger Verlegung der Arte-

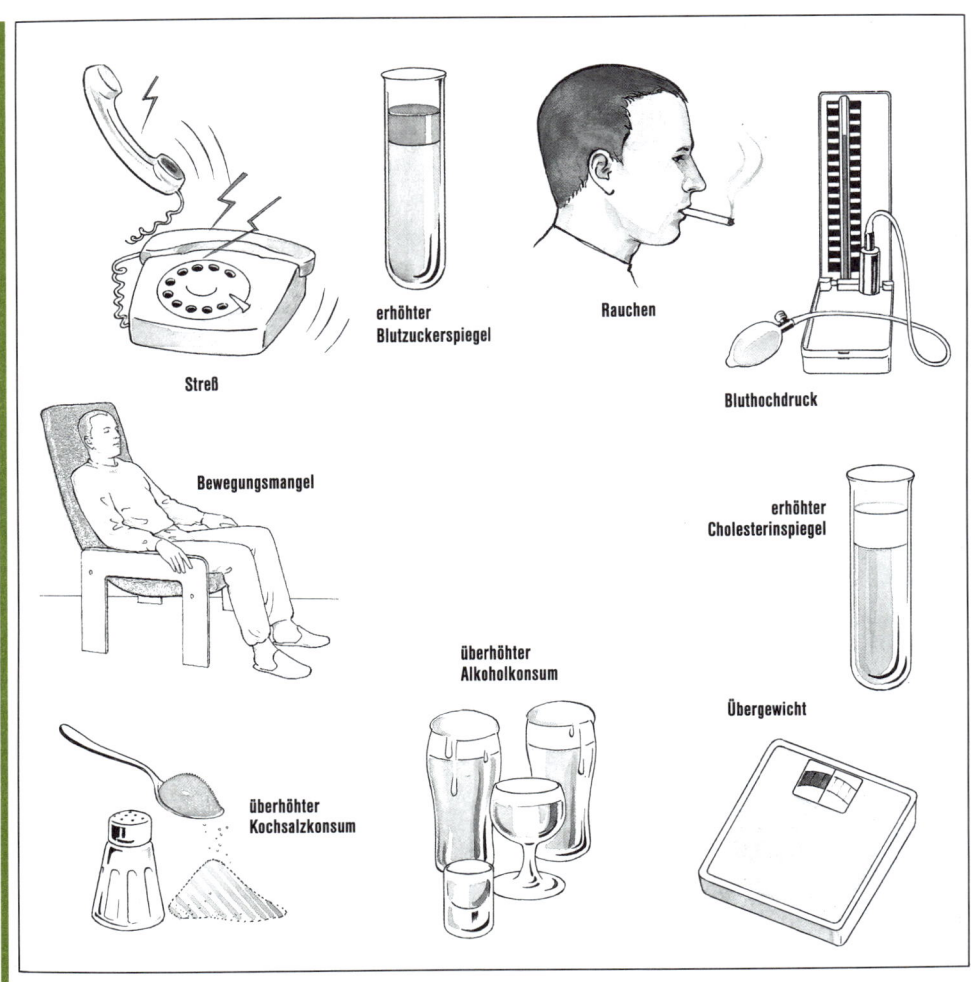

Die Risikofaktoren der Arteriosklerose

rie. Die Symptome ab Stadium II hängen vom Sitz und der Ausdehnung der Arterienveränderung ab. Typisch sind vor allem chronisch kalte, blasse Gliedmaßen, Wadenschmerzen beim Gehen, später auch in Ruhe, Herzschmerzen, Durchblutungsstörungen und Schmerzen in anderen Körpergebieten und Organen, schlecht heilende Wunden und Geschwü-

re, bei Verkalkung der Hirnarterien auch Schlafstörungen, Gereiztheit, Depressionen, Gedächtnis-, Konzentrationsschwäche, abnorme Ermüdbarkeit, in schweren Fällen Verwirrtheit, Persönlichkeitsveränderungen und Geistesschwäche.
Die krankhaften Arterienveränderungen können grundsätzlich nicht mehr rückgängig gemacht werden, auch wenn chir-

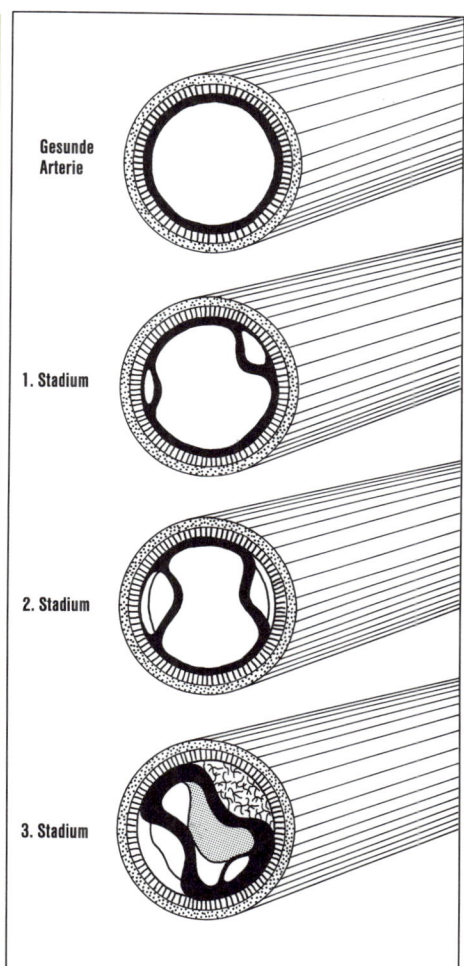

Gesunde
Arterie

1. Stadium

2. Stadium

3. Stadium

*So entsteht Arteriosklerose: Die Abbildung
ganz oben zeigt eine gesunde Arterie mit
glatten Wänden. Im ersten Stadium wird
die innere Wand uneben, da sich choleste-
rinhaltige Substanzen anlagern. Durch
weitere Anlagerungen auch anderer Blut-
bestandteile gehen in der Gefäßwand
wucherungsartige Vorgänge vor sich
(2. Stadium). Die Verhärtung und Verengung schreitet fort, bis nur noch eine ganz
kleine Öffnung bleibt oder das Gefäß
völlig verschlossen wird (3. Stadium)*

urgische Maßnahmen (zum Beispiel By-
pass) heute oft eine »Reparatur« erlauben.
Deshalb ist die Vorbeugung und Frühbe-
handlung im Stadium I ungemein wichtig,
wird aber häufig versäumt. Folgende Maß-
nahmen sind dazu notwendig:
■ Ernährungstherapie (⇨ Diät) mit Umstellung der üblichen Zivilisationskost
  auf fett- und eiweißärmere, rohkostreiche Ernährung als unverzichtbare
  Grundvoraussetzung.
■ Gefäßtraining und Anregung der
  Durchblutung durch ⇨ Bewegung und
  ⇨ Wassertherapie.
■ Strenger Verzicht auf Nikotin und Einschränkung anderer ⇨ Genußmittel.
■ Entspannungstherapie gegen ⇨ Streß
  und andere seelisch-nervöse Einflüsse.
■ Gezielte Behandlung von Übergewicht
  (⇨ Fettsucht), ⇨ Zuckerkrankheit, Fettstoffwechselstörungen, ⇨ Bluthoch-
  druck und anderer Krankheitsrisiken
  nach Verordnung.

Auf diese Weise kann das Fortschreiten
der Arteriosklerose gehemmt oder verhindert und das Allgemeinbefinden gebessert werden.
Bei stärkeren Arterienveränderungen und
deutlicheren Symptomen bleibt die Therapie stets fachlicher Verordnung vorbehalten. Neben der obigen Grundbehandlung
sind dann ⇨ Homöopathie, ⇨ Heilpflanzen, wie Knoblauch, Mistel, Weißdorn und
durchblutungsfördernder Ginkgo biloba,
⇨ Aderlaß, ⇨ Blutegel, ⇨ Enzymtherapie,
⇨ Ozontherapie und ⇨ Sauerstofftherapie
angezeigt. Bypass- und andere Gefäß-
operationen bleiben in schweren Fällen
als letzter Ausweg, beseitigen aber nicht
die eigentlichen Ursachen.

Asiatische Heilkunst
⇨ Akupressur – Akupunktur

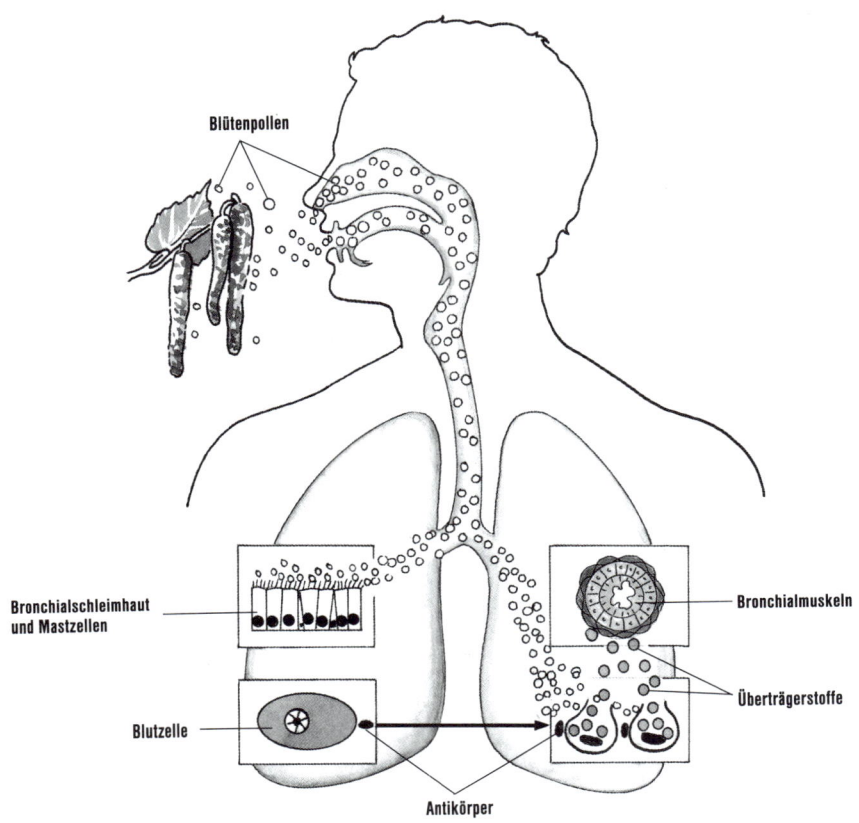

Blütenpollen

Bronchialschleimhaut
und Mastzellen

Bronchialmuskeln

Übertragerstoffe

Blutzelle

Antikörper

Reaktionsablauf bei allergischem Asthma: Pflanzenpollen gelangen an die Bronchial-
schleimhaut. Abwehrkörper gegen die Fremdstoffe werden gebildet und setzen sich auf
den Mastzellen fest. Kommen neue Pollen, setzen die Mastzellen Überträgerstoffe frei, die
einen Krampf der Bronchialmuskeln bewirken

Asthma

Die Krankheit gehört zu den ➪ Allergien und wird oft durch Pollen, Staub, Tierhaare, Federn und Pilze ausgelöst. Vorher litten die Patienten zum Teil schon an anderen allergischen Krankheiten. In vielen Fällen spielen auch seelische Ursachen eine gewichtige Rolle, bei Kindern vor allem eine gestörte Beziehung zur überbesorgten Mutter, die dem Kind durch ihre Fürsorge »den freien Atem raubt«.

Zum akuten Asthmaanfall kommt es durch Verkrampfung der Bronchien mit übermäßiger Schleimabsonderung. Dadurch wird vor allem die Ausatmung behindert, in die luftüberfüllten Lungen kann kaum noch mehr eingeatmet werden. Symptomatisch sind schwere Atemnot mit bläulich-kalten Gliedern, gegen Ende und nach dem Anfall heftiger Husten mit glasig-zähem Auswurf. Zwischen den Anfällen müssen keine Beschwerden be-

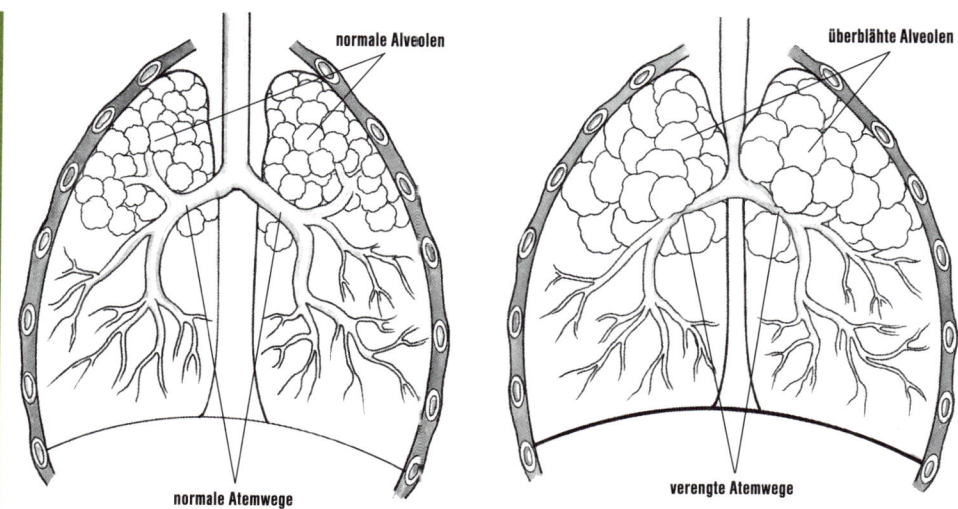

normale Alveolen

überblähte Alveolen

normale Atemwege

verengte Atemwege

Bei verengten Atemwegen kann es zu einer Überblähung der Lungenbläschen kommen, die dann die Atemwege noch weiter verengen

stehen, oft leiden die Patienten aber an chronischer Bronchitis. Als Komplikation kann es im akuten Anfall zum lebensbedrohlichen Status asthmaticus kommen, bei dem kaum noch eingeatmet werden kann, bei längerer Dauer drohen Lungenblähung (Emphysem) und chronische Bronchitis.

Zur Grundbehandlung ist die antiallergische Therapie durch Desensibilisierung oder allgemeine Umstimmung (⇨ Allergie) notwendig, um die Überempfindlichkeit zu beseitigen. Ergänzt wird die ⇨ Umstimmungstherapie durch rohkostreiche Ernährung, bei Bedarf vegetarische Diät (⇨ Vegetarismus) oder ⇨ Heilfasten. Außerdem soll durch ⇨ Bewegungstherapie, kalte ⇨ Wasseranwendungen und abwehrsteigernde Arzneimittel für Abhärtung, Normalisierung der Immunfunktionen und bessere Atmung gesorgt werden. Seelisch-nervöse Ursachen werden durch ⇨ Entspannung und ⇨ Auto-

suggestion, in schweren Fällen durch ⇨ Psychotherapie behandelt.

Zur Therapie akuter Anfälle eignet sich nach Verordnung vor allem ⇨ Homöopathie, die krampf- und schleimlösend wirkt. Wenn sie nicht rasch genug hilft, können auch chemische Antiallergika, in schweren Fällen Corticosteroide (aber nicht zur Langzeitbehandlung) angezeigt sein, um den Anfall rasch zu unterbrechen. Ergänzt werden die Medikamente durch ⇨ Wickel auf die Brust und heiße ⇨ Bäder der Hände und Füße.

Zwischen den Anfällen werden ebenfalls homöopathische Mittel, außerdem ⇨ Heilpflanzen, wie Eibisch, Spitzwegerich und Thymian, Brustwickel und kalte ⇨ Abwaschungen angewendet. Dadurch vermindert man die Häufigkeit der Anfälle, lindert die Bronchitis und beugt Komplikationen vor. Fast immer empfiehlt sich auch ⇨ Atemtherapie, damit die Patienten lernen, im akuten Anfall richtig zu atmen.

Atemtherapie

Atem bedeutet Leben, Aufnahme von Lebensenergie und Ausatmung schädlicher Stoffe. Sie nimmt großen Einfluß auf Körper und Psyche. Ohne Flüssigkeit können wir mehrere Tage, ohne feste Nahrung einige Wochen überleben, ohne Atemluft nur wenige Minuten. Diese lebenswichtige Bedeutung der Atmung führte schon in vielen antiken Hochkulturen zur Entwicklung von Atemtherapien, die vor allem in China, Japan und Tibet oft gleichzeitig kultischen und religiösen Zwecken dienten. Heute noch bekannt sind zum Beispiel die Atemübungen im ⇨ Yoga, ZEN und Tai-Chi-Chuan der Chinesen, Inder und Japaner.

In der westlichen Medizin spielte die Atemtherapie lange Zeit keine so große Rolle. Erst seit zwei bis drei Jahrzehnten gewinnt sie wachsende Bedeutung. Das erklärt sich einmal daraus, daß heute mehr als 50 % der Bevölkerung in den westlichen Industrienationen falsch atmen. Außerdem förderten die neuen Körperpsychotherapien (wie ⇨ Bioenergetik), die Körper und Psyche harmonisieren wollen, den vermehrten Einsatz von Atemtherapien.

Die Wirkung der Atemtherapie beschränkt sich nicht auf die Atmungsorgane, sondern beeinflußt den gesamten Organismus und das Seelenleben günstig. Zu den wichtigsten Wirkungen gehören:

Einatmen beim Gähnen in ganz gestreckter Haltung

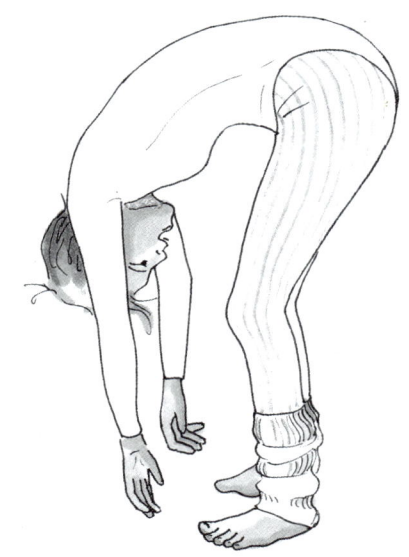

Ausatmen beim Gähnen mit gebeugtem Oberkörper

52

Luftbad bei geöffnetem Fenster

Inhalation von Dampf mit Heilkräuter-
zusätzen im Rahmen einer Atemtherapie

■ Anregung der Herz-Kreislauf-Funktionen mit besserer Durchblutung.
■ Verbesserung der Verdauungsfunktionen durch vermehrte Durchblutung und Massagewirkung des Zwerchfells auf die Verdauungsorgane beim tiefen Atmen.
■ Harmonisierung und Entspannung des vegetativen Nervensystems, der Muskulatur und des Seelenlebens durch eine beruhigende, ausgleichende Tiefatmung.
■ Verbessertes Körperbewußtsein, weil man sich auf die körperliche Funktion des Atmens konzentriert und gleichsam den Strom des Atems durch den Körper bewußter wahrnimmt; das harmonisiert die ständige Wechselbeziehung zwischen Körper und Seelenleben und hilft bei körperlichen, psychosomatischen und seelischen Krankheiten.

■ Vermehrte Sauerstoffzufuhr, die Stoffwechsel und Zellfunktionen fördert.
■ Entsäuerung des Körpers durch Ausatmung der im Stoffwechsel anfallenden Kohlensäure.
■ Training der Atmungsorgane und Atemmuskulatur mit Zunahme der Lungenkapazität und Elastizität des Lungengewebes sowie verbesserter Belüftung der Atmungsorgane, die Krankheiten vorbeugt.

Atemtherapie stellt also eine ganzheitliche Behandlung mit vielseitigen Wirkungen dar, die vor allem zur Gesundheitsvorsorge und ergänzenden Therapie in Frage

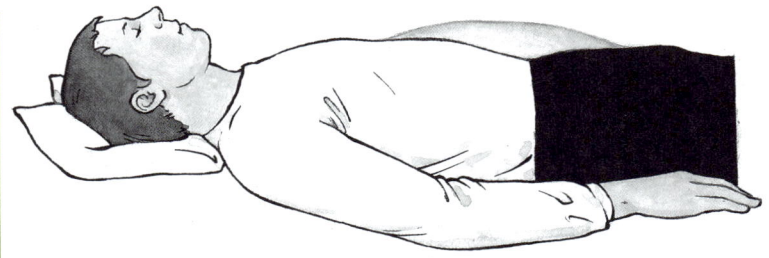

Bauchatmung

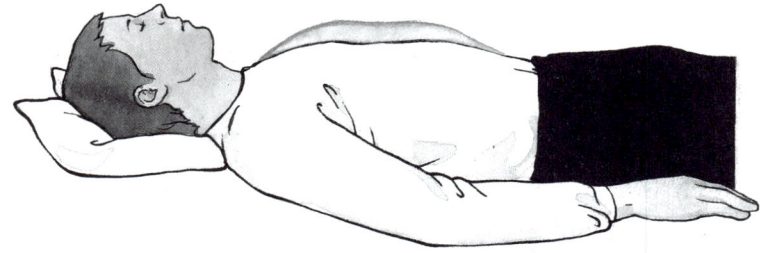

Brustatmung

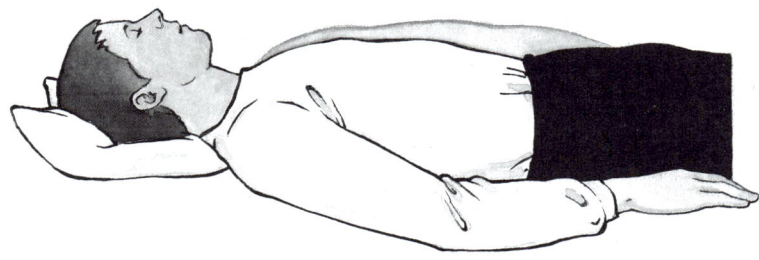

Vollatmung

kommt. Selbsthilfe ist allerdings nur bedingt möglich, denn bei falschem Üben können sich Atemstörungen einstellen oder verschlimmern. Grundsätzlich soll die Atemtherapie deshalb unter fachlicher Anleitung erlernt werden, insbesondere bei Krankheiten. Besondere Vorsicht ist geboten bei Atemwegs- und Herz-Kreislauf-Krankheiten. Auch darf man die Atemübungen nicht übertreiben. Zur Selbsthilfe am besten geeignete Form der

Atemtherapie ist ausreichend ⇨ Bewegung an der frischen Luft, denn die körperliche Anstrengung verbessert automatisch die Atmung.

Es erübrigt sich, einzelne Atemübungen genau zu beschreiben, weil sie nach Verordnung angewendet werden sollen. Kurz angeführt seien folgende Techniken:

■ Middendorfsche Atemschulung, die den automatisch ablaufenden Atemrhythmus bewußt erfahrbar macht, später auch den Atem in bestimmten Zentren des Körpers konzentriert und bewußt durch den Körper »strömen« läßt; sie spielt auch in der Körperpsychotherapie eine wichtige Rolle.

- Integrale Atemtherapie nach KLARA WOLF mit Atem- und Bewegungsübungen, die Atmung und andere Organfunktionen wieder mit dem Spannungszustand im vegetativen Nervensystem und Seelenleben in Einklang bringt, so daß alle Organe gut aufeinander und auf das Seelenleben abgestimmt arbeiten; so findet der Mensch wieder zur Harmonie mit sich selbst.
- Passive Atemtherapie nach DR. LUDWIG SCHMIDT, bei der Atemübungen mit Massage zur Anregung der Atemhilfsmuskeln kombiniert werden.
- Helmel-Atemtherapie, bei der die Atemübungen so durchgeführt werden, daß sie auch die Durchblutung (Blutwell-Übungen) gut beeinflussen.
- Atemtherapie nach DR. JULIUS PAROW, bei der es vor allem um die Einübung der Normalatmung durch die Nase geht.
- Bewußt-willentliche Atemtechnik nach DR. ADOLF HOFF, bei der man lernt, die Fehlatmung bewußt durch willentliche Beeinflussung der Atmung zu korrigieren; sie wirkt zum Teil besonders rasch sowohl auf körperliche als auch auf psychische Störungen.

Daneben gibt es noch eine Reihe anderer Atemtherapien, die teilweise mit Entspannungs- und Meditationsübungen (zum Beispiel ⇨ Yoga) verbunden sind. Welche Technik im Einzelfall angezeigt ist, entscheidet der erfahrene Therapeut.

Ätherische Öle
⇨ Aromatherapie

Auflagen
⇨ Wickel – Auflagen

Augen-(Iris-)diagnose
Dieses diagnostische Verfahren wird auch in der Naturheilkunde nicht uneingeschränkt anerkannt, die offizielle Medizin lehnt es strikt als »unwissenschaftlich« ab. Dabei steht fest, daß erfahrene Therapeuten dadurch oft erstaunlich zuverlässige Diagnosen stellen können, die durch übliche Untersuchungen kaum möglich sind. Es darf aber auch nicht verschwiegen werden, daß häufiger gravierende Fehldiagnosen vorkommen, insbesondere durch wenig erfahrene, schlecht ausgebildete Therapeuten. Wegen dieser unbestreitbaren Schwächen soll Irisdiagnose möglichst nicht allein zur Diagnose eingesetzt werden; in erster Linie weist sie den Weg für weitere Untersuchungen und kann außerdem auf andere Weise gewonnene Befunde absichern.
Die Methode wurde im 19. Jahrhundert von dem Ungarn PECZELY und dem Schweden LILJEQUIST begründet. Weltbekannt wurde sie später vor allem durch Pastor FELKE (⇨ Felketherapie), der ein begnadeter Irisdiagnostiker gewesen sein soll. Die Untersuchung der Regenbogenhaut (Iris) des Auges erfolgt mit einem Vergrößerungsglas, genauer mit einem speziellen Irismikroskop, heute auch mit der Iriskamera, die Diaaufnahmen liefert, die vergrößert und besonders sorgfältig beurteilt werden können. Der Irisdiagnostiker achtet dabei besonders auf Flecken, Pigmentierungen und Linien der Iris, die ihm Hinweise auf augenblickliche und frühere Krankheiten, aber auch auf Anlagen für zukünftige Krankheiten geben. Die Iris soll nämlich den gesamten Organismus und darüber hinaus seelisch-geistige Funktionen widerspiegeln.

Augentraining
⇨ Sehtraining

Aurikulartherapie
⇨ Akupressur – Akupunktur

Ausleitung
⇨ Ab- und Ausleitung

Ausschlag
Dieser Oberbegriff umfaßt eine Reihe von Hauterkrankungen, die mit Rötung, Schwellung, Schuppung, Bläschen und Eiterungen einhergehen. Als Ursachen kommen vor allem ⇨ Allergien, hormonelle Einflüsse (⇨ Akne), Infektionskrankheiten (wie Pocken, Windpocken, Röteln), Pilzinfektionen, Insektenstiche, Hautschäden durch Strahlen, chemische Reize, Wärme oder Kälte und Stoffwechselstörungen in Frage, die nur der Therapeut sicher feststellen kann.
Grundsätzlich werden Hautausschläge als Selbstheilungsprozeß verstanden, der nicht unterdrückt, sondern sogar noch gefördert werden soll, auch wenn sich dadurch vorübergehend die Symptome verschlimmern. Unter anderem eignen sich zur Behandlung ⇨ Diät, ⇨ Heilfasten, ⇨ Blutreinigung, örtliche ⇨ Wassertherapie und ⇨ Homöopathie nach fachlicher Verordnung (zur Therapie siehe auch ⇨ Hautleiden).

Autogenes Training
Tiefe Entspannung gehört zu den wichtigen Voraussetzungen der Gesundheit, denn wir können nicht ständig unter Hochspannung stehen. Dazu ist jeder Mensch von Natur aus in der Lage. Aber immer weniger schaffen das heute noch im Streß

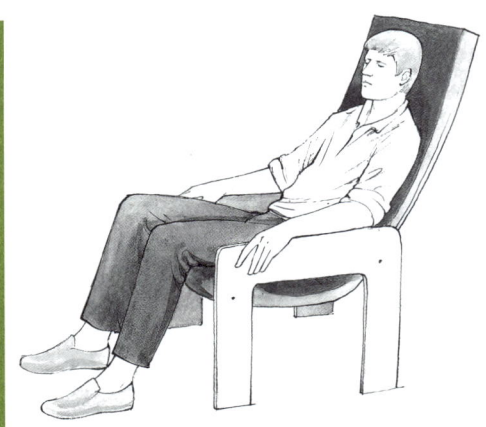

Entspannte, passive Sitzhaltung beim autogenen Training, die sich für Anfänger besonders gut eignet

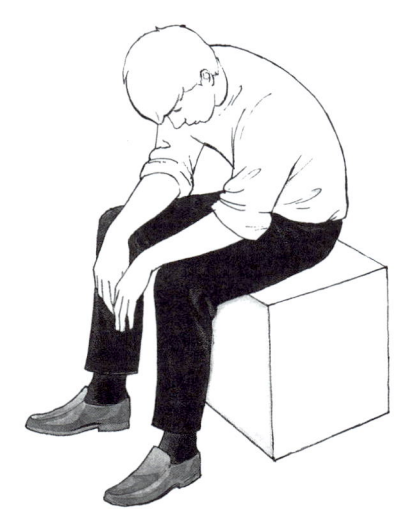

Aktive Sitzhaltung (Droschkenkutscherhaltung) beim autogenen Training, in der man an vielen Orten unauffällig üben kann und die sich für Fortgeschrittene eignet

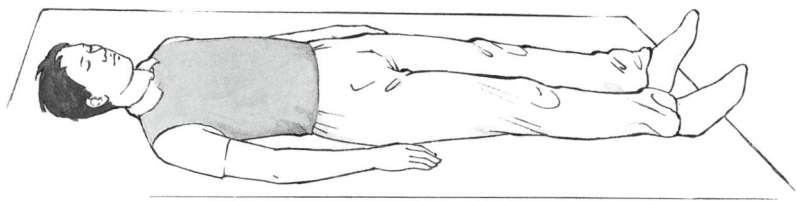

Rückenlage beim autogenen Training, in der man morgens vor dem Aufstehen und abends vor dem Einschlafen übt

und der Hektik des modernen Alltags. Sie müssen erst mit Hilfe einer Technik wieder lernen, zwischendurch völlig abzuschalten und sich zu erholen. Autogenes Training (kurz AT) gehört zu den wichtigsten Entspannungsmethoden und wird deshalb hier gesondert vorgestellt, weitere Techniken folgen bei dem Stichwort ⇨ Entspannungstherapie.

Begründet wurde AT von Professor JOHANN HEINRICH SCHULTZ (1884–1970). Zunächst studierte er Dermatologie, später noch Neurologie und Psychiatrie. Den Anstoß zur Entwicklung des AT gaben wohl vor allem die Jahre vor dem Ersten Weltkrieg, in denen er in einem Breslauer Hypnoseambulatorium (⇨ Hypnose) praktische Erfahrungen sammelte, die später in das AT einflossen. Erstmals stellte er die Technik 1932 in der Monographie »Das Autogene Training – Konzentrative Selbstentspannung« vor.

Die meisten Menschen sind in der Lage, AT zu erlernen, auch Kinder. (SCHULTZ regte an, AT bereits in den Schulen zu lehren, aber das wurde bis heute nicht realisiert.) Die wichtigsten Voraussetzungen dafür muß jeder selbst schaffen: ausreichende Motivation zum Training, also individuelle Ziele, die man mit AT erreichen will, und regelmäßiges tägliches Training. Wenn diese Bedingungen gegeben sind, kann man AT auch nach einem guten Buch oder ei-

ner Tonkassette oft selbständig einüben. Besser (und von SCHULTZ vorgesehen) ist es jedoch, die Übungen zunächst im Einzel- oder Gruppenunterricht mit fachlicher Hilfe zu erlernen, denn gerade zu Anfang tauchen häufig individuelle Fragen und Probleme auf, die auch das beste Buch nicht erfassen kann. Gruppenkurse werden von Volkshochschulen und Krankenkassen, Einzelkurse von Ärzten und Psychotherapeuten angeboten.

Anfänger sollten 2- bis 3mal täglich, Fortgeschrittene mindestens 1mal am Tag üben, damit die tiefe Entspannung bald Gewohnheit wird (und bleibt). Als praktische Lebenshilfe und zur Gesundheitsvorsorge behält man tägliches Training am besten lebenslang bei. Das nimmt nur wenige Minuten täglich in Anspruch.

Geübt wird zunächst immer in einem ruhigen Raum. Fortgeschrittene sind aber in der Lage, sich fast überall kurz tief zu entspannen, unabhängig von Umgebung und Körperhaltung. Für Anfänger eignet sich die Rückenlage oder die passive Sitzhaltung in einem Sessel mit hoher Rückenlehne und Armlehnen am besten. Wer AT gut beherrscht, übt häufig unauffällig in der aktiven Sitz-(Droschkenkutscher-)haltung, wobei man den Oberkörper etwas vorbeugt, die Unterarme auf die Oberschenkel legt und den Kopf locker nach vorne hängen läßt.

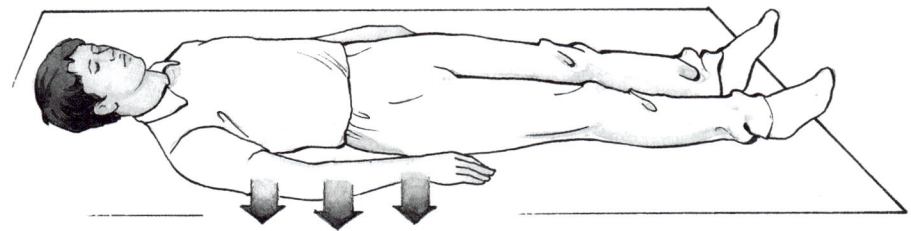

Armschwere beim autogenen Training

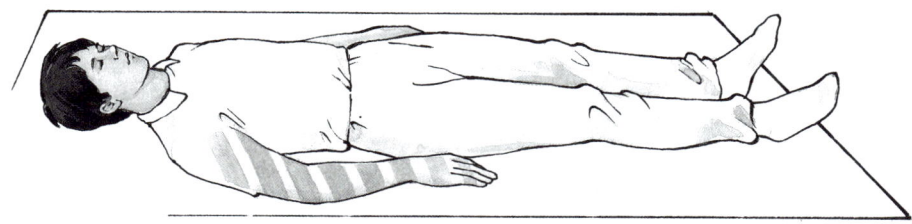

Armwärme beim autogenen Training

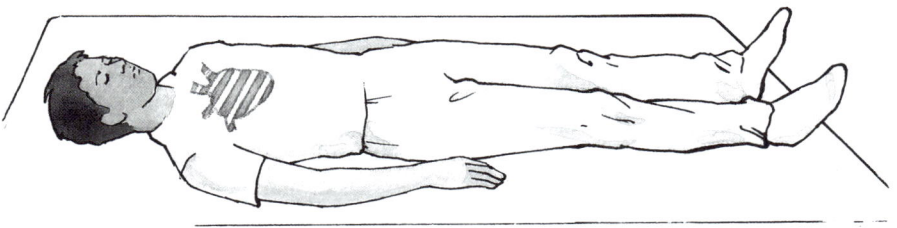

Herzübung beim autogenen Training

Die AT-Unterstufe ist systematisch aus 6 Grundübungen aufgebaut, die Schritt für Schritt den ganzen Körper entspannen. Jede dieser Übungen erlernt man in 2 Wochen, so daß das Programm in 12 Wochen einigermaßen beherrscht wird. Durch fortgesetztes Training verbessert man nach und nach die tiefe Entspannung, bis sie sich schließlich oft fast reflexartig in Minutenschnelle einstellt, wenn man mit dem Training beginnt.

Am Anfang jeder Übung steht die zielsetzende Formel »Ich bin ganz ruhig«. Dieselbe Formel wird auch während der gesamten Übungszeit immer wieder einmal eingeschoben.

Übung 1 führt das Schweregefühl im rechten (Linkshänder oft besser im linken) Arm mit der 18mal im Geist wiederholten Vorstellung »Rechter (linker) Arm ganz schwer« herbei.

58

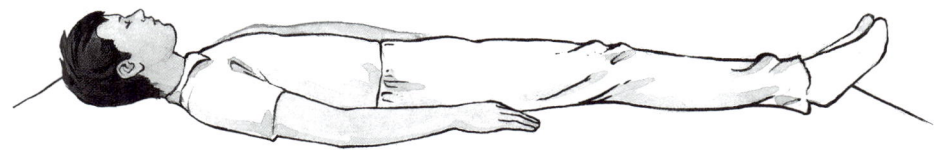

Atemübung beim autogenen Training

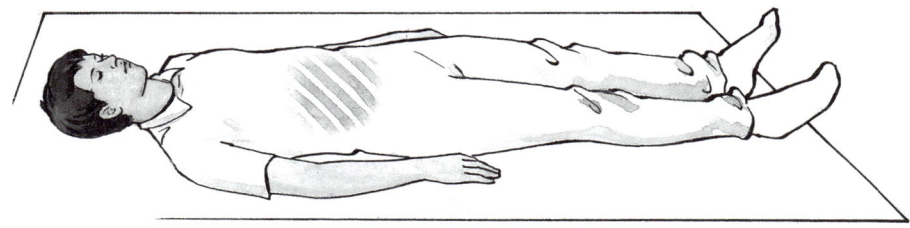

Sonnengeflechtsübung beim autogenen Training

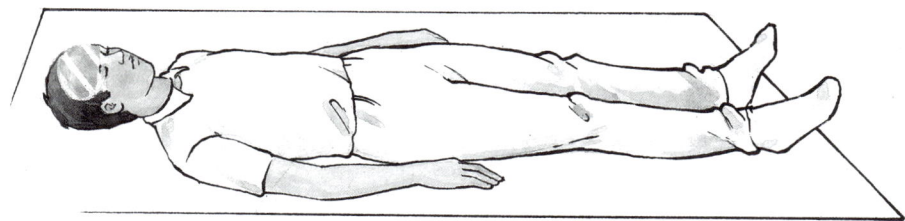

Stirnübung beim autogenen Training

Übung 2 bewirkt mit der Vorstellung »Rechter (linker) Arm ganz warm« das Gefühl von Wärme.
Schwere und Wärme entstehen durch Muskel- und Gefäßentspannung mit Mehrdurchblutung im Arm und sind objektiv meßbar, also keine bloße Eirbildung. Diese Empfindungen breiten sich ohne zusätzliche Vorstellungen nach einigem Training im ganzen Körper aus (Generalisierung).

Übung 3 beruhigt die Herzfunktionen mit der Vorstellung »Herz schlägt ruhig und regelmäßig«. Dadurch kann es bei empfindlichen Menschen allerdings manchmal zu Mißempfindungen am Herzen kommen, die mit dem Therapeuten besprochen werden müssen.

Übung 4 harmonisiert die Atmung, ohne sie willentlich zu verändern, mit der Vorstellung »Es atmet mich – Atmung ruhig und regelmäßig«; bei organischen Erkrankungen der Atemorgane muß vorher der Therapeut befragt werden.

Übung 5 besteht in der Vorstellung »Sonnengeflecht (oder Leib, Magengegend) strömend warm«; sie beeinflußt über das Sonnengeflecht (Solar plexus) des vegetativen Nervensystems vor allem die Verdauungs- und Unterleibsorgane günstig.

Übung 6 vervollständigt die tiefe Entspannung mit der Vorstellung »Stirn angenehm kühl« (nie kalt), damit man einen »kühlen, klaren Kopf« bekommt.

Sobald man dieses Grundtraining gut beherrscht, kann es auf die einmalige intensive Vorstellung »Ruhe, Schwere und Wärme – Herz und Atmung ruhig und regelmäßig – Sonnengeflecht strömend warm – Stirn angenehm kühl« verkürzt werden. Es dauert aber oft Monate, ehe man durch diese kurze, zum Dauertraining geeignete Vorstellung die tiefe Entspannung rasch herbeiführen kann.
Nach jeder Übung muß man die Wirkung der Vorstellungen zurücknehmen, auch wenn man bewußt nichts gespürt hat, sonst können noch stundenlang Mißempfindungen zum Beispiel in den Armen, Kopfschmerzen und Müdigkeit bestehen. Dazu stellt man sich 1mal vor: »Arme beugen und strecken (dabei kräftig die Arme bewegen), tief atmen – Augen auf.« Dann dehnt und streckt man den ganzen Körper ausgiebig, ehe man sich erhebt. Wenn man beim Training unterbrochen wird oder danach gleich schläft, muß nicht zurückgenommen werden.
AT bietet zusätzlich die Möglichkeit zur ⇨ Autosuggestion, sobald sich nach (frühstens – oft später) 6 bis 8 Wochen die Entspannung deutlicher einstellt. Dazu formuliert man positive Vorstellungen, die sich verwirklichen sollen, und prägt sie sich durch 30malige Wiederholung im Geist vor der Zurücknahme ein. Die Wirkung kann rasch eintreten, aber auch erst nach Wochen spürbar werden.
Wer das AT-Grundtraining gut beherrscht, kann die Oberstufe erlernen. Sie gehört zu den tiefenpsychologischen Formen der ⇨ Psychotherapie und führt vor allem zur vertieften Selbsterkenntnis und Reifung der Persönlichkeit. Das gut wirksame Verfahren muß stets nach fachlicher Anleitung erlernt werden.

Autosuggestionstherapie
Positive Selbstbeeinflussung, wie man diese Therapie auch bezeichnen kann, hat nichts mit Esoterik oder Okkultismus zu tun. Sie ist ein natürlicher Vorgang, wir wenden sie im Alltag häufig (oft unbewußt) an, aber leider nicht nur positiv, sondern auch negativ. Typische Beispiele sind Vorfreude auf ein bevorstehendes Ereignis, die positive Erwartungen weckt, oder aber die Angst davor, die negativ vorprogrammiert. Von dieser alltäglichen Selbstbeeinflussung unterscheidet sich die Autosuggestionstherapie dadurch, daß sie bewußt, gezielt, systematisch und immer positiv angewendet wird.
Erste schriftliche Überlieferungen zu dieser seit Urzeiten von Schamanen, Gurus, Priestern und Ärzten ausgeübten Therapie enthält der »Papyrus Ebers«, eine Schriftrolle, die um 3600 v. Chr. in Ägypten entstand. Auch die Yoga-Meditation (⇨ Yoga) im alten Indien und der Tempelschlaf im antiken Griechenland gehören zu den Vorläufern der modernen Autosuggestionstherapie. Ihre wichtigsten Wegbereiter der Neuzeit waren die Ärzte PARACELSUS und FRANZ ANTON MESMER, die allerdings noch nicht von Autosuggestion, sondern von »magnetischen Phänome-

nen« sprachen. Erst der portugiesische Geistliche ABBE FARIAS und der englische Arzt JAMES BRAID erkannten im 19. Jahrhundert, daß der »Magnetismus« in Wahrheit Autosuggestion bedeutete. Später wurde sie vor allem von dem französischen Arzt A. A. LIEBEAULT gründlicher erforscht. Im 20. Jahrhundert entwickelten dann unter anderem COUE (⇨ Couéismus) und SCHULTZ (⇨ autogenes Training) wichtige Techniken zur Selbstbeeinflussung. Autosuggestion beruht vornehmlich auf folgenden psychischen Vorgängen:

■ Obwohl uns das Unbewußte nicht direkt zugänglich ist, nimmt es Suggestionen auf, am besten dann, wenn der Wachzustand durch ⇨ Entspannung eingeschränkt wird, weil sich das Unbewußte dann gleichsam für die Vorstellungen öffnet.

■ Durch regelmäßige Wiederholung werden die Suggestionen immer tiefer im Unbewußten eingeprägt; allerdings nimmt es nicht alle Suggestionen an, sondern prüft, ob sie zum Beispiel im Einklang mit der Persönlichkeit stehen, was eine mißbräuchliche Beeinflussung vor allem durch Dritte weitgehend ausschließt.

■ Wenn Suggestionen vom Unbewußten angenommen werden und im Bereich des Möglichen liegen (ein unmusikalischer Mensch zum Beispiel wird auch durch Suggestionen nie zum Konzertvirtuosen), sorgt es schließlich eigendynamisch ohne Zutun von Willen und Verstand dafür, daß sie sich durch entsprechendes Verhalten erfüllen, selbst wenn Verstand und Willen dem entgegenstehen. (Die Macht der Suggestionen kann im Extremfall sogar zum psychogenen, nicht aus organischen Ursachen erklärbaren Tod führen, umgekehrt aber auch zur Spontanheilung schwerster Krankheiten.)

■ Über das vegetative, dem Bewußtsein und Willen nicht unterstehende, sondern autonom arbeitende Nervensystem wirken Suggestionen wahrscheinlich bis in jede einzelne Zelle des Körpers hinein, was die oft überraschende Wirkung bei körperlichen (vor allem psychosomatischen) Krankheiten erklärt.

Aus dieser umfassenden Wirkung ergeben sich die vielfältigen Anwendungsmöglichkeiten der Autosuggestionstherapie. Ergänzend kann sie bei nahezu allen körperlichen Krankheiten genutzt werden, denn nach neuen Erkenntnissen spielen nervös-seelische Einflüsse auch bei den meisten (allen?) scheinbar rein körperlichen Erkrankungen eine mehr oder minder gewichtige Rolle.
Allerdings darf man Symptomfreiheit nicht mit Heilung verwechseln, denn es ist durchaus möglich, daß Suggestionen die Beschwerden beseitigen, nicht aber ihre Ursachen heilen. Besonders gut bewährt sich die Autosuggestionstherapie bei den verbreiteten psychosomatischen Krankheiten, bei denen organische Funktionsstörungen durch seelisch-nervöse Ursachen entstehen; dazu gehören vor allem Nervosität, Schlafstörungen, chronische Schmerzen, Herz-Kreislauf- und Verdauungsbeschwerden, Asthma, viele Allergien und Hautleiden. Bei psychischen Krankheiten hängt die Wirksamkeit der Autosuggestionen davon ab, ob man überhaupt noch in der Lage ist, sich selbst positiv zu beeinflussen. Bei schweren Angstzuständen und Depressionen sowie bei Psychosen wird das nicht mehr gelingen, wohl aber bei einfacheren Ängsten, Depressionen und Neigung zu negativem Denken.
Autosuggestion kann allerdings heftige seelische Widerstände provozieren, die

teilweise nur durch fachliche ⇨ Psychotherapie zu überwinden sind.

Für die praktische Durchführung der Autosuggestionstherapie gelten folgende Grundregeln:

- Ausreichende Motivation, also klare Ziele, die im Einklang mit der Persönlichkeit stehen und durch Autosuggestionen zu erreichen sind.
- Eindeutige Formulierungen solcher Ziele in positiven, möglichst bildhaft-anschaulichen Vorstellungen, die dem Unbewußten den Weg weisen; mehr als zwei Ziele sollen nie auf einmal angestrebt werden.
- Beharrliches Üben Tag für Tag mindestens 2mal, wobei die Suggestionen jeweils 30mal im Geist wiederholt werden, damit sie sich bald unauslöschlich einprägen und befolgt werden.
- Vermeidung willentlicher Anstrengungen, die oft nur Widerstände wecken; es kommt nur darauf an, sich die Suggestionen so intensiv wie möglich vorzustellen.
- Gute Beherrschung einer ⇨ Entspannungstechnik, damit das Unbewußte sich besser für die Suggestionen öffnet; das ist aber nicht unbedingt erforderlich, zum Teil gelingt Autosuggestion auch im Wachzustand gut.

Unter diesen Voraussetzungen gelingt die Selbstbeeinflussung meist gut. Man muß allerdings manchmal monatelang auf die Wirkung warten, denn jahre- bis jahrzehntelange seelische Fehlhaltungen lassen sich nicht von heute auf morgen korrigieren. Manchmal ist dazu fachliche Hilfe erforderlich.

Zwei besonders gut bewährte Autosuggestionstechniken, ⇨ Couéismus und selbständige ⇨ Hypnose, werden bei den entsprechenden Stichwörtern genauer beschrieben.

Auxine – Auxone

Unter Auxinen versteht man eine Gruppe von pflanzlichen Hormonen, die vor allem als Wuchsstoffe das Pflanzenwachstum regulieren. Die für den Menschen wichtigen, den Auxinen ähnlichen Stoffe, die mit der Ernährung aufgenommen werden müssen, bezeichnete der Ernährungsreformer Professor WERNER KOLLATH als Auxone. Dazu gehören neben Teilen des Vitamin-B-Komplexes noch nicht genau bekannte andere Wirkstoffe, die vor allem in Vollkorngetreide (Kollath-Frischkornbrei) enthalten sind. Vermutlich wirken sie hauptsächlich bei Enzymaktivitäten im lebenden Organismus mit. Ihr Mangel ist mit für erhöhte Krankheitsanfälligkeit verantwortlich.

Bach-Blütentherapie

Der englische Arzt EDWARD BACH (1880 bis 1936), dem wir diese Behandlungsweise verdanken, arbeitete zunächst als Pathologe und Bakteriologe. Die Schulmedizin enttäuschte ihn aber bald, so daß er zur ⇨ Homöopathie überging. Im Lauf der Zeit gelangte er aber immer mehr zu der Überzeugung, daß Krankheiten letztlich durch einen »Konflikt zwischen Seele und Geist« entstehen, zu dem es kommt, wenn man durch »eigene weltliche Bedürfnisse oder fremde Einflüsse von dem Pfad abweicht, den die Seele weist«.

Damit nahm er eine Erkenntnis vorweg, die heute im Prinzip von der modernen psychosomatischen Medizin bestätigt wird. Er übertrug sie auf die ⇨ Homöopathie, indem er sich bei der Verordnung der Heilmittel nicht (wie üblich) von den Symptomen, sondern vom Gemütszustand der Patienten leiten ließ.

In vielen Versuchen ermittelte DR. BACH 38 wildwachsende Blüten, die jeweils einen bestimmten negativen Gemütszustand günstig beeinflussen. Dabei kam ihm seine ausgeprägte Intuition zugute, denn er hielt oft nur die Hand über eine Pflanze, um zu spüren, bei welchem psychischen Zustand sie angezeigt ist. Die offizielle Medizin kann das natürlich nicht als wissenschaftliche Begründung der Therapie anerkennen, sie lehnt die Bach-Blütentherapie trotz ihrer in der Praxis bestätigten Wirkung ab. Zwar bemühte sich DR. BACH, sein Heilverfahren naturwissenschaftlich exakter zu erklären, aber da ihm das nicht gelang, verfiel er schließlich auf mystische Erklärungen.

Die 38 Bachblüten entsprechen der gleichen Anzahl negativer Gemütszustände, in denen Bach die Grundursachen körperlicher Erkrankungen sah. Sie werden durch die richtige Blütenessenz wieder ausgeglichen, so daß die organische Krankheit heilen kann. Die psychischen Zustände unterteilte er in 7 große Gruppen, die nochmals differenziert werden (zum Beispiel mehrere Formen der Angst), damit eine individuelle Therapie möglich ist.

Dieses System kann im Rahmen dieses Lexikons nicht ausführlich beschrieben werden, dazu gibt es genügend Fachliteratur. Wir beschränken uns auf die Angabe der Hauptgruppen mit den entsprechenden Blüten (in Klammern die englischen Originalbezeichnungen).

Angstzustände – Behandlung durch Gelbes Sonnenröschen (Rock Rose), Gefleckte Gauklerblume (Mimulus), Kirschpflaume (Cherry Plum), Espe (Aspen), Rote Kastanie (Red Chestnut).

Unsicherheit – Behandlung durch Blei-wurz (Cerato), Einjährigen Knäuel (Sele-ranthus), Bitteren Herbstenzian (Gentian), Stechginster (Gorse), Hainbuche (Horn-beam), Waldtrespe (Wild Oat).

Niedergeschlagenheit – Behandlung durch Lärche (Larch), Schottische Kiefer (Pine), Ulme (Elm), Edelkastanie (Chest-nut), Goldigen Milchstern (Star of Bethle-hem), Gelbe Weide (Willow), Eiche (Oak), Holzapfel (Crab Apple).

Einsamkeit – Behandlung durch Sumpf-wasserfeder (Water Violet), Springkraut (Impatiens), Schottisches Heidekraut (Heather).

Überempfindlichkeit – Behandlung durch Odermennig (Agrimony), Tausendgül-denkraut (Centaury), Walnuß (Walnut), Stechpalme (Holly).

Mangelndes Interesse an der Gegen-wart – Behandlung durch Weiße Waldrebe (Clematis), Geißblatt (Honeysuckle), Hek-kenrose (Wild Rose), Roßkastanie (White Chestnut), Roßkastanienknospen (Chest-nut Bud), Wilden Senf (Mustard).

Übermäßige Sorge um das Wohl ande-rer – Behandlung durch Wegwarte (Chico-ry), Eisenkraut (Verbain), Weinrebe (Vine), Rotbuche (Beech), Olive (Olive), Heilwas-ser (Rock Water).

Zur Behandlung versucht man, den indivi-duellen Gemütszustand des Patienten so genau wie möglich zu diagnostizieren, um dann das »maßgeschneiderte« Blütenmit-tel zu finden. In der Praxis gelingt das aber nicht immer, so daß man auch mehrere Essenzen (aber nie mehr als 5 bis 6) gleichzeitig verwenden kann. Zur Sofort-hilfe bei akuten Gesundheitsstörungen,

Die Wirksamkeit der Bach-Blütentherapie hat sich in der Praxis vielfach bestätigt

Unfällen und in Streßsituationen entwik-kelte BACH die »Notfalltropfen« (Rescue Remedy) aus 5 Blütenessenzen, die viel-seitig wirksam sind.

Die Herstellung der Blütenmittel erfolgt genau nach Vorschrift Bachs: Die Blüte wird in einer Glasschale auf Wasser gelegt und für 3 Stunden dem Sonnenlicht aus-gesetzt, was »energisierend« wirkt. Dabei wird, so die Theorie, die Heilenergie der Blüte aus ihrer materiellen Bindung gelöst und als »Information« an das Wasser ge-bunden. Naturwissenschaftlich läßt sich das nicht beweisen, aber auch die Ho-möopathie beruht auf ähnlichen energe-tisch-dynamischen Prozessen. Die Wirk-samkeit der Bach-Blütenmittel kann nicht auf den bloßen Placeboeffekt zurückgeführt werden, denn auch Tiere und Pflanzen sprechen auf die Mittel an.

Ausdrücklich sah DR. BACH die Selbstbehandlung mit seinen Blüten durch medizinische Laien vor. Dazu benötigt man ein ausführliches Buch über die Therapie und die Original-Blütenessenzen (beides zu beziehen bei Dr. Bach Centre, Epperdorfer Landstraße 132, D-2000 Hamburg 20). Die Anwendung ist einfach und frei von Nebenwirkungen:

■ Bei akuten Beschwerden gibt man sofort 2 bis 4 Tropfen einer oder mehrerer Blütenessenz/en unverdünnt auf die Zunge, bei Bedarf mehrmals in kurzen Abständen, bis eine Besserung eintritt; dazu eignen sich auch die »Notfalltropfen« gut.

■ Zur Fortsetzung der Therapie bis zur Heilung bereitet man die Medizin wie folgt zu: 2 Tropfen Essenz aus der Vorratsflasche (Stock bottle) in eine Mischung aus 5 ml Quellwasser und 5 ml Branntwein (zur Konservierung) geben und in einer Flasche aus dunklem Glas aufbewahren; Tagesdosis 4mal 4 Tropfen dieser Mischung.

■ Für Kinder und alkoholempfindliche Menschen bereitet man die Mischung nur mit 5 ml Quellwasser (ohne Branntwein) zu, die Dosierung für Kinder kann je nach Alter auf 4mal 2 bis 3 Tropfen reduziert werden.

Die Bach-Blütentherapie kann gefahrlos längere Zeit durchgeführt und auch mit anderen Heilverfahren kombiniert werden. Bei ernsteren, unklaren, länger dauernden oder chronischen Krankheiten muß jedoch immer der Therapeut zugezogen werden.

Bäder – Badezusätze

Sie gehören zur ⇨ Wassertherapie, deren Entwicklung und Wirkungsweise dort ausführlich beschrieben wird. Nach der Wassertemperatur unterscheidet man:

Warmbad mit 37 bis 39 Grad (höher nur bei der ⇨ Fiebertherapie), das 15 bis 20 Minuten (teils auch nur 10 bis 12 Minuten) dauert. Damit führt man passiv Wärme zu, sorgt für Entspannung und besseren

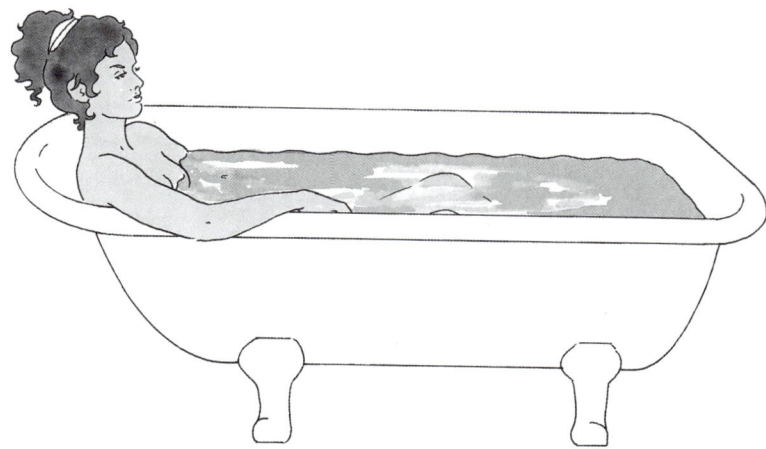

Ein Vollbad kann kalt, warm, ansteigend oder als Wechselbad durchgeführt werden

Schlaf, regt den Stoffwechsel und die Schlackenausscheidung durch vermehrtes Schwitzen an.

Ansteigendes Bad beginnt man mit etwa 35 Grad; innerhalb von 10 Minuten läßt man so viel heißes Wasser zufließen, daß sich die Temperatur auf 39 bis 41 Grad erhöht, und bleibt bis zum Schweißausbruch noch 5 bis 10 Minuten im Badewasser. Dieses Bad wirkt stärker als das Warmbad, vor allem Schweißausbruch und Entspannung treten deutlicher ein.

Wechselbad trainiert durch den Temperaturwechsel die Kreislaufregulation besonders gut, führt zur ⇨ Abhärtung und kann auf spätere reine Kaltbäder vorbereiten. Da man im häuslichen Badezimmer meist keine zwei Wannen für warmes und kaltes Wasser hat, kann das Kaltbad durch die kalte ⇨ Dusche ersetzt werden. Wechselbäder beginnen warm und enden kalt, dazwischen wechselt man 2- bis 3mal abrupt zwischen warm und kalt. Die warme Anwendung dauert 2 bis 3 Minuten, die kalte 10 bis 20 Sekunden.

Kaltbad mit 12 bis 15 Grad naturkaltem Wasser dauert 5 bis 25 Sekunden; nach kurzem, schneidendem Kältegefühl beim Eintauchen kommt es rasch zur Gefäßreaktion mit Erwärmung. Der Körper muß vorher gut durchwärmt werden, am besten durch ⇨ Gymnastik, sonst droht Unterkühlung. Kaltbäder härten gut ab, regen Nervensystem, Stoffwechsel und Durchblutung an.
Vollbäder, teilweise aber auch die bis zur Nabelhöhe reichenden Halbbäder oder Sitzbäder bis zur Nierenhöhe, werden nicht immer gut vertragen. Vor allem bei Herz-Kreislauf-Krankheiten und im Alter können sie unverträglich sein; zumindest muß in solchen Fällen vorher der Thera-

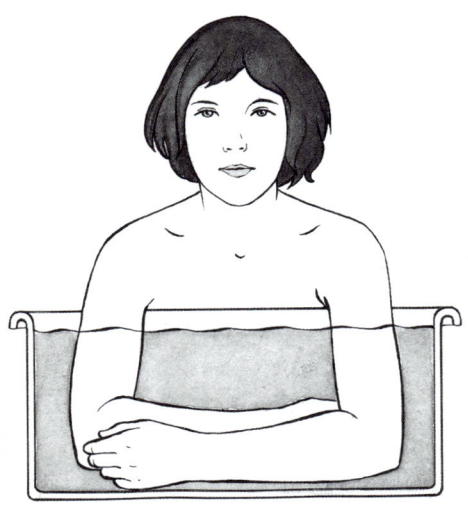

Auch Armbäder können unterschiedlich warm sein

peut befragt werden und ein Helfer in Rufweite bleiben. Oft empfiehlt es sich dann aber, nur Teilanwendungen, ⇨ Duschen oder ⇨ Güsse durchzuführen.

■ Armbäder werden in einer ausreichend großen Wanne angewendet, in die man beide Arme bis kurz unter die Achselhöhlen eintaucht. Warm oder ansteigend dauern sie bis zu 20 Minuten und eignen sich zur Herz-Kreislauf-Entlastung, bei Rheuma, schlecht heilenden Wunden, Geschwüren und Entzündungen. Kalt werden sie vor allem zur Anregung der Durchblutung und bei nervösen Herzbeschwerden durchgeführt.

■ Fuß-Unterschenkel-Bäder wendet man in speziellen Wannen oder einem anderen passenden Gefäß (Eimer) an, das Wasser reicht bis zur Wadenmitte. Warm und ansteigend führt man sie etwa 15 Minuten lang bei chronisch kalten Füßen, Gicht, Rheuma, Durchblutungsstörungen und zur vermehrten Schlackenausscheidung mit dem Fußschweiß

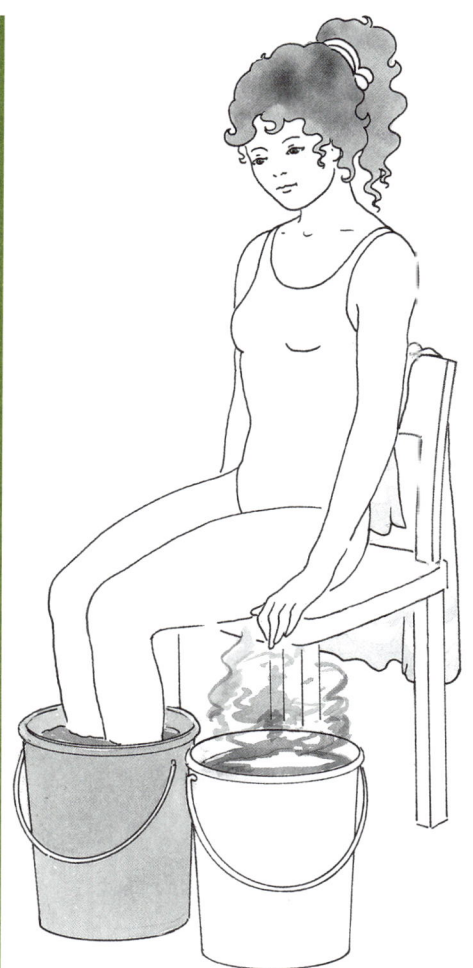

Wechselwarme Fußbäder wirken milder als kalte

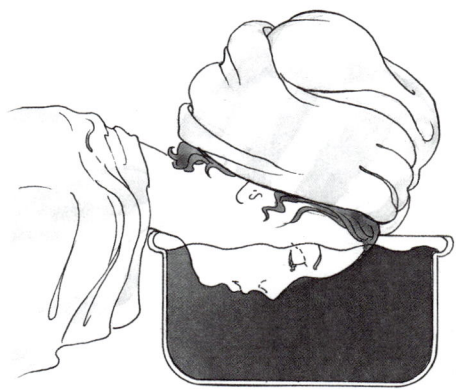

Ein Gesichtsbad fördert die Durchblutung der Gesichtshaut

Kalte Augenbäder kann man nach Bedarf, warme nur nach Verordnung durchführen

durch. Kalt und wechselwarm sind sie vor allem zur Abhärtung, Anregung der Durchblutung bei Krampfadern, Senk-Spreizfuß-Beschwerden und zur Schlafförderung geeignet.

■ Gesichtsbäder führt man in einer großen Schüssel durch, in die das Gesicht bis über die Augen eingetaucht wird.

Meist wendet man sie für 20 bis 30 Sekunden kalt an (dazwischen bei Bedarf kurz zum Atmen auftauchen), um die Haut besser zu durchbluten, zu erfrischen und zu straffen; auch Unreinheiten und Entzündungen sprechen gut darauf an. Die Augen bleiben während der Anwendung geschlossen.

- Augenbäder führt man wie Gesichtsbäder durch, öffnet aber unter Wasser die Augen. Kalt werden sie zur Augen- und Sehkraftstärkung, bei chronischen Lid- und Bindehautentzündungen, warm nur nach fachlicher Verordnung angewendet.
- Bürstenbäder verstärken den Wasserreiz durch mechanische Hautreizung mit einem groben Schwamm oder einer Bürste. Man setzt sich dazu bis zur Nabelhöhe ins 35 bis 37 Grad warme Wasser und bürstet die Haut kräftig ab, zunächst von den Füßen aufwärts zum Leib, dann von den Händen aufwärts zur Brust, also immer herzwärts (wichtig, sonst können Herz-Kreislauf-Beschwerden eintreten). Die Anwendung fördert Durchblutung und Lymphstrom, regt Stoffwechsel, Abwehr und Schlackenausscheidung an.

Für den Hausgebrauch genügen diese Teilanwendungen, andere Bäder sollten erst nach Verordnung angewendet werden. Je nach Bedarf wird 1- bis 2mal täglich oder 3- bis 4mal wöchentlich behandelt. Verbessern läßt sich die Wasserwirkung durch pflanzliche und andere Zusätze, die zusätzliche therapeutische Effekte ausüben. Ihre Anwendung bei Krankheiten sollte mit dem Therapeuten besprochen werden. Am besten verwendet man nur fertige Zusätze mit gleichbleibendem Wirkstoffgehalt nach Gebrauchsanweisung. Dazu eine Auswahl der am häufigsten gebrauchten.

- Ameisenspiritus zur Anregung der Durchblutung, bei Nervosität, Muskel- und Gelenkrheuma.
- Baldrian bei Nervosität und Schlafstörungen sowie bei psychosomatischen Krankheiten.
- Eichenrinde bei übermäßigem Schwitzen, Ekzemen und anderen chronischen Hautleiden.
- Fichtennadeln bei Nervosität, Schlafstörungen, Nervenschmerzen, Muskel- und Gelenkrheuma.
- Haferstroh bei chronischen Hautleiden, Muskel-, Gelenkrheuma und Gicht.
- Heublumen zur Stoffwechselanregung, bei Hautleiden, Muskel- und Gelenkrheuma, Hexenschuß und Ischias.

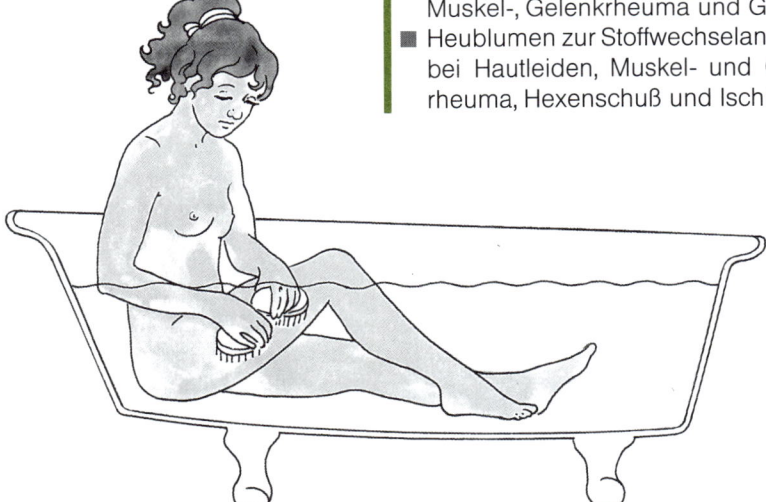

Bürstenbäder regen Durchblutung, Lymphfluß und Stoffwechsel an

- Kamillen bei Hautleiden, Sitzbäder bei Hämorrhoiden.
- Kleie bei juckenden, vor allem allergischen Hautleiden.
- Lavendel bei nervöser Erschöpfung, Nervosität und Schlafstörungen.
- Lehm (Heilerde) bei Hautleiden, Gelenk- und anderen Entzündungen.
- Meersalz zur allgemeinen und Stoffwechselanregung, bei Hautleiden, Allergien, Muskel-, Gelenkrheuma und Blutarmut.
- Melisse bei Nervosität, nervösen Herz-Kreislauf- und Verdauungsstörungen, Schlafstörungen, Koliken und Menstruationsbeschwerden.
- Moor bei Hautleiden, Gelenk-, Muskelrheuma, Unterleibserkrankungen, zur Kreislaufanregung.
- Rosmarin zur allgemeinen und Stoffwechselanregung (nie nach 17 Uhr anwenden, sonst kann es zu Schlafstörungen kommen), bei niedrigem Blutdruck, bei nervösen Herz-Kreislauf-Beschwerden, Muskel-, Gelenkrheuma, Verrenkung und Verstauchung.
- Thymian zur Desinfektion bei Hautleiden und Infektionen der Atemwege, Husten, Asthma und Verkrampfungen.
- Wacholder zur allgemeinen und Stoffwechselanregung, bei Gelenkabnutzung und -rheuma, Ischias, Gicht und Hautleiden (nicht bei Nierenleiden verwenden).
- Zinnkraut (Ackerschachtelhalm – kieselsäurereich) bei Hautleiden, Gelenkrheuma und Gicht, Sitzbad bei Hämorrhoiden, Fuß-Unterschenkel-Bad bei Krampfadern.

Bandscheibenschäden

Die »Puffer« zwischen den Wirbeln bestehen aus einem Gallertkern, den ein Faserring umgibt. Sie unterliegen einem natürlichen Alterungsprozeß, der allein aber nicht zu Beschwerden führen muß. Meist treten spürbare Bandscheibenschäden erst ein, wenn weitere Faktoren hinzukommen, vor allem dauernde Fehlhaltungen und Überlastungen. Meist spielt auch Bewegungsmangel eine Rolle, weil dadurch die Rückenmuskulatur verkümmert und die Wirbelsäule nicht mehr genügend entlasten kann. Seelisch-nervöse Einflüsse können ebenfalls wichtig sein, wenn sie Haltungsfehler begünstigen und darüber hinaus die Muskulatur chronisch schmerzhaft verkrampfen.

Anfangs wölbt sich die geschädigte Bandscheibe (meist im Hals- oder Lendenwirbelbereich) lediglich vor und verursacht durch Druck auf Nerven zeitweise Rücken-, Kreuzschmerzen, Hexenschuß oder ⇨ Ischias, ausstrahlende Schmerzen in andere Körpergebiete und schmerzhafte Muskelverspannungen. Später kommt es zu Dauerschmerzen, schließlich kann der Faserring einreißen und der austretende Gallertkern verursacht heftige Schmerzen, teilweise sogar Lähmungen.

Vorbeugend muß vor allem auf gute Gewohnheitshaltung (⇨ Alexandertechnik) und ⇨ Gymnastik zur Stärkung der Rückenmuskulatur geachtet werden. Zur Therapie, die vom Fachmann bestimmt wird, eignen sich insbesondere ⇨ Chirotherapie, ⇨ Massagen, Krankengymnastik, warme ⇨ Bäder, ⇨ Homöopathie, Rheumasalben, zur Schmerzlinderung ⇨ Neuraltherapie und zur Regeneration der Bandscheiben ⇨ Zelltherapie.

Der Bandscheibenvorfall kann unter Umständen ohne Operation durch ⇨ Enzymtherapie behandelt werden, aber bei Lähmungen ist in der Regel innerhalb weniger Stunden ein chirurgischer Eingriff erforderlich. Da seelische Einflüsse bei vielen Bandscheibenschäden eine Rolle spielen, kann zusätzlich ⇨ Entspannungsthe-

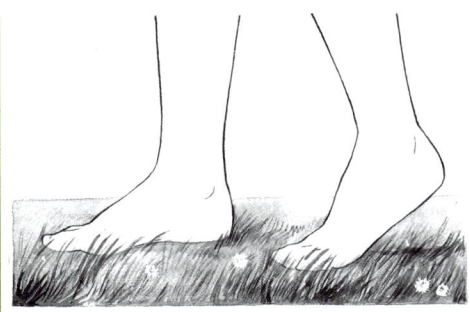

Barfußlaufen härtet ab und kräftigt die Fußmuskulatur

rapie, ⇨ Autosuggestionstherapie und ⇨ Psychotherapie angezeigt sein. Entspannungstherapien lindern vor allem auch Schmerzen und Muskelverspannungen.

Bei frühzeitiger konsequenter Behandlung läßt sich der Bandscheibenvorfall meist verhindern, die Beweglichkeit erhalten und chronischer Schmerz zumindest dauerhaft bessern.

Barfußlaufen

Diese einfache Methode zur Gesundheitsvorsorge härtet vor allem mild ab und kräftigt die Fußmuskulatur, was sich auch auf die Körperhaltung auswirkt. Man kann bei jeder passenden Gelegenheit mit bloßen Füßen oder barfuß in Gesundheits-(Kneipp-)sandalen gehen.

Etwas stärker wirkt das Tautreten, wobei man morgens barfuß 3 bis 5 Minuten lang durch taufeuchtes Gras geht. Im Winter kann man 1 bis 2 Minuten lang Schneetreten, aber nicht im verharschten Schnee (Verletzungsgefahr).

Bartflechte

Die durch bakterielle Infektion verursachte Bartflechte beschränkt sich auf das behaarte Gesicht, wo es zu kleinen roten Erhebungen mit Eiterbläschen kommt; beim Rasieren wird sie leicht ausgebreitet. Die tiefe Bartflechte durch Pilzinfektion kann auch die Kopfhaut betreffen und führt zu eitrigen, bis kastaniengroßen Knoten.

Bei schwerem und hartnäckigem Verlauf werden Antibiotika oder Antimykotika (Mittel gegen Pilze) verordnet. In leichteren Fällen erzielt man durch äußerliche Behandlung mit Schwefel- und Echinaceasalbe, Kopfdämpfe (⇨ Dampfbäder), Waschungen mit Ackerschachtelhalm- und Kamillenlösung, innerlich unterstützt durch das homöopathische Mittel Hepar sulfuris D 3 – D 4, meist eine gute Wirkung.

Ackerschachtelhalm kann bei Bartflechte helfen

Baunscheidtismus

Dieses Naturheilverfahren gehört zu den Methoden der ⇨ Ab- und Ausleitung. Entwickelt wurde es von dem Bonner Feinmechaniker CARL BAUNSCHEIDT (1809 bis 1874). Er erfand ein Instrument, das er als »Lebenswecker« bezeichnete; es besteht aus einer Scheibe mit 20 bis 30 feinen Nadeln, die durch Federdruck oberflächlich in die Haut geschnellt werden; heute verwendet man auch einen kleinen Hammer oder eine Rolle mit Nadeln. In die kleinen Hautwunden reibt man das hautreizende Baunscheidtöl (⇨ Pustulantien) ein Dadurch entsteht ein ⇨ Ausschlag mit kleinen Pusteln, die innerhalb weniger Tage wieder eintrocknen und nicht medikamentös unterdrückt werden dürfen. Auf diese Weise leitet man Krankheitsstoffe aus dem Körper nach außen ab, und es kommt zur ⇨ Umstimmung.

Das Heilverfahren, das man auch die »Akupunktur des Westens« nennt, eignet sich besonders bei Abwehrschwäche, chronischen Entzündungen, rheumatischen Krankheiten, zur Linderung von Schmerzen und Verkrampfungen der Muskulatur, versuchsweise auch beim Colon irritabile (Reizdarm). In der Regel wird 1mal monatlich behandelt, meist genügen 2 bis 3 Anwendungen.

Beruhigungsmittel

Sie gehören heute zu den am häufigsten ge- und mißbrauchten Medikamenten, ein deutliches Symptom unserer modernen Lebensweise, deren Streß, Hektik und Reizüberflutung der Mensch immer weniger gewachsen ist. Die Beruhigungsmittel (Sedativa) schirmen gegen zu starke Reize ab, dämpfen die Erregbarkeit des Nervensystems und harmonisieren das Seelenleben, außerdem begünstigen sie in höherer Dosis den Schlaf. Hauptsächlich werden sie bei Nervosität, Gereiztheit, Unruhe, Erregtheit, Angstzuständen, bei hohem Streß, psychosomatischen Krankheiten und Schlafstörungen angewendet. Die Ursachen können sie nicht beseitigen, sondern nur die Symptome lindern, die Belastungen erträglicher machen und die Menschen der Situation anpassen. Diese begrenzte Wirkung spricht nicht gegen die vorübergehende Einnahme in Krisensituationen, gegen eine Langzeitbehandlung bestehen aber erhebliche Bedenken, weil dadurch eine krankmachende Situation gleichsam festgeschrieben wird.

Wenn es nicht anders geht, sollte man zunächst natürliche Beruhigungsmittel verwenden. Gut eignen sich vor allem Baldrian, Hopfen, Lavendel, Melisse sowie verschiedene homöopathische Mittel, die individuell verordnet werden müssen. Außerdem beruhigen und entspannen ⇨ Bäder mit Baldrian, ⇨ Wickel an den Waden und ⇨ Güsse der Beine. Gleichzeitig sollte mit einer ⇨ Entspannungs- und ⇨ Autosuggestionstherapie begonnen werden, die nach einiger Zeit Beruhigungsmittel meist überflüssig macht. Vor allem Autosuggestionen tragen auch dazu bei, die belastende Lebenssituation zu verändern. Chemische Beruhigungsmittel (Psychopharmaka) dürfen nur im Notfall für kurze Zeit verabreicht werden. Bei längerer Anwendung können sie – neben anderen Nebenwirkungen – auch zur Abhängigkeit führen.

Bestrahlungen

Man unterscheidet korpuskuläre Bestrahlungen zum Beispiel mit Alpha-, Beta-, Neutronen- und Protonenstrahlen, die vornehmlich zur (umstrittenen) Therapie bei ⇨ Krebs eingesetzt werden, von UV-Bestrahlungen (Höhensonne), Infrarot- und Kurzwellenbestrahlungen (Wärme) zur

Durchwärmung (Diathermie) der behandelten Körperregionen. In der Naturmedizin spielen nur die Wärmeanwendungen (zum Beispiel bei Rheuma) und UV-Strahlen (⇨ Heliotherapie) eine gewisse Rolle.

Bettnässen

Kinder sollen den Harndrang etwa ab dem 3. Lebensjahr willentlich beherrschen. Bei Bettnässen nach diesem Alter liegt oft eine seelische Fehlentwicklung vor, die häufig in Erziehungsfehlern begründet ist. Vorsorglich muß aber auch auf organische Ursachen (Blasenkrankheiten, Mißbildungen) untersucht werden. Bettnässen bei Erwachsenen ist im allgemeinen auf organische Krankheiten zurückzuführen, vor allem Blasenentzündung, Prostataerkrankung, Nervenstörungen oder Schließmuskelschwäche im Alter.

Die Grundbehandlung bettnässender Kinder besteht in richtiger Erziehung (bei Bedarf mit Hilfe des Pädagogen oder Psychotherapeuten) und ausgeglichener Lebensgestaltung mit geregelten Essens- und Schlafenszeiten, ergänzt durch ⇨ autogenes Training. Zusätzlich soll eine salz- und reizarme Ernährung gegeben und nach 16 Uhr nichts mehr getrunken werden. Individuell verordnete homöopathische Mittel vervollständigen diese Behandlung.

Liegen organische Ursachen vor, werden sie gezielt vom Therapeuten behandelt, wobei ⇨ Homöopathie im Vordergrund steht. Keinesfalls dürfen bettnässende Kinder bestraft und verspottet werden, das nützt nichts und belastet sie seelisch schwer.

Bettnässen bei Erwachsenen wird gezielt nach Verordnung behandelt, abhängig von den organischen Ursachen (⇨ Blasenentzündung); Homöopathie leistet auch hier gute Dienste.

Bewegungstherapie

Ausreichend Bewegung gehört zusammen mit vollwertiger Ernährung und positiver Lebensgestaltung zu den Grundvoraussetzungen guter Gesundheit. Bis ins 19. Jahrhundert war Bewegungsmangel kein Problem, die meisten Menschen strengten sich bei der Arbeit genug körperlich an. Mit der Industrialisierung und Automatisierung ging die körperliche Belastung aber immer weiter zurück; heute verbringen die meisten ihren Arbeitstag am Schreibtisch oder strengen sich nur noch leicht (oft einseitig) körperlich an.

Die Vertreter der Lebensreform warnten schon früh vor den Folgen des Bewegungsmangels. Der als »Turnvater« bekannte Schulmeister FRIEDRICH LUDWIG JAHN (1778–1852) gründete zum Beispiel bereits 1811 unter dem Motto »frisch, fromm, fröhlich, frei« in der Hasenheide bei Berlin den ersten Turn- und Sportplatz für die Jugend, der Leipziger Privatdozent DR. DANIEL GOTTLIEB MORITZ SCHREBER (1808 bis 1861) forderte zur Arbeit in den nach ihm benannten Schrebergärten auf. Aber es gelang diesen und anderen Lebensreformern leider nicht, die breite Masse zu mobilisieren.

Heute scheinen immer mehr Menschen den Nutzen der Bewegungstherapie zu begreifen. Dazu trugen auch die aus USA kommenden »Bewegungsschulen« Aerobic, Jogging und Walking bei. Kritisch betrachtet stellt man jedoch oft fest, daß viele Freizeitsportler nicht regelmäßig trainieren und dazu neigen, sich zu überfordern. Deshalb nimmt die Zahl der Sportverletzungen und bleibenden Schäden am Bewegungsapparat stetig zu. Das kann natürlich ebensowenig wie verbissenes Streben nach Leistung und Gesunderhaltung der Zweck des Trainings sein. In erster Linie soll es als gesunde Freizeitbeschäftigung nämlich Spaß machen.

Vorbeugende Wirkung der Bewegungstherapie: Durch regelmäßiges, individuell richtig dosiertes Training, mit dem man nicht früh genug anfangen kann, erzielt man eine umfassende Wirkung auf Körper und Psyche. Vor allem folgende Auswirkungen sind hervorzuheben:

■ Erhaltung und Verbesserung der Funktionsfähigkeit des Stütz- und Bewegungsapparats mit Kräftigung der Muskulatur, Training der Bewegungskoordination, Besserung der Körperhaltung, Vorbeugung von Bandscheibenschäden, Gelenkabnutzung und Knochenentkalkung.
■ Vertiefung und Harmonisierung der Atmung mit vermehrter Sauerstoffaufnahme, die für alle Zell- und Organfunktionen unentbehrlich ist.
■ Training und Kräftigung des Herzmuskels mit Anregung der Durchblutung und Stabilisierung des Blutdrucks.
■ Anregung des Stoffwechsels, Hilfe beim Abbau von Übergewicht und verbesserte Verdauungsfunktionen, vor allem regelmäßiger Stuhlgang.
■ Aktivierung der körpereigenen Abwehr- und Selbstheilungskräfte zur Vorbeugung der meisten Erkrankungen.
■ Harmonisierung des vegetativen Nervensystems und der von ihm gesteuerten zahlreichen Lebensfunktionen; das »härtet« auch gegen Streß und seine Folgen ab, die Streßtoleranz erhöht sich nämlich.
■ Günstige Auswirkungen auf das Seelenleben, insbesondere mehr Selbstvertrauen und Selbstwertgefühl durch die Erfahrung der eigenen Leistungsfähigkeit, intensiveres Körperbewußtsein und Beeinflussung von Ängsten, Depressionen und Schlafstörungen.

Insgesamt fördert regelmäßige Bewegung also Gesundheit, Leistungsfähigkeit

und allgemeines körperlich-seelisches Wohlbefinden nachhaltig. Dafür lohnt es sich, von Kindesbeinen an lebenslang zu trainieren. Aber es ist fast nie zu spät, mit einem individuell angemessenen Training zu beginnen. Vorsorglich sollte es von untrainierten Menschen ab dem 30. Lebensjahr aber mit dem Therapeuten besprochen werden, der bei Bedarf individuell notwendige Einschränkungen verordnen wird.

Bewegungstherapie bei Krankheiten: Es gibt kaum eine Erkrankung, die ein angemessenes Bewegungsprogramm auf Dauer verbietet. Vielmehr kann die Bewegungstherapie oft wirksam die anderen Heilverfahren ergänzen, aber das muß der Fachmann entscheiden. Bei bestimmten Krankheiten kann kein »normales« Training, sondern nur Krankengymnastik und -sport unter fachlicher Anleitung absolviert werden. Zu den wichtigsten Anwendungsmöglichkeiten gehören:

■ Allgemeine Leistungsschwäche, Erschöpfungszustände und vorzeitige Alterserscheinungen.
■ Bandscheiben-, Wirbelsäulenschäden, schmerzhafte Muskelverspannungen, Gelenkabnutzung und Knochenentkalkung sowie chronische Fehlhaltungen, die solchen Krankheiten oft zugrundeliegen; bei akuten Schmerzen und Entzündungen am Bewegungsapparat ist das Training allerdings bis zur Besserung meist verboten.
■ Erkrankungen der Atmungsorgane, insbesondere die verbreitete Fehlatmung und Lungenblähung (-emphysem); bei ausgeprägter Atemnot kann bis zur Besserung oft nicht trainiert werden, weil der Körper dazu nicht mehr genügend Luft erhält.
■ Herz-, Kreislauf-, Gefäß- und Blutdruckstörungen, wie Herzmuskelschwäche,

Durchblutungsstörungen, Arteriosklerose, Krampfadern, hoher oder niedriger Blutdruck und Infarktnachsorge.
- Fettsucht, chronische Verstopfung und Stoffwechselträgheit mit Ansammlung von Schlacken im Körper.
- Krebskrankheiten, bei denen das Training vor allem die Sauerstoffversorgung der Zellen und die Abwehrkräfte verbessert, was aus der Sicht der Ganzheitsmedizin Grundvoraussetzungen für die Heilung sind.

Aber auch bei vielen anderen Krankheiten trägt ein wohldosiertes Bewegungsprogramm mit zur Heilung bei. Die Schonung, die von der Schulmedizin bei zahlreichen Krankheiten immer noch viel zu häufig verordnet wird, erweist sich oft eher als Nachteil für die Genesung.
Grundlage des systematischen Bewegungsprogramms bilden Gymnastik und Ausdauersport. Darüber wird bei den entsprechenden Stichwörtern (⇨ Gymnastik, ⇨ Sport) ausführlich berichtet.

Bienengift
⇨ Apitherapie

Bindehautentzündung
Die Entzündung der Augenbindehaut entsteht durch verschiedene Ursachen. Oft liegt eine Reizung durch Zugluft, kalte Luft, Staub, Rauch oder chlorhaltiges Wasser (Schwimmbad) vor, nicht selten aber eine Infektion mit Bakterien oder Viren. Weit verbreitet ist ferner die allergische Bindehautentzündung, die vor allem durch Pollen entsteht und mit ⇨ Heuschnupfen einhergehen kann. Schließlich kommen noch andere Krankheiten (etwa Masern) in Frage, bei denen die Entzündung zu den Symptomen gehört.

Augentrost hilft bei Bindehautentzündung

Typisch für die Bindehautentzündung sind gerötete, juckende und brennende Augen, man hat das Gefühl, als ob sich ein Fremdkörper darin befindet. Vor allem morgens sind die Lider durch entzündliches Sekret verklebt, auf den Lidrändern befinden sich gelbliche Krusten. In ausgeprägten Fällen kommen noch Lichtüberempfindlichkeit und Lidkrämpfe hinzu. Wenn zunächst nur ein Auge betroffen ist, greift die Entzündung doch oft auf das andere über.
Da unsachgemäß behandelte Bindehautentzündungen leicht chronisch werden, das Sehvermögen beeinträchtigen und zu ernsteren Komplikationen führen können, darf man nicht zu lange selbst daran

»herumdoktern«. Falls ⇨ Bäder der Augen mit Augentrosttee oder Augentropfen und -salben mit Augentrost, Vitamin A und B-Vitaminen nicht binnen 2 bis 3 Tagen zur Heilung führen, muß der Augenarzt aufgesucht werden. Er kann unter anderem mit ⇨ Homöopathie und antiallergischen Mitteln (⇨ Allergie) helfen, bei ernsteren Infektionen sind oft Antibiotika unerläßlich. Staub, Rauch und andere augenreizende Einflüsse müssen unbedingt vermieden werden, sonst ist keine dauerhafte Heilung möglich. Bestehen andere Krankheiten als Ursache, richtet sich die fachmännische Therapie hauptsächlich gegen sie.

Biochemie

Die streng naturwissenschaftliche Biochemie als »Lehre von den chemischen Grundlagen des Lebens« erforscht hauptsächlich die chemische Zusammensetzung der lebenden Substanz und die chemischen Prozesse, die den Lebensfunktionen zugrundeliegen. Neuerdings gehört auch die Entschlüsselung des genetischen Codes und die Genmanipulation zu ihrem Forschungsbereich. Damit darf das von der offiziellen Medizin nicht anerkannte Naturheilverfahren Biochemie, um das es hier geht, nicht verwechselt werden. Es steht der ⇨ Homöopathie nahe und wird wegen seiner Vereinfachung auch als »abgekürzte« Homöopathie bezeichnet. Begründet wurde es von dem Arzt WILHELM HEINRICH SCHÜSSLER (1821–1898).

Vereinfacht gesagt geht das Heilverfahren davon aus, daß praktisch alle Krankheiten durch Störungen des Mineralstoffhaushalts der Zellen entstehen und durch Zufuhr dieser anorganischen Stoffe in homöopathischer Potenz geheilt werden können. Das wirkt nicht direkt durch die Versorgung (Substitution) mit Mineralstoffen wie bei der ⇨ Vitalstofftherapie, vielmehr beseitigen die hochverdünnten anorganischen Verbindungen die Störung des Zellstoffwechsels. Diese theoretische Grundlage der Biochemie wird als zu einseitig kritisiert, weil sie andere Krankheitsursachen nicht berücksichtigt und ausschließlich mit Mineralstoffverbindungen behandelt.

Hinzu kommt, daß die Homöopathie über 2 000 Wirkstoffe in verschiedenen Potenzen verwendet, während sich die Biochemie auf 12 Substanzen – allenfalls noch 5 Ergänzungsstoffe – in 2 Potenzen beschränkt, was eine individuelle Therapie natürlich stark einschränkt. Aber trotz dieser unbestreitbaren Schwächen lassen sich durch die im Vergleich zur Homöopathie wesentlich einfachere Biochemie bei einer ganzen Reihe von Krankheiten durchaus beachtliche Erfolge erzielen.

Die 12 Hauptmittel, die SCHÜSSLER einführte, werden wie folgt angewendet:

- Calcium fluoratum D 12 bei Bindegewebsschwäche, Knochenerkrankungen, Fehlern der Zahnbildung, Verhärtungen von Geweben und Blutgefäßen.
- Calcium phosphoricum D 6 bei Kalkmangel, gestörter Knochenbildung und Blutarmut.
- Calcium sulfuricum D 6 (SCHÜSSLER hielt es später für entbehrlich) abwechselnd mit Silicea D 12 bei Eiterungen.
- Ferrum phosphoricum D 12 bei Entzündungen im 1. Stadium, bei Erbrechen, Durchfall und Fieber.
- Kalium chloratum D 6 bei Entzündungen im 2. Stadium, Schmerzen, Drüsen- und Schleimhauterkrankungen.
- Kalium phosphoricum D 6 zur Blutreinigung, bei Nervosität, Schlafstörungen und nervöser Erschöpfung.
- Kalium sulfuricum D 6 bei Entzündungen im 3. Stadium, verschiedenen Infektionen (wie Masern, Scharlach),

chronischen Haut- und Schleimhauterkrankungen, Schmerzen und Angstzuständen.
- Magnesium phosphoricum D 6 bei Koliken, Krämpfen und Schmerzen.
- Natrium muriaticum D 6 bei Schwächezuständen, Blutarmut, Rheuma, zur Verdauungs- und Stoffwechselanregung.
- Natrium phosphoricum D 6 bei Nervosität, Krämpfen, Durchfall, Erbrechen, Sodbrennen und Fettunverträglichkeit.
- Natrium sulfuricum D 6 bei Schwächezuständen, Fettsucht, Asthma, Darm-, Leber-, Gallenblasen- und Bauchspeicheldrüsenkrankheiten.
- Silicea D 12 bei Unterernährung, Bindegewebsschwäche, Fisteln, chronischen Entzündungen und abwechselnd mit Calcium sulfuricum D 6 bei Eiterungen.

Die Nachfolger SCHÜSSLERS führten noch folgende 5 Ergänzungsstoffe ein, die von der orthodoxen Biochemie aber abgelehnt werden:
- Kalium arsenicosum D 6 bei psychosomatischen Krankheiten.
- Kalium bromatum D 6 bei Nervosität und Asthma.
- Kalium jodatum D 6 bei Blutdruckstörungen.
- Lithium chloratum D 6 bei Gicht und Gewebserkrankungen.
- Manganum sulfuricum D 6 bei Erkältungskrankheiten.

Die genannten Heilanzeigen orientieren sich an den Arzneimittelbildern der Homöopathie, die jedoch viel differenzierter sind. Deshalb wendet man die obigen Mittel in der Homöopathie auch bei anderen Indikationen an.
Biochemische Arzneimittel gibt es rezeptfrei als Tabletten und Verreibungen in Apotheken. Bei akuten Krankheiten läßt man alle 1 bis 2 Stunden 1 Tablette oder 1 erbsengroßes Quantum der Verreibung auf oder unter der Zunge zergehen, nach Besserung bis zur Heilung gibt man die gleiche Dosis 3- bis 4mal täglich. Chronische Krankheiten behandelt man von Anfang an 3- bis 4mal täglich mit dieser Dosis. Verschiedene Mittel dürfen nicht gleichzeitig oder unmittelbar nacheinander eingenommen werden. Flüssigkeit darf nicht mit der Einnahme oder gleich danach getrunken werden. Bedingt eignet sich Biochemie auch zur Selbsthilfe bei einfachen Gesundheitsstörungen.

Bioenergetik
Diese wohl bekannteste Form der Körperpsychotherapie wurde von dem amerikanischen Mediziner ALEXANDER LOWEN (geb. 1910) begründet. Seit Ende der 70er Jahre findet sie auch bei uns immer mehr Anhänger. Theoretische Grundlage der Therapie ist die »fundamentale Bioenergie«, die zwar wissenschaftlich noch nicht nachgewiesen wurde, aber in den körperlichen und seelisch-geistigen Lebensfunktionen zum Ausdruck kommt; vor allem bestimmt sie die Körperhaltung und Muskelspannung mit.
Solange die Bioenergie ungestört durch den Körper strömt, besteht eine individuell gute, aufrechte Körperhaltung und ein normaler Spannungszustand der Muskulatur. Störungen des Energieflusses dagegen führen zu Fehlhaltungen und Muskelverspannungen (»Verpanzerungen«). Darin staut sich die Energie und steht für Aktivitäten nicht mehr zur Verfügung. Der erfahrene Therapeut kann daraus Rückschlüsse auf die lebensgeschichtliche Entwicklung und augenblickliche Lebens- und Konfliktsituation eines Menschen ziehen. Zu den häufigsten Ursachen solcher Energieblockaden gehören negative Erlebnisse bereits in der frühen Kindheit,

aber auch spätere Lebenserfahrungen können dazu führen. Eine typische Ursache ist beispielsweise die Ablehnung eines Kindes durch seine Eltern; es muß deshalb seine Bedürfnisse nach Zärtlichkeit und Zuwendung unterdrücken und die damit verbundene Bioenergie in Muskelverspannungen gleichsam »einfrieren«. So entstehen chronische Muskelverspannungen und psychosomatische Funktionsstörungen innerer Organe.

Bewußt und willentlich lassen sich solche Blockaden, deren Ursachen verdrängt wurden, nicht mehr auflösen. Wenn man aber durch körperliche Übungen und Manipulationen die »Verpanzerung« der Muskulatur löst, wird die darin gebundene Lebensenergie befreit, die verdrängten Erfahrungen werden bewußt und können verarbeitet werden. Dazu werden vor allem folgende Methoden angewendet:

■ Massageähnliche Manipulationen am Muskelpanzer, wobei man zum Teil zunächst versucht, die Verspannungen willentlich oder durch äußeren Druck noch zu verstärken, bis sie sich nicht mehr halten lassen und die Spannung spontan entladen wird.

■ Bewegungs- und Fallübungen, wie Strampeln, Treten und Stoßen mit Händen und Füßen, um den Körper wieder beweglicher zu machen, die Kontrolle des Verstands vorübergehend auszuschalten und lange unterdrückte Gefühle körperlich abzureagieren.

■ Streß-Positionen mit bestimmten, oft unbequemen Körperhaltungen, die nach einiger Zeit zum Zittern der belasteten Muskeln und Lösung der Verspannungen führen können.

■ Grounding (Erdung), wobei man bewußt den Kontakt mit dem Boden wahrnimmt, um wieder zu lernen, mit beiden Beinen fest darauf (und im Leben) zu stehen.

■ Tiefatemübungen, wozu meist der Oberkörper über einen Hocker nach hinten gebeugt wird.

Neben der Lockerung des Körpers und der Lösung von Energieblockaden in der Muskulatur besteht das Ziel dieser Übungen vor allem darin, die im Muskelpanzer »eingefrorenen« Erinnerungen und Gefühle wieder bewußt zu machen. Dabei kann es zu heftigen Gefühlsausbrüchen kommen. Die »befreiten« psychischen Inhalte werden dann durch ⇨ Psychotherapie endgültig verarbeitet.

In der Regel wird Bioenergetik 1- bis 2mal wöchentlich über längere Zeit durchgeführt. Häusliches Training nach Anweisung ergänzt die Arbeit des Therapeuten. Wer keine Krankheiten behandeln, sondern durch Bioenergetik besseres Körperbewußtsein und innere Harmonie für ein aktiveres, gesünderes Leben erarbeiten will, kann auch an kurzen Workshops teilnehmen und selbständig weiter üben.

Bitterquellen und -salze
Natürliche Bitterwässer, zum Beispiel aus den Quellen in Bad Kissingen, Bad Mergentheim oder Karlsbad, enthalten hauptsächlich Sulfate (Schwefelsalze) und Kalzium, Magnesium oder Natrium (die genaue Zusammensetzung steht auf dem Flaschenetikett). Solche Heilwässer bewähren sich gut bei ⇨ Stuhlverstopfung, zur Anregung der Gallenblase und bei Stoffwechselstörungen. Außer bei Verstopfung dürfen sie als Heilmittel nur nach Verordnung des Therapeuten angewendet werden, zur Vorbeugung aber auch in eigener Verantwortung.

Bittersalze, auch als Englisches Salz, Epsom- oder Seydlitzsalz bezeichnet, bestehen aus wasserhaltigem Magnesiumsulfat. Sie wirken als ⇨ Abführmittel, indem sie

Wasser im Darm zurückhalten; dadurch wird der Stuhl weicher, sein Volumen nimmt zu, und er kann leichter abgesetzt werden. Die durchschnittliche Dosis von 1 bis 2 Eßlöffeln in 1 Glas lauwarmem Wasser wird morgens nüchtern eingenommen. Bei akuter Verstopfung sind Bittersalze vorübergehend zur Selbsthilfe geeignet und werden meist gut vertragen, längere Zeit dürfen sie nur ausnahmsweise nach Verordnung eingenommen werden.

Blähungen

Dazu kommt es durch abnorme Gasbildung und Luftansammlung im Darm, die sehr unangenehm und von schmerzhaften Koliken begleitet sein kann. In ausgeprägten Fällen wird das Zwerchfell so hoch gedrängt, daß Atemnot und Herzbeschwerden (Roemheld-Symptomenkomplex) auftreten.

Blähungen sind keine eigenständige Krankheit, sondern ein Symptom, dessen Ursachen durch Untersuchung festgestellt werden müssen. Nicht selten liegt unbewußtes nervöses Luftschlucken (Aerophagie, oft mit Kloßgefühl im Hals) oder der Verzehr blähender Speisen (wie Hülsenfrüchte, Kohl) zugrunde. Als weitere Ursachen kommen unverträgliche Nahrungsmittel (oft Milchprodukte), zu rasches Essen, ungenügendes Kauen, Mangel an Magensaft und/oder Galle, Leber-, Bauchspeicheldrüsenkrankheiten, Störungen der Darmflora oder Gärungs- und Fäulnisprozesse bei allgemeiner Verdauungsschwäche in Betracht. Plötzliche Wind- und Stuhlverhaltung mit aufgetriebenem »Trommelbauch« und Kotbrechen deutet auf den akut lebensbedrohlichen Darmverschluß hin, der sofort chirurgisch behandelt werden muß.

Selbsthilfe ist nur bei akut auftretenden Blähungen möglich, kehren sie häufig wieder, muß der Fachmann zugezogen werden. Zur Soforthilfe eignen sich folgende Maßnahmen:

- 1 bis 2 Tassen Kräuterteemischung aus je 3 Teilen Kamille und Pfefferminze und je 1 Teil Schafgarbe, Tausendgüldenkraut und Wermut; mit 1 Teelöffel dieser Mischung auf 1 Tasse kochendes Wasser bereitet man den Aufguß zu, der 10 Minuten ziehen muß, ehe man ihn abseiht; dann gibt man noch 8 Tropfen Kümmelöl in den Tee und trinkt ihn schluckweise. In der Apotheke gibt es auch fertige Teemischungen und pflanzliche Arzneimittel, die einfacher als der obige Tee anzuwenden sind.
- Bei Bedarf legt man zusätzlich einen warmen ⇨ Wickel um den Leib, der alle 15 Minuten erneuert wird, das hilft vor allem bei Kolikschmerzen gut.

Bewährt haben sich auch Fertigarzneimittel mit Verdauungsenzymen (⇨ Enzymtherapie) und mineralischen Stoffen zur Bindung der Darmgase. Auch ⇨ Heilerde und ⇨ Moor können gut helfen.

Bei häufigen Blähungen empfehlen sich zur Grundbehandlung die vollwertige ⇨ Ernährung ohne blähende Speisen, Diätkuren (zum Beispiel ⇨ Mayrkur), Symbioselenkung und individuelle Heilmittel der ⇨ Homöopathie. Diese und andere Maßnahmen verordnet der Therapeut je nach Befund. Bei nervösem Luftschlucken kann ⇨ autogenes Training oder eine andere ⇨ Entspannungstherapie mit ⇨ Autosuggestion sehr nützlich sein.

Blasenentzündung

Infektionen der Harnblase treten bei Frauen wegen der kürzeren Harnröhre viel häufiger als bei Männern auf. Außer Bakterien können auch Pilze die Krankheit verursachen. Symptomatisch sind häufiger

Bärentraube hilft bei Blasenentzündung

Harndrang mit Brennen und Schmerzen vor allem während und nach der Harnentleerung, trüber bis blutig-eitriger Urin, manchmal ⇨ Bettnässen und als Allgemeinsymptome oft Abgeschlagenheit, und Kopfschmerzen sowie Appetitmangel und Übelkeit.

Chronische Entzündungen verlaufen symptomärmer, flammen aber immer wieder akut mit verstärkten Beschwerden auf. Als Komplikation droht vor allem der Aufstieg der Infektion ins Nierenbecken (⇨ Nierenleiden), meist erkennbar an zusätzlichen Kreuzschmerzen.

Da Blasenentzündungen zu chronischem Verlauf neigen, soll der Therapeut aufgesucht werden. Er verordnet homöopathische Mittel (zum Beispiel Cantharis D 6, ein Standardmittel bei Blasenentzün-

dung), in schwereren Fällen auch harndesinfizierende Sulfonamide und Antibiotika. Ferner haben sich die ⇨ Heilpflanzen Bärentraube und Goldrute als Fertigarzneimittel gut bewährt.

Ergänzt wird die medikamentöse Behandlung durch umstimmende ⇨ Diät, die reiz- und gewürzarm sein muß und Alkohol, Kaffee, Schwarztee und Südfrüchte meidet; einleitend kann kurzes ⇨ Heilfasten angezeigt sein. Zusätzlich empfehlen sich warme ⇨ Wickel um den Leib und warme Fuß-Unterschenkel- oder Sitzbäder (⇨ Bäder) mit Zusatz von Zinnkraut. In chronischen Fällen muß diese Therapie ausreichend lange fortgeführt werden, um Nierenschäden vorzubeugen.

Blutarmut

Die Anämie tritt bei Frauen im gebärfähigen Alter besonders häufig auf. Man versteht darunter die Verminderung der roten Blutkörperchen oder ihres Blutfarbstoffgehalts, was nur labordiagnostisch sicher festzustellen ist. Dadurch kommt es zur ungenügenden Sauerstoffversorgung mit Leistungsschwäche, Blässe, Schwindel, Kopfschmerzen, kalten Gliedern, spröden Haaren und Nägeln, Herzbeschwerden und anderen unklaren Warnzeichen, die bald untersucht werden müssen.

Zu den häufigsten Ursachen gehören die Blutverluste während der Menstruation bei gleichzeitigem Eisen- und Vitaminmangel oder akute stärkere Blutverluste bei Verletzungen und Operationen. Mangel an Eisen und Vitaminen entsteht oft durch Fehlernährung oder chronische Verdauungsstörungen mit ungenügender Verwertung der Nahrung. Ferner können krankhafte Störungen der Blutbildung oder des Blutabbaus, Veranlagung und bei der besonders schweren perniziösen Anämie gestörte Verwertung von Vitamin

B12 die Krankheit verursachen. Nach dem Ergebnis der fachlichen Untersuchung richtet sich die gezielte Therapie, die nicht selbständig durchgeführt werden kann. In vielen Fällen behandelt man erfolgreich durch Medikamente mit Eisen und Vitaminen, die Mangelzustände rasch beseitigen, aber auf Dauer ist das natürlich keine Lösung. Deshalb muß oft die Ernährung grundlegend auf Vollwertkort (⇨ Ernährungstherapie) umgestellt werden, die genügend Eisen enthält (unter anderem in roten Beten, Hafer, Karotten, Lauch, Spinat und Tomaten). Dabei ist es wichtig, die pflanzliche Nahrung teilweise als Rohkost zu verzehren, die auch genügend Vitamin C enthält, das die Eisenaufnahme aus dem Darm fördert. Ergänzend kann man Säfte aus Brennessel, Löwenzahn und roten Beten oder Blütenpollen (⇨ Apitherapie) einnehmen. Homöopathische Mittel wie Ferrum (=Eisen) arsenicosum D 6, die verordnet werden müssen, gleichen den Eisenmangel nicht direkt aus, sondern sorgen für die Normalisierung des Eisenhaushalts. Bei krankhaften Störungen der Blutbildung oder des Blutabbaus verordnet der Therapeut zusätzlich gezielte Maßnahmen.

Blutegel

Die Behandlung mit Blutegeln (Hirudo medicinalis) stellt eine ⇨ Ab- und Ausleitung dar. Je nachdem, wie viele Blutegel angesetzt werden, kommt es zu einer Art Aderlaß mit Blutverlusten zwischen 30 und 250 Millilitern. Im Durchschnitt werden bei jeder Anwendung 2 bis 8 Egel auf die gereinigte Haut gesetzt, die sich festbeißen und in 20 bis 60 Minuten mit Blut vollsaugen; danach fallen sie von selbst ab. Vorzeitig kann man sie lösen, indem man sie mit Salz bestreut. Beim Biß geben die Egel entzündungs- und gerinnungs-

hemmende Stoffe ab, die mit für die Wirkung zuständig sind.
Die Blutegeltherapie macht das Blut dünnflüssiger, verbessert die Durchblutung, beseitigt Blutstauungen, wirkt abschwellend bei Verrenkungen, Verstauchungen, Lymphknotenvergrößerung und Hämorrhoiden, entzündungs- und gerinnungshemmend bei Abszessen, Furunkeln, Krampfader-, Venenentzündungen und Thrombosen. Außerdem kann man versuchsweise Angina pectoris, Migräne, hohen Blutdruck, Muskel- und Nervenschmerzen damit behandeln. Gelegentlich treten allergische Reaktionen auf, dann muß auf die weitere Behandlung verzichtet werden.
Für den Hausgebrauch eignen sich lebende Egel nicht. Dazu gibt es die ähnlich gut wirksame Blutegelsalbe mit dem Hauptwirkstoff Hirudin.

Blütentherapie

⇨ Bach-Blütentherapie

Bluterguß

Wenn Gefäße durch stumpfe Gewalteinwirkung zerrissen werden, ohne daß es zur offenen Verletzung kommt, Gefäßwände durch ⇨ Arteriosklerose brüchig geworden sind oder Blutgerinnungsstörungen bestehen, tritt Blut ins Gewebe aus. Dadurch kommt es zur schmerzenden Schwellung, die anfangs bläulich aussieht, sich dann durch Auflösung des Blutfarbstoffs aber zunächst grünlich und schließlich gelblich verfärbt, bis der Erguß völlig aufgesaugt ist.
Zur Soforthilfe nach Gewalteinwirkung legt man kalte ⇨ Wickel oder Eisbeutel auf, um einen größeren Bluterguß zu vermeiden; auch ⇨ Enzymtherapie bewährt sich dazu sehr gut. Die Heilung des Blutergus-

ses wird durch Enzym-, Arnikasalbe oder Wickel mit ⇨ Heilerde gefördert. Große Blutergüsse, Arteriosklerose oder Gerinnungsstörungen müssen stets fachmännisch behandelt werden.

Blutgerinnsel
⇨ Thrombose

Bluthochdruck, -unterdruck
Der Druck des Bluts in den Arterien wird vor allem durch Herzschlagvolumen, Weite und Elastizität der Gefäße bestimmt. Man unterscheidet den systolischen Druck (1. Meßwert) beim Zusammenziehen und den diastolischen (niedrigerer 2. Meßwert) Druck beim Erschlaffen des Herzmuskels. Die Messung erfolgt mittels Manschette in der allgemein bekannten Weise am Arm. Als Normwerte für Erwachsene gelten systolisch 120 und diastolisch 80. Diese Werte unterliegen aber breiten Schwankungen; schon im Tagesverlauf verändert sich der Blutdruck mehrmals, erst recht im Lauf des Lebens. Die tolerierbare Schwankungsbreite liegt je nach Alter ungefähr zwischen 110 und 140/75 und 95, aber auch dabei müssen individuelle Umstände berücksichtigt werden, die nur der Fachmann beurteilen kann.

Niedriger Blutdruck (Hypotonie) besteht bei Werten unter 110 bis 100/75 bis 70. Er wird oft als »Lebensversicherung« angesehen, weil Herz und Gefäße dadurch geschont werden, aber er ist keineswegs immer harmlos, ganz abgesehen von den unangenehmen subjektiven Beschwerden. Deshalb ist fachliche Untersuchung und Therapie anzuraten.
Verdacht auf Hypotonie besteht vor allem bei Kopfschmerzen, Schwindel, Schwarzwerden vor den Augen bis zur Ohnmacht,

besonders beim Aufrichten und längeren Stehen, chronischer Müdigkeit und Leistungsschwäche. Klarheit bringt immer nur die Messung des Blutdrucks, denn diese Symptome können auch auf andere Krankheiten hinweisen. Niedriger Blutdruck kann anlagebedingt oder auf seelisch-nervöse Einflüsse zurückzuführen sein. Weitere Ursachen sind Erschöpfungszustände, Unterernährung, Blutarmut, chronische Infektionsherde und hormonelle Störungen, das muß genau abgeklärt werden.
Die Therapie richtet sich nach den Ursachen und wird bei krankhaften Formen individuell vom Fachmann verordnet. Im allgemeinen eignen sich alle Maßnahmen, die das Herz-Gefäß-System trainieren, in erster Linie viel Bewegung an der frischen Luft, kalte ⇨ Abreibungen und ⇨ Bäder, ⇨ Luftbäder und ⇨ Atemtherapie. Bei konsequenter Durchführung dieser Grundbehandlung sind Arzneimittel oft überflüssig. Wenn medikamentös behandelt werden muß, empfehlen sich vor allem ⇨ Heilpflanzen, insbesondere Rosmarin und Weißdorn, oder ⇨ Homöopathie mit Cactus-Urtinktur oder Convallaria D 3. Andere, vor allem chemische Mittel zur Blutdruckerhöhung bleiben der Verordnung vorbehalten. Die Ernährung soll gut, aber nicht übertrieben gewürzt werden, mäßig Kaffee und Tee sind ebenfalls nützlich.

Bluthochdruck (Hypertonie) bedeutet immer ein Risiko, insbesondere erhöht er die Wahrscheinlichkeit, an Arteriosklerose, Herzinfarkt und Schlaganfall zu erkranken. Als Grenzbereich, in dem noch keine höhere Gefährdung besteht (sofern keine zusätzlichen Risiken, etwa hohe Blutfettwerte, vorliegen), gelten ab der Lebensmitte Werte zwischen 140 und 155/90 und 95; in solchen Fällen muß individuell abgewogen werden, ob bereits eine Therapie erforderlich ist. Ab 160/über 95 wird eine blutdrucksenkende Behandlung in der Regel immer notwendig sein.

Auch beim Hochdruck lassen sich die Ursachen nur durch gründliche Untersuchung feststellen. Zu denken ist vor allem an Arteriosklerose (die aber auch erst durch Hypertonie entstehen kann), chronisch-übermäßigen Streß und Nierenleiden, außerdem gibt es eine essentielle Form, bei der keine Ursachen nachweisbar sind. Als typische unklare Warnzeichen, die mehrmalige Blutdruckkontrollen erfordern, treten beim Hochdruck meist Kopfschmerzen, Schwindel, Ohrensausen, Herzschmerzen, rasche Ermüdung und Leistungsschwäche auf.

Da die unklaren Symptome der Hypertonie oft lange Zeit nicht beachtet werden, empfiehlt es sich, den Blutdruck spätestens ab der Lebensmitte regelmäßig selbst zu kontrollieren. Dazu gibt es einfach zu bedienende Geräte. Auch zur Kontrolle des Therapieerfolgs ist die Selbstkontrolle sinnvoll.

Zur Grundbehandlung muß die Ernährung meist umgestellt werden. Wichtig ist viel Rohkost, wenig Fleisch, Fett und Kochsalz sowie eine deutliche Einschränkung des Alkohol- und Kaffeekonsums; ⇨ Übergewicht muß durch Reduktionsdiät normalisiert werden. Außerdem bewegt man sich ausreichend (⇨ Bewegungstherapie), verzichtet strikt auf Nikotin und führt regelmäßig ⇨ Entspannungsübungen durch. Das kann in leichteren Fällen den Blutdruck dauerhaft senken.

Alle weiteren therapeutischen Maßnahmen verordnet der Fachmann. Die Naturmedizin wendet vor allem noch ⇨ Homöopathie, ⇨ Heilpflanzen wie Knoblauch, Mistel und Weißdorn (am besten alle drei kombiniert), ⇨ Aderlaß und ⇨ Schröpfen, Arm- und Fuß-Unterschenkel-Bäder (⇨ Bäder), ⇨ Akupunktur und Akupressur

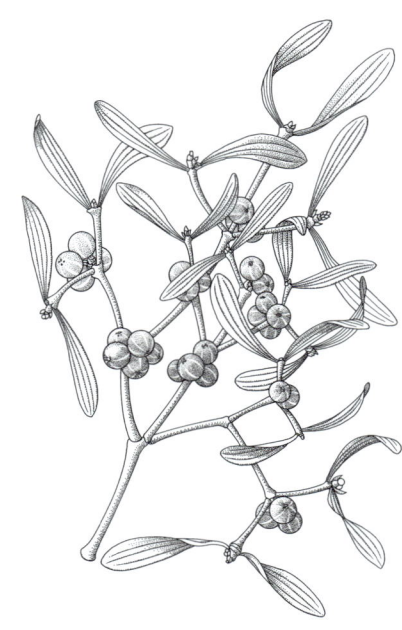

Die Mistel wird gegen Bluthochdruck eingesetzt

an. In schweren Fällen werden zur raschen Blutdrucksenkung auch chemische Mittel (wie Betablocker, Kalziumantagonisten) erforderlich, die aber vor allem ältere Menschen oft schlecht vertragen. Deshalb sollten sie möglichst bald durch Naturheilmittel ersetzt werden.

Wenn es nicht gelingt, den Bluthochdruck zu heilen, muß die Therapie lebenslang fortgesetzt werden, um Komplikationen vorzubeugen.

Blutreinigung – Entgiftung

Die umgangssprachliche Bezeichnung Blutreinigung ist in der Medizin kaum gebräuchlich. Genauer spricht man von Entgiftung und Entschlackung. Dabei werden die Schlacken und Giftstoffe, die im Stoffwechsel anfallen, teilweise aber auch aufgenommen werden, aus dem Körper entfernt. Das dient vor allem der Gesundheitsvorsorge und wird traditionell als Frühjahrskur durchgeführt, ist aber auch zu jeder anderen Zeit möglich. Bereits in der Antike wendete man entsprechende Heilverfahren an, die in der Naturheilkunde bis heute einen hohen Stellenwert behalten haben. Gerade die heute übliche falsche Ernährung, Bewegungsmangel und Mißbrauch von Genußmitteln, zunehmend aber auch die Umweltverschmutzung machen regelmäßige Entschlackungskuren erforderlich, denn chronische Verschlakkung begünstigt viele Krankheiten.

Eine Entschlackungs- und Entgiftungskur muß hauptsächlich die Darm-, Nieren-, Leberfunktionen und die Schlackenausscheidung über die Haut anregen. Dazu eignen sich folgende Maßnahmen:

■ Darmentschlackung durch ⇨ Bittersalze, ⇨ Einlauf oder milde pflanzliche ⇨ Abführmittel, die aber nur während der Kur, nicht dauernd angewendet werden dürfen. Zusätzlich gibt man Milchzucker zur ⇨ Symbioselenkung, um die oft gestörte Darmflora wieder »aufzuforsten«.

■ Entgiftung über die Nieren durch 2 Liter kochsalz-, kohlensäure- und nitratarmes Mineralwasser am Tag, das die Gewebe »durchspült«; zusätzlich harntreibende Brennessel-, Löwenzahn- oder Selleriesäfte aus dem Reformhaus nach Gebrauchsanweisung.

■ Anregung der entgiftenden Leberfunktionen durch Artischockensaft oder Arzneimittel mit Mariendistel nach Gebrauchsanweisung.

■ Vermehrte Schlackenausscheidung über die Haut durch ⇨ Dampfbäder und ⇨ Sauna.

■ ⇨ Bewegungstherapie, die mit zur Entschlackung durch Schwitzen beiträgt, den Lymphfluß anregt und durch vermehrte Sauerstoffzufuhr und höheren Energieverbrauch die Schlacken im »Hochofen« der Muskelzellen verbrennt.

Sehr wichtig ist während der Kur auch die ⇨ Ernährungstherapie. Am besten beginnt man mit 3 bis 4 Tagen ⇨ Heilfasten oder bis zu 7 Tagen ⇨ Saftfasten. Dann geht man bis zum Ende der Kur auf streng vegetarische Kost (⇨ Vegetarismus) mit un-

Vegetarische Kost ist wichtig zur Blutreinigung und Entgiftung

gefähr 70 % Rohkostanteil über. Danach muß die Ernährung auf Dauer grundlegend umgestellt werden, sonst kommt es bald wieder zur Verschlackung.

Insgesamt dauert eine Blutreinigungskur in der Regel 4 Wochen. Sie kann zur Vorsorge 1- bis 2mal jährlich durchgeführt werden. Häufigere oder längere Kuren und die Behandlung von Krankheiten durch Entschlackung verordnet der Therapeut, der auch noch Mittel der ⇨ Biochemie und ⇨ Homöopathie verschreiben kann.

Breiumschläge
⇨ Wickel – Auflagen

Bronchitis
Diese häufige Erkrankung der Bronchien entsteht oft durch Infektion (⇨ Erkältung, ⇨ Grippe), kann aber auch als Folge von Herz- und Lungenkrankheiten auftreten. Zur chronischen Bronchitis kommt es häufig durch dauernde Reizung (Staub, Rauch, Chemikalien am Arbeitsplatz) oder dann, wenn die akute Entzündung nicht ausgeheilt wurde; sie gehört zu den häufigsten Ursachen der Frühinvalidität. Symptomatisch für akute Bronchitis sind Husten mit anfangs schleimigem, später eitrigem Auswurf, Rasselgeräusche beim Atmen, Schmerzen in der Brust, Seitenstechen und unterschiedlich hohes Fieber. Die chronische Bronchitis geht mit Husten, viel Auswurf, der vor allem morgens nur schwer abgehustet werden kann, Brustschmerzen und Atemnot einher, das Fieber ist gering; im Lauf der Zeit entwickelt sich daraus chronische Lungenblähung (-emphysem).

Bei leichterer akuter Bronchitis durch Erkältung behandelt man durch ⇨ Heilpflanzen, vor allem Eibisch, Isländisch Moos, Spitzwegerich, Thymian und antibiotika-ähnlich wirkender Knoblauch. Außerdem führt man ⇨ Inhalationen mit Kräutern, ⇨ Wickel auf die Brust und ableitende kalte Fuß-Unterschenkel-Bäder durch. Die Abwehr wird vor allem durch Echinacea-Medikamente gestärkt. Bis zur Entfieberung muß Bettruhe eingehalten werden, im allgemeinen heilt die Bronchitis dadurch in spätestens 10 bis 14 Tagen aus, sonst muß der Therapeut zugezogen werden. Stärkere akute Bronchitis mit höherem Fieber, Brust- und Seitenstechen und eitrigem Auswurf erfordert von Anfang an fachliche Therapie, wobei sich neben den obigen Maßnahmen vor allem homöopathische Medikamente gut bewähren; in schweren Fällen kommt man manchmal nicht ohne Antibiotika aus.

Chronische Bronchitis spricht auf die oben genannten Heilverfahren ebenfalls gut an, man muß nur länger auf die Heilung warten. Bei hartnäckigem Verlauf kann zusätzlich durch ⇨ Baunscheidtismus, ⇨ Schröpfen, ⇨ Wickel mit Senf auf die Brust, ⇨ Sauerstofftherapie, ⇨ Zelltherapie, ⇨ Klimatherapie und manchmal auch ⇨ Symbioselenkung erfolgreich behandelt werden.

Die Ernährung soll bei akuter und chronischer Bronchitis zur ⇨ Umstimmung immer vegetarisch und rohkostreich sein, einleitend sind oft einige Fastentage (⇨ Heilfasten) angezeigt.

Brustenge
⇨ Angina pectoris

Brustwickel
⇨ Wickel – Auflagen

Cantharidenpflaster

Dieses nur noch selten angewendete Heilverfahren wirkt vor allem durch ⇨ Ab- und Ausleitung. Es gilt als eines der stärksten Mittel der Naturheilkunde bei chronischen, anders nicht mehr zu beeinflussenden rheumatischen Erkrankungen, insbesondere Rückenschmerzen, Ischias und Gelenkabnutzung. Selbst jahrelange starke Schmerzen können bereits nach einer einzigen Anwendung deutlich gebessert werden.

Wirkstoff des Pflasters, das man nach Verordnung in der Apotheke erhält, ist ein Extrakt aus Spanischen Fliegen (Lytta vesicatoria, auch Blasenkäfer genannt). Er wirkt stark hautreizend und erzeugt als Reaktion eine Hautblase, die man von selbst eintrocknen läßt. Der Körper reagiert auf diese ⇨ Reiztherapie mit Aktivierung des Immunsystems, beschleunigtem Blut- und Lymphstrom, vermehrter Ausscheidung von Krankheitsstoffen und Lockerung schmerzhaft verspannter Muskeln. Da die Nieren durch die Ausscheidung von Schlacken und Giftstoffen erheblich belastet werden, schützt man sie vorsorglich durch geeignete Medikamente (wie Goldrute). Die Therapie bleibt stets fachlicher Verordnung vorbehalten, denn bei unsachgemäßer Durchführung wirken Blasenkäfer giftig.

Chirotherapie – Osteopathie

Seit der Antike behandelt man Erkrankungen durch Manipulationen am Körper des Patienten. Zu diesen ältesten Heilverfahren gehören neben ⇨ Massagen auch Techniken, die denen der Chirotherapie und Osteopathie ähneln. Die Unterschie-

Die Goldrute schützt die Nieren

de zwischen diesen beiden Methoden sind nicht so groß, als daß sie hier näher beschrieben werden müßten.

Chirotherapie (Chiropraktik, von griechisch cheir = Hand) wurde bereits von dem antiken Arzt HIPPOKRATES angewendet. In ihrer modernen Form begründete sie der Amerikaner DAVID DANIEL PALMER (1845–1913) Ende des 19. Jahrhunderts. Grundlage der Therapie bildet die Vorstellung, daß schon geringfügige Verschiebungen (Subluxationen) von Knochen und insbesondere Wirbeln zu zahlreichen Beschwerden führen können. Typisch sind chronische Rückenschmerzen und Verspannungen der Rückenmuskulatur, aber auch Symptome, bei denen der Zusammenhang mit Subluxationen nicht so offenkundig ist, wie Kopfschmerzen, Migräne, Hör- und Sehstörungen, Beschwerden am Herzen, an den Atmungsorganen und am Verdauungssystem. Die Fernsymptome erklären sich aus der Reizung von Nervenwurzeln, die von der Wirbelsäule fortgeleitet wird. Diese Erkenntnis PALMERS war zwar richtig, aber er schoß schließlich weit über das Ziel hinaus, indem er alle Erkrankungen aus solchen Ursachen erklärte. Das führte zur Ablehnung der Chirotherapie durch die offizielle Medizin. Wenn sich der Chirotherapeut der Grenzen dieses Heilverfahrens bewußt bleibt, kann er damit aber gute, oft sogar verblüffend rasch einsetzende Wirkungen erzielen.

Da Chirotherapie stets vom Fachmann durchgeführt wird, müssen die Techniken nicht genauer beschrieben werden. Im Grunde geht es immer darum, die Knochen- und Wirbelverlagerungen genau (teils röntgendiagnostisch) zu erkennen, um sie dann durch mechanische Manipulationen am Skelett wieder »einzurichten«. Danach werden die Nervenwurzeln entla-

stet und die Symptome verschwinden. Mancher Patient kommt schmerzgekrümmt zum Chirotherapeuten und verläßt die Praxis wenig später aufrecht und frei beweglich. Zu den wichtigsten Heilanzeigen gehören ⇨ Bandscheibenschäden, Muskel-, Gelenk- und Kopfschmerzen, Migräne und die teilweise von der Halswirbelsäule ausgehenden Seh- und Hörstörungen. Bei sachgerechter Durchführung durch den gut ausgebildeten Therapeuten drohen praktisch keine Nebenwirkungen, die von Kritikern oft genannte Gefahr einer Querschnittslähmung ist fast immer auf fehlerhafte Anwendung zurückzuführen.

Osteopathie geht von ähnlichen Überlegungen wie die Chirotherapie aus. Entwickelt wurde sie von dem amerikanischen Arzt ANDREW TAYLOR STILL (1828–1912), der in der »osteopathischen Läsion« (wie Verlagerung von Wirbeln) des Muskel- und Skelettsystems die Grundursache vieler Krankheiten sah. Im Vergleich zur Chirotherapie arbeitet die Osteopathie mehr mit Bewegungsübungen, Bindegewebsmanipulationen und kraftvolleren »Hebelungen« zur Einrichtung von Wirbeln und Gelenken und verläßt sich bei der Diagnose oft weniger auf Röntgenaufnahmen, dafür mehr auf das »Gespür« des Therapeuten. Die Heilanzeigen der offiziell ebenfalls nicht anerkannten Technik entsprechen denen der Chirotherapie.

Kranialosteopathie wurde um die Jahrhundertwende von dem amerikanischen Therapeuten WILLIAM SUTHERLAND eingeführt. Sie geht davon aus, daß Krankheiten durch Befühlen des Schädels (lateinisch kranium) diagnostiziert werden können, weil man hier das Pulsieren der Hirn-Rükkenmark-Flüssigkeit wahrnimmt. Zur Therapie wendet man dann sehr sanfte

Druck- und ähnliche Manipulationen vor allem am Kopf und Becken an, um die Spannung des Gewebes zu beeinflussen. Neben den Heilanzeigen der Chirotherapie sollen dadurch auch Epilepsie, Autismus bei Kindern und Geburtsschäden Neugeborener behandelt werden können. Die Methode ist allerdings sehr umstritten und wird meist nur ergänzend zur Osteopathie angewendet.

Couéismus

Zu den wichtigen Wegbereitern der modernen ⇨ Autosuggestionstherapie gehört EMILE COUÉ (1857–1927), ein Apotheker aus der Provence. Einen wichtigen Anstoß zur Entwicklung seiner Methode gaben die damals gebräuchlichen »Patentmedikamente«, die gegen alle möglichen Leiden empfohlen wurden. Einer seiner Kunden heilte sich damit selbst von einer langjährigen schweren Krankheit und berichtete COUÉ davon. Der untersuchte das Arzneimittel, aber es bestand lediglich aus gefärbtem Wasser. Die tatsächlich eingetretene Wirkung war also ausschließlich auf den Glauben des Patienten daran zurückzuführen.
Um solche Phänomene besser zu verstehen, ging COUÉ später nach Nancy, dem damaligen Zentrum der ⇨ Hypnose, zu den bedeutenden Hypnoseforschern BERNHEIM und LIEBEAULT. Für seine eigene Therapie gewann er dabei die folgenden grundlegenden Erkenntnisse:

- Hypnose wirkt nicht durch die Suggestionen des Therapeuten, sondern erst durch die dabei entstehenden Vorstellungen des Patienten, letztlich also durch Autosuggestion.
- Wenn der Wille eines Menschen nicht mit seinen Vorstellungen übereinstimmt, setzen sich im allgemeinen die Vorstellungen durch; deshalb erreicht

man durch Suggestion mehr, als mit dem Willen zu verwirklichen wäre, zum Beispiel auch die Beeinflussung von Körperfunktionen, die nicht der Willenssteuerung unterliegen.

Die auf diesen Grundlagen aufgebaute Coué-Technik besteht aus der einfachen Generalformel »Mit jedem Tag geht es mir in jeder Hinsicht immer besser und besser«. Sie ist so allgemein gehalten, daß man damit praktisch alle körperlichen und psychischen Störungen erfassen kann, ohne gezielt (wie etwa beim ⇨ autogenen Training) darauf eingehen zu müssen. Bei akuten Beschwerden (wie Schmerzen) empfahl COUÉ noch die Vorstellung »Es läßt schon nach«. Die Vorstellungen werden einfach morgens und abends monoton mindestens 25mal hintereinander leise gemurmelt, ohne bewußt auf die Worte zu achten. Gegen akute Symptome kann die 2. Vorstellung bis zur Besserung auch in kurzen Abständen wiederholt werden. Um die Jahrhundertwende war diese einfache, aber sehr wirksame Autosuggestionstechnik, die sich besonders gut zur Selbsthilfe eignet, weit verbreitet. Danach geriet sie (auch durch den Einfluß des ⇨ autogenen Trainings fast in Vergessenheit. Erst in den letzten Jahren findet der Couéismus wieder mehr begeisterte Anhänger.

Dampfanwendungen

In der modernen ⇨ Wassertherapie spielen Dämpfe keine so große Rolle mehr. Sie führen passiv Wärme zu, regen Stoffwechsel und Schlackenausscheidung durch Schwitzen an, senken den Blutdruck und entspannen gut. Durch ⇨ Badezusätze kann die Wirkung noch verbessert werden. Unerwünschte Nebenwirkungen treten vor allem in Form von Herz-Kreislauf-Beschwerden auf, bei Krankheiten dieses Organsystems dürfen Dämpfe deshalb allenfalls nach ausdrücklicher Verordnung angewendet werden. Nach der Behandlung, die 10 bis 30 Minuten (bis zum kräftigen Schweißausbruch) dauert, sollte man bei größeren Anwendungen noch eine halbe bis eine Stunde im warmen Bett nachdünsten und dann das bedampfte Körpergebiet kalt abwaschen.

Für den Hausgebrauch kommen große Voll-, Halb- und Unterleibsdämpfe nur nach fachlicher Anweisung in Frage, die müssen deshalb hier nicht beschrieben werden. Gut eignen sich zur Selbsthilfe folgende Teilanwendungen.

Gesichts-(Kopf-)dampf: In einem Topf bringt man 1 bis 2 Liter Wasser zum Kochen und stellt den Topf dann zugedeckt auf eine Unterlage auf den Tisch. Dann setzt man sich davor und beugt den Kopf über den Topf; beim Kopfdampf wird der Oberkörper entkleidet, damit der Dampf auch die Brust bestreicht. Ein Helfer hüllt Kopf, Schultern und Topf so in eine große Wolldecke, daß kein Dampf entweicht, dann wird der Topfdeckel geöffnet. Die Anwendung dauert durchschnittlich 15 Minuten und beeinflußt vor allem Hautkrankheiten gut. Wenn dabei kräftig durch Mund und Nase geatmet wird, werden auch die Atemwege gepflegt (⇨ Inhalation). Zusatz von einem Viertelliter Kräuter-(vor allem Kamillen- und Zinnkraut-)tee pro Liter Wasser verbessert die Wirkung. Zur Haut-

Gesichtsdampf

Halbdampf (nur nach Verordnung)

und Atemwegspflege können die Dämpfe 2- bis 4mal wöchentlich, bei Krankheiten bis zu 4mal täglich durchgeführt werden.

Fußdampf: Dazu legt man eine große Wolldecke und darauf ein Leintuch so auf den Stuhlsitz, daß die Tücher bis zum Boden reichen. Der Unterkörper wird bis zu den Hüften entkleidet, man setzt sich auf die Tücher und hüllt Leib und Oberschenkel straff in die Tücher ein, ab den Knien fallen sie locker nach unten. Nun stellt ein Helfer den Topf mit 2 bis 3 Liter kochendem Wasser unter die Tücher auf den Boden, öffnet den Deckel und legt einen Holzrost auf den Topf, auf den der Patient die Füße stellt. Die Tücher werden fest um den Topf gelegt, damit kein Dampf entweicht. Je nach Verträglichkeit dauert die Anwendung 10 bis 15 Minuten. Heilanzeigen sind vor allem chronisch kalte Füße, Anregung der Schlackenausscheidung mit dem

Fußschweiß und Unterleibserkrankungen. Außerdem kann man über die Reflexzonen der Füße (⇨ Reflexzonentherapie) Fernwirkungen auf innere Organe ausüben. Vorbeugend erfolgt die Anwendung 2- bis 3mal wöchentlich, zur Therapie 1- bis 2mal täglich.

Ohrdampf: Er wird manchmal noch bei Ohrenkrankheiten angewendet, möglichst erst nach Rücksprache mit dem Therapeuten und sehr vorsichtig, damit es nicht zu Verbrühungen der Ohren kommt. Man benötigt dazu eine Kanne mit enger Ausgußöffnung, in der man etwa einen halben Liter Wasser zum Kochen bringt. Dann steckt man einen Trichter (oder ähnliches Verbindungsteil) auf den Ausguß und hält das Ohr so darüber, daß der Dampf hineinströmen kann. Die Behandlung dauert 5 bis 10 Minuten, bei Bedarf mehrmals täglich.

Dampfbäder: In Badeanstalten und ähnlichen Einrichtungen werden Dampfbäder (zum Beispiel römisch-irisch, türkisch, russisch) durchgeführt, die nicht mit der

Ohrdampf

⇨ Sauna verwechselt werden dürfen. Sie beginnen im allgemeinen mit der Vorwärmung in einem Heißluftraum, danach hält man sich 10 bis 20 Minuten in der mit Dampf gesättigten, bis 50 Grad heißen Luft auf. Stoffwechsel und Schweißausscheidung werden dadurch stark angeregt, aber auch Herz und Kreislauf erheblich belastet. Deshalb befragt man vorher den Therapeuten; bei Herz-Kreislauf-Erkrankungen muß oft darauf verzichtet werden.

Dampfkastenbäder: Bei Dampfkastenbädern befindet sich der Körper bis zum Hals in einer kastenähnlichen Kabine mit feuchtheißer Luft, der Kopf bleibt außen. Sie strengen weniger als Dampfbäder an, müssen aber auch mit dem Therapeuten abgesprochen werden.

Darmbad
⇨ Einlauf – Darmbad

Darmkatarrh
Akute Entzündungen der Darmschleimhaut werden oft durch zu kalte Getränke, verdorbene Speisen, Infektionen oder ⇨ Allergien auf unverträgliche Nahrungsmittel hervorgerufen, teilweise spielen bei manchen Formen auch seelisch-nervöse Faktoren eine Rolle. Symptomatisch sind Leibschmerzen, Koliken, Durchfall, manchmal Erbrechen, bei Infektionen unterschiedlich hohes Fieber. Chronische Katarrhe stehen oft mit Ernährungsfehlern, Magen-, Leberleiden, Allergien, Mißbrauch von ⇨ Genußmitteln und Störungen der Darmflora in Zusammenhang, außerdem können auch hier seelisch-nervöse Einflüsse von Bedeutung sein. Völlegefühl, Leibschmerzen, Koliken, Durchfall, der teilweise mit ⇨ Verstopfung abwechselt, und Blähungen stehen im Vorder-

grund der Symptomatik. Auch der Mißbrauch von Abführmitteln kann zu chronischen Darmkatarrhen führen.
Leichtere akute Darmkatarrhe ohne höheres Fieber behandelt man am besten durch 1 bis 3 Tage ⇨ Heilfasten, an denen man nur Kamillen-, Pfefferminz-, Schafgarben- und Tausendgüldenkrauttee (oder entsprechende Arzneimittel) zu sich nimmt. Zusätzlich kann ⇨ Heilerde zur Aufsaugung von Giftstoffen und Gasen im Darm verabreicht werden. Ähnlich hilft die Apfelkur, bei der man 2 bis 3 Tage lang nur rohe geriebene Äpfel (etwa 1 Kilogramm täglich) zu sich nimmt. Koliken und Schmerzen lindert man durch warme ⇨ Wickel um den Leib. Wenn der Katarrh dadurch nicht binnen 3 Tagen ausgeheilt ist oder wenn von Anfang an höheres Fieber und stärker beeinträchtigtes Allgemeinbefinden auf eine ernstere Erkrankung hinweisen, muß der Therapeut zugezogen werden. Er verordnet vor allem noch ⇨ Homöopathie, bei Bedarf auch Antibiotika gegen gefährlichere Infektionen. Chronische Darmkatarrhe erfordern immer fachliche Behandlung durch ⇨ Diät mit anschließender dauerhafter Reform der Ernährung. Neben dieser Grundbehandlung sind homöopathische Mittel, antiallergische Therapie (⇨ Allergie), ⇨ Symbioselenkung, ⇨ Umstimmungstherapie, gegen seelische Ursachen ⇨ autogenes Training und ⇨ Psychotherapie und natürlich strikter Verzicht auf Abführmittel notwendig, das richtet sich nach dem Einzelfall (⇨ auch Durchfall).

Depressionen
Schwermut, Pessimismus, Niedergeschlagenheit, Antriebsschwäche bis zur Apathie, Schuldgefühle und meist auch Schlafstörungen sind typische Symptome dieser seelischen Störung, an der in man-

chen Großstadtvierteln bis zu 40 % der Bevölkerung leiden. Oft werden die psychischen von körperlichen Symptomen vor allem am Herz-Kreislauf- und Verdauungssystem begleitet. In schweren Fällen besteht Selbstmordgefahr, und es kommt zu Wahnzuständen. Eine Sonderform, bei der depressive Phasen mit euphorischen Zuständen abwechseln, bezeichnet man als manisch-depressive Krankheit.

Nach den Ursachen unterscheidet man zwei große Gruppen der Depression: endogene und exogene. Bei den endogenen Formen lassen sich keine äußeren Ursachen erkennen, die Neigung dazu ist wahrscheinlich angeboren; sie verlaufen meist langwierig. Exogene Depressionen dagegen lassen sich aus äußeren Umständen erklären, zum Beispiel Enttäuschungen, Mißerfolge und Kränkungen. Außerdem entstehen Depressionen teilweise im Verlauf körperlicher Störungen, etwa bei Leberleiden, Durchblutungsstörungen des Gehirns, Blutarmut oder in den Wechseljahren durch hormonelle Einflüsse. Die genaue Ermittlung der Ursachen fällt zum Teil auch dem erfahrenen Fachmann schwer. Vermutlich stehen letztlich hinter allen Depressionen Veränderungen der Neurotransmitter (Botenstoffe im Nervensystem), insbesondere des Serotonins.

Einfache exogene Depressionen verschwinden, wenn man die äußeren Ursachen nicht verdrängt, sondern verarbeitet. Das kann geraume Zeit dauern und ist unangenehm, aber unverzichtbar; die damit verbundene Reifung der Persönlichkeit kann durch ⇨ Entspannungs- und ⇨ Autosuggestionstherapie unterstützt werden, wenn die Depression nicht zu ausgeprägt ist. Unter den ⇨ Heilpflanzen ist vor allem das Johanniskraut hervorzuheben, das bald deutlich stimmungsaufhellend wirkt, ohne zur Abhängigkeit zu führen.

Gelingt es nicht, die Depression aus eigener Kraft zu überwinden, muß der Therapeut aufgesucht werden. Körperliche Ursachen werden gezielt behandelt, die psychischen Faktoren erfordern oft ⇨ Psychotherapie. Ferner können antidepressive Mittel der ⇨ Homöopathie je nach individuellem Verlauf verordnet werden. Chemische Antidepressiva bleiben wegen der Risiken den schweren Fällen vorbehalten. Bei Selbstmordgefährdung und wahnartigen Zuständen kann zum Schutz des Patienten vor sich selbst die Klinikeinweisung bis zur Besserung angezeigt sein.

Wissenschaftliche Untersuchungen, die unter anderem in Israel durchgeführt wurden, ergaben übrigens, daß auch die ⇨ Bewegungstherapie in vielen Fällen deutlich antidepressiv wirkt, zumindest andere Heilverfahren gut ergänzen kann. Die Zunahme der Depressionen in der letzten Zeit deutet darauf hin, daß sie oft in enger Beziehung mit den heutigen Lebensformen und -inhalten stehen. Deshalb kann die Depression in vielen Fällen als Lebenskrise aufgefaßt werden, die auffordert, die bisherigen Lebensinhalte zu überdenken und sich neu zu orientieren. Dabei können verschiedene Formen der Psychotherapie helfen, vor allem die ⇨ Bioenergetik.

Diabetes
⇨ Zuckerkrankheit

Diät – Ernährungstherapie
Gesunde Ernährung, die dem Organismus alle Nähr- und Vitalstoffe für seine Funktionen zuführt, bildet die unverzichtbare Grundvoraussetzung für die Erhaltung oder Wiederherstellung der Gesundheit. Früher folgten die Menschen dazu einfach ihrem Instinkt. Aber schon bald

wurde diese ursprüngliche Naturkost durch zivilisatorische Einflüsse, insbesondere die verfeinerten Zubereitungsmöglichkeiten und der Nahrungsüberfluß, nachhaltig verändert. Deshalb gehörten Ernährungsfehler bereits in den antiken Hochkulturen zu den häufigeren Krankheitsursachen, und man kannte schon verschiedene Formen der Ernährungstherapie. Aus jener Zeit stammt die Forderung des HIPPOKRATES, daß die Nahrung zugleich Heilmittel sein soll und der Arzt den Patienten durch Anleitung zur richtigen Lebens- und Ernährungsweise zur »harmonischen Selbstverwirklichung« zurückführen muß.

Seit damals hat sich die übliche Zivilisationskost noch weiter von den Grundsätzen der gesunden Ernährung entfernt, so daß sie heute zu den wichtigsten Grundursachen vieler verbreiteter Erkrankungen gehört. Das rief bereits im 18./19. Jahrhundert mit der Lebensreform- und Naturheilbewegung zahlreiche Ernährungsreformer auf den Plan. Die beiden bedeutendsten

waren der Schweizer Arzt MAXIMILIAN BIRCHER-BENNER (1867–1939) und der deutsche Hygiene-Professor WERNER KOLLATH (1892–1970), sowie der schwedische Ernährungsreformer ARE WAERLAND (1876 bis 1955), der allerdings nicht den gleichen Einfluß gewann.

Die überragende Bedeutung BIRCHER-BENNERS und KOLLATHS ergibt sich daraus, daß sie zeitlos gültige Grundsätze gesunder Ernährung formulierten, denen sich mittlerweile auch die offizielle Medizin annähert, und diese wissenschaftlich exakt untermauerten. Hauptziel dieser »Ordnungsnahrung« ist es, die Lebensfunktionen »in Ordnung zu halten oder wieder in Ordnung zu bringen«. Das erreicht die Vollwertkost vor allem durch Erhaltung und Förderung der normalen Verdauungs-, Stoffwechsel- und Immunfunktionen, die entscheidend von der optimalen Nähr- und Vitalstoffzufuhr abhängen und den gesamten Organismus (einschließlich der seelisch-geistigen Funktionen) beeinflussen.

Es führte zu weit, die Lehren der Ernährungsreform hier ausführlich darzustellen, dazu gibt es genügend einschlägige Literatur. Hauptsächlich gelten für gesunde Kost folgende Grundregeln:

Vollkorn-Getreideprodukte enthalten viel Vital- und Ballaststoffe

Milchprodukte sind wichtig für die Eißweiß- und Kalziumversorgung

■ Kalorienzufuhr entsprechend dem tatsächlichen Energieverbrauch, um annähernd das Normalgewicht (Körpergröße in Zentimetern minus 100) auf Dauer zu halten.

■ Pflanzliche Lebensmittel und Vollkorngetreideprodukte als Hauptbestandteile der täglichen Kost, die neben Energie vor allem Vital-, Ballaststoffe und Enzyme liefern. Mindestens ein Drittel, besser bis zu 50 % dieser Nahrungsmittel verzehrt man roh als sogenannte »lebendige« Nahrung.

■ Eiweißversorgung vorwiegend durch Milchprodukte (insbesondere in gesäuerter Form mit gesundheitsfördernder rechtsdrehender Milchsäure), die zusammen mit pflanzlichem Eiweiß den Bedarf vollständig decken können (dazu genügen zum Beispiel täglich ein halber Liter Milch, 150 Gramm Quark und 100 Gramm fettarmer Käse).

■ Fleischwaren und Fisch sind zur vollwertigen Ernährung entbehrlich (⇨ Vegetarismus) und in der üblichen Zivilisationskost zu reichlich enthalten; will man nicht ganz darauf verzichten, verzehrt man sie nur 2- bis 4mal wöchentlich mäßig als Beilage (nicht Hauptgericht) zur pflanzlichen Kost.

■ Fette sind in der üblichen Ernährung viel zu reichlich enthalten, der Verbrauch muß auf 40 bis 50 Gramm Streich- und Kochfett eingeschränkt werden; bevorzugt verwendet man hochwertige pflanzliche Öle, Butter nur mäßig. Es 'muß auch an die in der Nahrung »versteckten« Fette gedacht werden, indem man möglichst fettarme Lebensmittel auswählt.

■ Gewürze sind für schmackhafte Mahlzeiten und gute Verdauung notwendig; man bevorzugt einheimische Gewürzkräuter, der übliche zu hohe Kochsalzverbrauch wird stark eingeschränkt; zur Vorbeugung von Jodmangel verwendet man jodiertes Salz.

■ Süßigkeiten, Kaffee, Schwarztee und Alkoholika müssen stark eingeschränkt werden, wenn man darauf nicht ganz verzichten will; als ⇨ Genußmittel dürfen sie nur gelegentlich aus besonderem Anlaß, Kaffee und Tee auch mit 1 bis 2 Tassen jeden Tag, verwendet werden.

- So viele Lebensmittel wie möglich sollen aus schadstoffarmem biologischem Anbau und artgerechter Tierhaltung stammen und keine chemischen Zusätze enthalten.
- Die Zubereitung der Speisen erfolgt so einfach und schonend wie möglich aus Lebensmitteln, die nicht lange gelagert wurden; Konserven und Fertiggerichte vermeidet man, Tiefkühlkost ist erlaubt, denn sie kann, wenn die Nahrungsmittel gleich nach der Ernte eingefroren wurden, sogar vollwertiger als frisch gekaufte Produkte sein, denen man häufig nicht ansieht, wie lang sie schon im Regal lagen.
- Verzehrt werden die Mahlzeiten gleich nach der Zubereitung, wobei man stets mit Rohkost beginnt; gegessen wird in Ruhe mit Genuß, gründliches Kauen ist für die Verwertung der Nahrung sehr wichtig.
- Anstelle der üblichen drei großen Hauptmahlzeiten empfiehlt es sich, die Nahrungsmenge eines Tages auf drei größere und zwei kleine Mahlzeiten zu verteilen, die weniger die Verdauungsorgane belasten und deren Nährstoffe besser verwertet werden.
- Schließlich muß noch auf ausreichende Flüssigkeitszufuhr geachtet werden, die unter anderem für die ständige Entschlackung der Gewebe, aber auch für viele andere Lebensfunktionen notwendig ist (vor allem ältere Frauen trinken oft viel zu wenig). Die wasserreiche Rohkost deckt bereits einen Teil des Bedarfs, zusätzlich sind – unter anderem abhängig von den Temperaturen und körperlichen Aktivitäten – noch 1,5 bis 2 Liter Flüssigkeit am Tag erforderlich, hauptsächlich kochsalz- und nitratarme Mineralwässer, naturbelassene Obst- und Gemüsesäfte, Milch, Molke und Kräutertee.

Nach diesen einfachen Grundregeln ernährt man sich automatisch vollwertig und schmackhaft. Von den immer wieder auftauchenden neuen Ernährungsempfehlungen vor allem in bestimmten Massenmedien sollte man sich nicht verunsichern lassen, denn sie entsprechen oft nicht den Anforderungen der Ernährungsreform. Die Umstellung der vorher gewohnten Zivilisationskost fällt zunächst nicht ganz leicht, aber wenn man sich erst einmal daran gewöhnt hat und die ersten günstigen Auswirkungen auf Gesundheit und Wohlbefinden spürt, wird man auf die Vollwertkost nicht mehr verzichten wollen.

Gesunde »Ordnungsnahrung« bildet auch die Grundlage jeder Diät bei Krankheiten. Oft genügt die Umstellung der falschen Zivilisationskost allein schon zur Basistherapie von Erkrankungen, teilweise sind spezielle Diätformen erforderlich, die individuell verordnet werden.

Während die Schulmedizin Diät vorwiegend bei Stoffwechsel- und Verdauungsstörungen einsetzt, versteht die Naturmedizin sie als wichtiges Heilmittel bei vielen Erkrankungen. Vor allem entlastet Diät den Körper von der Stoffwechsel- und Verdauungstätigkeit, so daß sich das Immunsystem stärker auf die Abwehr und Selbstheilung konzentrieren kann, und wirkt allgemein umstimmend (⇨ Umstimmungstherapie).

Es gibt allgemeine Diätformen, die bei vielen Erkrankungen angezeigt sind. Sie werden unter den Stichwörtern ⇨ Heilfasten, ⇨ Saftkuren, ⇨ Haysche Trennkost, ⇨ Mayrkur und ⇨ Schrothkur gesondert beschrieben. Wenn die Art der Erkrankung eine spezielle Diät erforderlich macht (zum Beispiel bei Magenleiden), muß sie als Heilmittel individuell verordnet werden. Auf die Grundsätze der Diät in solchen Fällen wird jeweils bei den entsprechenden Krankheiten eingegangen.

Durchfall

Zur häufigen Entleerung breiiger bis flüssiger Stühle kommt es insbesondere beim ⇨ Darmkatarrh durch Ernährungsfehler, verdorbene Nahrung, allergische Reaktionen, Infektionen, Mißbrauch von ⇨ Abführmitteln, teilweise auch durch seelisch-nervöse Einflüsse, wie Angst oder Schreck. Vor allem ab der Lebensmitte können wiederkehrende Durchfälle auf ⇨ Krebs hinweisen. Oft wird der Durchfall von Leibschmerzen und Koliken, bei Infektionen von unterschiedlich hohem Fieber begleitet, das Allgemeinbefinden kann leicht bis stark beeinträchtigt werden. Dauert Durchfall länger als 3 Tage, droht durch Salz- und Flüssigkeitsverlust rasch ein lebensbedrohlicher Mangelzustand, der meist mit Krämpfen beginnt. Bei nicht so schwerem chronischem Durchfall entwickeln sich die Mangelzustände allmählich, stören das Allgemeinbefinden immer deutlicher, und es droht eine chronische Darmentzündung; dieser Krankheitsverlauf tritt oft bei ⇨ Allergien und seelisch-nervösen Durchfällen ein.

Leichter akuter Durchfall ohne höheres Fieber, der das Allgemeinbefinden nicht stärker in Mitleidenschaft zieht, heilt durch Fasten mit Kräutertee oder Apfelkur (wie beim ⇨ Darmkatarrh beschrieben) meist in 2 bis 3 Tagen aus. Um den Darm von Krankheitsstoffen zu reinigen, kann einleitend ein ⇨ Einlauf angezeigt sein, aber auch ⇨ Heilerde bindet die schädlichen Stoffe gut. Koliken und Leibschmerzen lindert man durch ⇨ Wickel um den Bauch. Wenn der Durchfall steht, muß die gewohnte Kost vorsichtig wieder aufgebaut werden, man darf den Darm also nicht gleich durch umfangreiche Mahlzeiten belasten. Vorübergehende Verstopfung nach Durchfall ist normal und darf nie durch Abführmittel beseitigt werden, sonst droht sofort ein Rückfall.

Dauert Durchfall trotz dieser Behandlung länger als 3 Tage oder verläuft die Krankheit von Anfang an schwer, muß ebenso wie bei chronischem Durchfall der Therapeut zugezogen werden. Er kann ⇨ Diätkuren, ⇨ Homöopathie, antiallergische Mittel, ⇨ Symbioselenkung, bei seelisch-nervösen Ursachen auch ⇨ Entspannungstherapie, ⇨ Autosuggestionstherapie oder ⇨ Psychotherapie als wichtigste Naturheilverfahren verordnen.

Dusche – Duschbad

Vermutlich stammt die Dusche aus Arabien, wo man mit dem knappen Wasser besonders sparsam umgehen muß; jedenfalls ist sie dort seit dem Mittelalter bekannt. Sie wirkt ähnlich wie ⇨ Güsse, aber etwas stärker, weil der Falldruck des Wassers eine intensivere mechanische Wirkung ausübt, strengt aber weniger als ⇨ Bäder an. Nur für Kleinkinder und schwächliche, nervöse Menschen empfehlen sich Duschen in der Regel nicht. Meist wendet man die Dusche am ganzen Körper an, Teilduschen sind weniger gebräuchlich.

Warme Duschen mit Temperaturen von 38 bis 41 Grad regen die Ausscheidung mit dem Schweiß und den Stoffwechsel an, führen passiv Wärme zu, senken den Blutdruck und entspannen allgemein. Sie dauern 5 bis 10 Minuten, danach soll noch eine halbe Stunde im Bett geruht werden oder man beendet die Behandlung mit einer kurzen kalten Dusche oder auch einer ⇨ Abreibung.

Ansteigende Duschen beginnen mit etwa 36 Grad, innerhalb von 5 Minuten erhöht man langsam auf 42 bis 45 Grad und duscht noch ungefähr 5 Minuten, bis kräftig der Schweiß ausbricht; danach verhält

Duschen wirken etwas stärker als Güsse

30 Sekunden, bis sich als Reaktion die Haut rötet und erwärmt. Danach frottiert man mit einem groben Badetuch kräftig trocken. Die abhärtende Wirkung ist stärker als bei Wechselduschen, die Durchblutung und der Stoffwechsel werden gut angeregt. Aber nicht alle Menschen vertragen kalte Duschen; oft muß man sich erst durch wechselwarme Anwendungen langsam daran gewöhnen.

Duschbad: In Sanatorien und Kliniken wendet man zur ⇨ Fiebertherapie auch das Duschbad (Dauerdusche) an, wenn Überwärmungsbäder schlecht vertragen werden. Dazu berieselt man den ganzen Körper aus vielen Duschköpfen mit 43 bis 45 Grad warmem Wasser; einige Duschköpfe können auch gezielt auf behandlungsbedürftige Körperpartien gerichtet werden. Die Anwendung kann bis zu 8 Stunden dauern und erzeugt Heilfieber, das vor allem bei Rheuma, Stoffwechselkrankheiten, chronischer Bronchitis, Asthma und Krebs angezeigt sein kann. Herz-Kreislauf-Patienten vertragen diese anstrengende Anwendung nicht immer.

man sich wie bei der warmen Dusche. Ansteigende Duschen wirken in gleicher Weise wie warme, aber etwas stärker.

Wechselduschen beginnen immer warm und enden kalt, dazwischen wechselt man 2- bis 3mal plötzlich zwischen den Temperaturen. Warm (etwa 40 Grad) duscht man jeweils 2 bis 3 Minuten lang, kalt jeweils 10 bis 15 Sekunden. Die wechselwarme Dusche trainiert die Gefäße besonders gut und eignet sich auch zur täglichen ⇨ Abhärtung am Morgen.

Kalte Duschen führt man erst nach vorheriger guter Erwärmung des Körpers durch Gymnastik durch. Sie dauern 20 bis

Eigenbluttherapie

Dem Blut schrieb man schon in der Antike heilende und okkulte Wirkungen zu. Heute weiß man von der Eigenblut-(Autosero-)therapie, daß sie zu den ⇨ Umstimmungstherapien gehört, kann ihre Wirkungsweise aber noch nicht vollständig erklären. Die Behandlung wird hauptsächlich von der Naturmedizin, seltener von der Schulmedizin durchgeführt. Üblich sind vor allem folgende Methoden:

■ Entnahme von bis zu 20 Milliliter Blut aus der Armvene und sofortige Injektion in den Gesäßmuskel; dadurch werden die Abwehr- und Selbstheilungskräfte gut angeregt, vor allem bei abnormer Anfälligkeit für Krankheiten, chronischen Hautleiden, Rheumatismus, Allergien sowie zur allgemeinen Kräftigung in der Rekonvaleszenz nach schweren Erkrankungen. Behandelt wird meist 1- bis 2mal wöchentlich, insgesamt 8- bis 12mal.

■ Bestrahlung des entnommenen Bluts vor der Injektion mit UV-Strahlung oder Kurzwellen, um die umstimmende Wirkung zu verbessern.

■ Vermischung des entnommenen Bluts vor der Injektion mit homöopathischen und pflanzlichen Mitteln, um eine deutlichere und gleichzeitig gezieltere Wirkung zu erreichen.

■ Homöopathische Zubereitung geringer Mengen Eigenblut, das dann wie ein homöopathisches Medikament als schwacher Reiz die Abwehr besonders gut anregt und auch bei Depressionen helfen kann; auch Schnupfpulver gegen allergischen und chronischen Schnupfen stellt man zuweilen aus Eigenblut her.

■ Manchmal fügt man homöopathisch zubereitetem Eigenblut noch Eigenharn zu, was auf noch nicht genau geklärte Weise vor allem bei Heuschnupfen gut helfen kann.

Die Behandlung mit Eigenblut spielt vor allem bei Störungen des Immunsystems eine wichtige Rolle und wird bei richtiger Durchführung gut vertragen. Schmerzen bei der Injektion lassen sich durch Zusatz eines örtlich wirkenden Betäubungsmittels (wie Procain) vermeiden.

Einlauf – Darmbad

Einläufe (Klistiere) wendete man früher in der Medizin oft (teils übertrieben) an, um durch gründliche Reinigung des Dickdarms eine örtlich und allgemein entschlackende und entgiftende Wirkung zu erzielen. Die Schulmedizin verordnet sie heute praktisch nur noch bei ⇨ Stuhlverstopfung, in der Naturmedizin werden sie nach wie vor auch zur ergänzenden Behandlung verschiedener Erkrankungen durchgeführt, um die Ausscheidung von Krankheitsstoffen als eine Voraussetzung der Heilung zu fördern. Keinesfalls dürfen Einläufe aber als Ersatz für ballaststoffreiche Ernährung ständig zur Stuhlentleerung mißbraucht werden, sonst schädigen sie die Darmschleimhaut und -flora. Sie sind als Heilverfahren zu verstehen, das nur bis zur Genesung angewendet wird, am besten nach Rücksprache mit dem Therapeuten. Zu den wichtigsten Heilanzeigen gehören:

- Akute hartnäckige Stuhlverstopfung, die mit 1 bis 2 Einläufen schonender als durch ⇨ Abführmittel meist behoben wird.
- Chronische Darmträgheit, bei der 1 bis 2 Einläufe pro Woche zusammen mit Ernährungsumstellung (vor allem ballaststoffreiche Rohkost) und ausreichend Bewegung die normalen Darmfunktionen wieder herzustellen helfen und die im Lauf der Zeit angesammelten Schlacken gründlich entfernen.
- Entschlackung und Entgiftung im Rahmen der ⇨ Blutreinigung, wozu man mehrere Wochen lang alle 2 bis 3 Tage einen Einlauf anwendet.
- Grundbehandlung fieberhafter Infektionen, wobei mehrere Einläufe das Fieber senken und Krankheitsstoffe ausscheiden; das führt oft rasch zur Besserung des Allgemeinbefindens.
- Eiweißallergien, bei denen Einläufe für die vermehrte Ausscheidung von Eiweißgiften sorgen; das kann die Therapie entscheidend unterstützen.

In Sanatorien und Kliniken verwendet man für Einläufe oft ein Gefäß mit Absperrhahn und Gummischlauch, das als Irrigator bezeichnet wird. Für den Hausge-

brauch genügt der Klistierballon aus Gummi mit einem in den After einzuführenden Hartgummirohr; noch einfacher in der Anwendung sind fertige Klistierlösungen in Tuben, die mit einem kurzen Ansatzstück in den Darm eingeführt werden. Zum Einführen des Rohrs oder Ansatzteils, das eingefettet wird, legt sich der Patient mit leicht angezogenen Knien auf eine Körperseite, dann wird das Teil vorsichtig (am besten von einem Helfer) in den Enddarm geschoben und der Inhalt aus dem Ballon oder der Tube durch Druck in den Darm gepreßt. Es dauert oft nur 10 bis 20 Minuten, bis sich der Darm danach entleert.

Wenn keine fertige Klistierlösung aus der Apotheke verwendet wird, genügt bei akuter Verstopfung oft schon ein viertel Liter kaltes Wasser, dem man etwas Pflanzenöl als »Gleitmittel« zufügen kann, um die Darmentleerung in Gang zu bringen. In hartnäckigen Fällen und zur gründlicheren Entschlackung gibt man etwa 1 Liter lauwarmes Wasser mit Pflanzenöl. Bei fieberhaften Infektionskrankheiten führt man die Einläufe mit Wasser durch, das 2 bis 3 Grad kühler als die Körpertemperatur ist; zum 1. Einlauf genügt ein halber Liter, zum 2., etwa 2 bis 3 Stunden später, verwendet man 1 Liter. Meist genügen diese beiden Einläufe zur Besserung.

Grundsätzlich verboten ist der Einlauf bei Hämorrhoiden, Afterrissen (-fissuren) und anderen Enddarm-After-Erkrankungen, wenn er nicht ausnahmsweise doch verordnet wird.

Darmbäder kann man als spezielle Form des Einlaufs betrachten. Sie reinigen den Darm besonders gründlich und eignen sich deshalb bei chronischer starker Verschlackung nach jahrelanger Darmträgheit, außerdem zur Ergänzung des ⇨ Heilfastens; reflektorisch regen sie außerdem die Nieren an. Folgende Techniken sind gebräuchlich:

■ Trockendarmbad, wobei der Patient halb liegend auf einem speziellen Stuhl sitzt; über die Einlaufröhre wird Wasser in den Darm gepumpt, dann verschließt ein Ventil die Röhre, und das Wasser wird mit den gelösten Schlacken durch Preßdruck (wie beim Stuhlgang) in die Abstromröhre geleitet, die den After fest umschließt.

■ Subaquales Darmbad nach der gleichen Methode, wobei sich der Patient aber im entspannenden warmen Wannenbad befindet, das Darmverkrampfungen schonend löst und deshalb vor allem bei krampfartiger Verstopfung angezeigt ist.

Die besondere Vorrichtung, die für Darmbäder erforderlich ist, läßt die häusliche Anwendung nicht zu.

Eiterung

Die Bildung von Eiter wird von der Naturmedizin grundsätzlich als nützlicher Abwehrvorgang verstanden, der sich gegen Krankheitserreger und eingedrungene Fremdkörper richtet. Der Prozeß darf also nicht massiv durch Antibiotika unterdrückt werden (außer bei gefährlichen Eiterungen), sonst stört man die Abwehrreaktionen. Vielmehr besteht das Ziel der Therapie darin, die Eiterung so zu erweichen, daß sich der aus weißen Blutkörperchen (Abwehrzellen), abgestorbenem Gewebe, Erregern und Fremdkörpern bestehende Eiter nach außen entleert, eine Voraussetzung für die Ausheilung. Dazu bewähren sich örtlich ⇨ Wickel, am besten mit ⇨ Heilerde, innerlich ergänzt durch die homöopathischen Hauptmittel Hepar sulfuris D 4 und Myristica sebifera D 4 (letzteres nennt man auch »homöopathisches Messer«).

Zugsalben dagegen sind zumindest zur Selbsthilfe weniger geeignet, denn sie können die Ausbreitung des Eiters im Gewebe begünstigen.

Bricht die Eiterung durch diese Behandlung nicht bald nach außen durch oder besteht eine größere Eiterung, muß der Therapeut zugezogen werden, um Komplikationen vorzubeugen. Er kann die Eiterung auch chirurgisch öffnen (⇨ auch Abszeß, ⇨ Furunkel, ⇨ Karbunkel).

Ekzem

Die Juckflechte gehört zu den häufigsten und hartnäckigsten Hauterkrankungen, selbst nach scheinbar völliger Heilung kann es schon durch geringe Reizungen zum schweren Rückfall kommen. Insbesondere bei schulmedizinischer Therapie, die vorwiegend Symptome unterdrückt, gelingt dauernde Heilung oft nicht. Als Grundursache kann eine angeborene Neigung zu Ekzemen bestehen; in solchen Fällen treten oft bereits im Kindesalter noch andere ⇨ Allergien auf, vor allem ⇨ Heuschnupfen und ⇨ Asthma. Ferner führen unverträgliche Stoffe, die auf die Haut gelangen (Kontaktekzem) oder aufgenommen werden, oft zu ekzematösen allergischen Reaktionen; zu den wichtigsten gehören Nahrungs- und Arzneimittel, Kosmetika, Metalle und Kunststoffe (wie Schmuck, synthetische Kleidung) sowie Waschmittelrückstände. Kälte und stark kalkhaltiges Wasser begünstigen Ekzeme, weil die Haut dadurch noch empfindlicher werden kann.

Akute Ekzeme verursachen Juckreiz, brennende Hautrötung, Bläschen- und Krustenbildung, die nicht auf den Ort des Allergenkontakts beschränkt bleiben müssen, sondern auch großflächig am ganzen Körper auftreten. Im weiteren Verlauf kommen Hautflecken und -streifen,

Quaddeln, Pusteln, Krusten, Borken, Risse und Schrunden hinzu, schließlich verdickt und vergröbert sich die Haut (Flechtenbildung). Vor allem das Jucken wird von den Ekzempatienten meist als besonders quälend empfunden.

Ekzeme sollen frühzeitig fachmännisch durch Naturheilverfahren behandelt werden, um den chronischen Verlauf zu verhindern. Die Behandlung ähnelt der beim ⇨ Ausschlag, insbesondere ⇨ Homöopathie wirkt meist gut. Wenn die Allergene genau ermittelt werden, kann Desensibilisierung (⇨ Allergie) durchgeführt und der Allergenkontakt zukünftig möglichst vermieden werden (gelingt aber oft nicht). Zur Hautreinigung dürfen nur spezielle medizinische Waschmittel, keine Seifen, gebraucht werden. ⇨ Abwaschungen mit Eichenrinden-, Kamillen- oder Malventee und ⇨ Bäder mit Kleiezusatz lindern den Juckreiz. Chemische Mittel, wie Antihistaminika und Corticosteroide, sollten nur ausnahmsweise vorübergehend bei besonders schwerem Verlauf gebraucht werden.

Zur allgemeinen ⇨ Umstimmung empfiehlt sich rohkostreiche ⇨ Diät, oft auch noch ⇨ Symbioselenkung. Dadurch können die überschießenden Hautreaktionen allmählich abgeschwächt werden. Die Therapie erfordert viel Geduld und konsequente Einhaltung der verordneten Maßnahmen.

Elektroakupunktur
⇨ Akupressur – Akupunktur

Elektrotherapie
Elektrische Phänomene, die durch Reibung und galvanische Prozesse erzeugt wurden, kennt man in der Medizin schon länger. Eine systematische Nutzung des elektrischen Stroms wurde aber erst möglich, nachdem er jederzeit bequem aus der Steckdose entnommen werden konnte. Die Elektrotherapie gehört zur physikalischen Behandlung und setzt den Strom entweder direkt am Körper zur Beeinflussung von Nervensystem und Durchblutung oder indirekt in Form von ⇨ Bestrahlungen ein. Hier interessiert lediglich die direkte Anwendung nach folgenden Methoden:

- Faradisieren erfolgt mit niederfrequentem Wechselstrom zwischen 40 und 60 Volt, der durch Elektroden übertragen wird; Heilanzeigen sind in erster Linie Bewegungs- und Empfindungsstörungen bei Nervenentzündungen und -schmerzen (zum Beispiel durch ⇨ Bandscheibenschäden).
- Galvanisieren unterscheidet sich davon durch die Anwendung von Gleichstrom; er lindert Schmerzen, beruhigt die Empfindungsnerven und beeinflußt Lähmungen.
- Hochfrequenztherapie erfolgt mit Strom hoher Frequenz (über 100 000 Hz) und Spannung (Volt), aber niedriger Stromstärke (Ampere); sie wirkt beruhigend, schmerzlindernd und durchblutungsfördernd, Heilanzeigen sind vor allem Kopfschmerzen, Schwindel und Schäden an der Halswirbelsäule.
- Transkutane Nervenreiztherapie (kurz TENS), ein neues Heilverfahren, überträgt durch Elektroden einen schwachen Stromreiz durch die Haut ins Nervensystem; dadurch kann sowohl die Schmerzleitung zum Gehirn blockiert als auch die verspannte Muskulatur gelockert werden. Nahezu alle Schmerzzustände (vor allem Rheuma und Wirbelsäulenbeschwerden) lassen sich auf diese Weise lindern, wobei die unterschiedliche Einstellung der Frequenz und Stromstärke eine individuelle The-

rapie ermöglicht. TENS eignet sich auch zur Selbsthilfe als Alternative zu Schmerzmitteln.

Außerdem gehören noch Elektro- und Laserakupunktur (⇨ Akupunktur) zu dieser Naturheilmethode.

Entgiftung/Entschlackung
⇨ Blutreinigung

Entspannungstherapie
Neben dem bekannten ⇨ autogenen Training eignen sich noch verschiedene andere Techniken zum regelmäßigen Training der tiefen Entspannung. Wirkungsweise und Anwendungsmöglichkeiten wurden beim autogenen Training bereits ausführlich erklärt, hier sollen noch zwei weitere Entspannungsmethoden beispielhaft vorgestellt werden, die sich ebenfalls gut bewährt haben und persönlich vielleicht besser gefallen.

Progressive Relaxation, ein systematisch fortschreitendes Muskelentspannungstraining, stellte der amerikanische Arzt EDMUND JACOBSON, der an der angesehenen Harvard-Universität arbeitete, 1929 erstmals in einer Veröffentlichung vor. Im angloamerikanischen Sprachraum gewann diese Technik ähnliche Bedeutung wie autogenes Training im deutschsprachigen Raum, unter anderem auch zur ⇨ Verhaltenstherapie. Inzwischen wurde sie aber auch bei uns populär, teilweise in erweiterter und abgewandelter Form. Im Vergleich zum autogenen Training gilt sie als leichter erlernbar (was so pauschal aber nicht stimmt), insbesondere deshalb, weil die Entspannung nicht allein durch Vorstellungen herbeigeführt wird, die vielen Menschen anfangs nicht leicht fallen, sondern

die Relaxation durch Anspannung und Lockerung von Muskelgruppen unmittelbar erlebbar wird.

Das Trainingsprogramm besteht aus Übungen zur Arm- und Beinentspannung, Normalisierung der Atmung, Vorstellung von Stirnkühle, Entspannung der Augen und der Sprechmuskulatur. Dabei werden die einzelnen Muskelgruppen zuerst willkürlich angespannt, und man versucht, die Spannung noch zu verstärken; nach einigen Sekunden löst man die Spannung dann und achtet auf die dabei auftretenden Empfindungen, um die Muskelentspannung deutlich wahrzunehmen. Man darf sich unter keinen Erfolgszwang setzen, sondern wartet einfach geduldig auf die körperlichen Empfindungen, sonst können sich die Spannungen sogar noch verstärken. Wenn täglich 2mal trainiert wird, beherrscht man die muskuläre Tiefentspannung nach ungefähr 6 Wochen gut. In der Folgezeit tritt sie immer rascher ein, und es genügt dann, das Entspannungsprogramm nur noch 2- bis 3mal wöchentlich zu absolvieren. Die Kombination mit ⇨ Autosuggestion und ⇨ Meditation ist möglich und verbessert die Wirkungen.

Alpha-Entspannung wurde unter anderem von dem Therapeuten KLAUS D. EBERT entwickelt. Es gibt verschiedene Techniken, die alle darauf beruhen, daß sich die Hirnstromwellen in der Entspannung von der Wachfrequenz mit etwa 20 Hz auf die Alphafrequenz mit 7 bis 14 Hz verändern. Die Methode nach Ebert beginnt damit, daß man sich locker auf den Rücken legt, die Augen schließt und die Gedanken einfach kommen und gehen läßt, bis man sich ruhiger fühlt. Dann richtet man die Augen hinter geschlossenen Lidern auf einen fiktiven Punkt zwischen den Augenbrauen und versucht, die Atmung bewußt wahrzunehmen, ohne sie aber willentlich zu beeinflussen; sie soll einfach zwanglos kommen und gehen. Sobald sich der Atemrhythmus spürbar vertieft und beruhigt hat (nie zu früh), zählt man im Geist die folgenden 10 Atemzüge mit, indem man sich zu jedem die betreffende Zahl intensiv vorstellt. Nach einiger Übung ist man bei 10 in den Alphazustand gelangt. Nun kann die Entspannung noch durch formelhafte Vorstellungen (zum Beispiel »Ich lasse los, bin ganz gelassen und frei«) weiter vertieft und ⇨ Autosuggestionstherapie angewendet werden. Beendet wird die Alpha-Tiefentspannung, indem man von 10 bis 1 zurückzählt, die Arme kräftig beugt und streckt, die Hände kurz kräftig zu Fäusten ballt und die Augen öffnet.

Neben progressiver Relaxation und Alpha-Entspannung kennt man heute noch eine Reihe anderer Entspannungstechniken. Im Prinzip wirken sie ähnlich wie die obigen Techniken oder autogenes Training. In erster Linie kommt es bei der Auswahl also nicht auf die Trainingsmethode, sondern auf die positive persönliche Einstellung dazu an.

Es nützt wenig, halbherzig nach einer Technik zu üben, von der man nicht so recht überzeugt ist. Deshalb läßt man sich vom Therapeuten und durch einschlägige Literatur zunächst umfassend informieren, probiert vielleicht auch mehrere Techniken einmal aus, ehe man sich für die individuell richtige entscheidet, bei der man lebenslang bleiben kann.

Entwässerungsmittel

Heilverfahren zur Steigerung der Harnausscheidung werden oft zur entgiftenden, entschlackenden ⇨ Blutreinigung vorbeugend angewendet. Wenn sie nur kurze Zeit verabreicht werden und die Nieren voll funktionsfähig sind, spricht nichts gegen den Gebrauch.

Löwenzahn wirkt entwässernd

In erster Linie eignen sich dazu bestimmte ⇨ Heilpflanzen, wie Brennessel, Löwenzahn und Sellerie, die man als Tee, Saft oder Arzneimittel verabreicht. Auch eine ⇨ Diät mit Kartoffeln (5 Portionen zu je 200 Gramm täglich, die ohne Salz in der Schale gebacken werden), Spargel (2mal 250 Gramm täglich) oder Kürbis (1500 Gramm am Tag) wirken mild entwässernd und entschlackend.

Bei Krankheiten dürfen harntreibende Mittel nur nach Verordnung gebraucht werden, insbesondere zur vorübergehenden Herz-Kreislauf-Entlastung und bei ⇨ Bluthochdruck.

Längere Entwässerungskuren können vor allem durch Vitalstoffverluste mit dem Urin zu erheblichen Nebenwirkungen führen und erfordern deshalb ständige fachliche Verlaufskontrolle.

Entzündung

Sie wird in der Naturmedizin grundsätzlich als sinnvolle Abwehrreaktion auf Krankheitserreger, chemische, mechanische oder physikalische Reize verstanden, darf also nicht massiv unterdrückt werden, weil man sonst die Heilung behindert. Grob vereinfacht dargestellt kommt es bei Entzündungen zunächst zur aktiven Blutfülle durch vermehrte Durchblutung des Entzündungsgebiets, danach zur passiven Blutfülle durch Blutstauung. Auf diese Weise gelangen mehr Abwehrzellen zum Ort der Entzündung. Gelingt es ihnen nicht, die Ursachen zu beseitigen, entsteht ein abgekapselter chronischer Entzündungsherd.

Symptomatisch für akute Entzündungen sind Schmerzen, Schwellungen, Rötungen und Fieber, abhängig vom Ort des entzündlichen Geschehens; dieser Vorgang verläuft meist stürmisch. Chronische Entzündungsherde verursachen selbst oft kaum Beschwerden, durch Fernwirkung (zum Beispiel Streuung von Erregern in den übrigen Körper) kann es aber zu unklaren Störungen anderer Organe kommen; typisches Beispiel sind chronische Zahnwurzelvereiterungen, die unter anderem bei Gelenkrheuma eine Rolle spielen können. Solche Herde müssen wieder ins akute Stadium überführt werden, damit sie endgültig ausheilen.

Die Behandlung von Entzündungen besteht in vielen Fällen vorwiegend aus ⇨ Homöopathie, bei oberflächlichen Prozessen ergänzt durch ⇨ Heilerde und andere ausleitende Heilverfahren. Schwerere Infektionen innerer Organe können auch Antibiotika, chronische Herde eine chirurgische Sanierung erfordern, das entscheidet je nach Einzelfall der Therapeut. Mögliche Formen der Therapie werden bei den verschiedenen entzündlichen Erkrankungen beschrieben.

Enzymtherapie

Sie gehört zu den modernen Heilverfahren und wird nicht nur von der Naturheilkunde, sondern auch von der Schulmedizin angewendet. Allerdings kennt die Naturmedizin wesentlich mehr Anwendungsgebiete als die offizielle Medizin, die Enzyme noch immer vorwiegend bei Verdauungsbeschwerden einsetzt.

Eine Ahnung von den Enzymen (von griechisch en + zyma = in Gärung setzen), die man früher als Fermente (von lateinisch fervere = brausen, gären) bezeichnete, hatten schon die Alchimisten im Mittelalter. Aber die Geschichte der Enzymforschung beginnt erst 1836, als der Anatom THEODOR SCHWANN (1810–1882) als erstes Enzym das eiweißspaltende Pepsin im Magensaft nachwies. In den nächsten Jahren fand man rasch weitere, zum Beispiel das Gemisch Emulsin in bitteren Mandeln, Myrosin in Senf und 1848/49 Trypsin und Lipasen im Verdauungssaft der Bauchspeicheldrüse. Heute kennt man über 6 000 Enzyme und entdeckt immer noch neue; über 100 lassen sich schon kristallin darstellen, einige synthetisch produzieren.

Enzyme sind Eiweißstoffe, die vor Jahrmillionen schon an der Entstehung des Lebens beteiligt waren. Der menschliche Organismus stellt sie nach den genetischen Informationen im Zellkern aus den Aminosäuren, die bei der Verdauung von Nahrungseiweiß entstehen, selbst her, ein Teil soll aber mit der Ernährung zugeführt werden. Die meisten Enzyme bestehen jedoch nicht nur aus langen Eiweiß-(Polypeptid-)ketten, sondern gehen mit Co-Enzymen (vor allem Vitaminen, Mineralstoffen, Spurenelementen) Verbindungen ein und werden erst dadurch wirksam. Teilweise werden Enzyme gekoppelt, damit die chemischen Reaktionen schrittweise nacheinander ablaufen.

Es ist unmöglich, hier auch nur einen kleinen Teil der Enzymfunktionen anzuführen, denn sie sind als Bio-Katalysatoren an der Regulierung praktisch aller biochemischen Vorgänge beteiligt, angefangen bei der Verdauung der Nahrung und ihrer Verwertung im Zellstoffwechsel oder der Nutzung von Wasser und Sauerstoff bis hin zu seelisch-geistigen Funktionen, die letzten Endes ja auch auf biochemischen Prozessen beruhen. Deshalb läßt sich die Enzymtherapie auch vielseitig zur Vorsorge und Therapie von Krankheiten einsetzen.

Zu den wichtigsten Enzymen des Körpers, die teilweise auch therapeutisch genutzt werden, gehören die im folgenden genannten:

- Amylasen (Diastasen) im Speichel und im Verdauungssaft der Bauchspeicheldrüse, die für die Verdauung von Kohlenhydraten sorgen.
- Chymotrypsin aus der Bauchspeicheldrüse zur Eiweißverdauung, das inaktiv als Chymotrypsinogen abgesondert und erst durch Enterokinase aktiviert wird.
- Enterokinase aus der Darmschleimhaut zur Aktivierung von Chymotrypsinogen und Trypsinogen.
- Erepsin, ein Gemisch im Darmsaft zur Eiweißverdauung.
- Kathepsin im Magensaft, das noch vor Pepsin die Eiweißverdauung einleitet und auch alte oder geschädigte Zellen abbaut.
- Lipasen aus der Bauchspeicheldrüse zur Fettverdauung.
- Pepsin, das im sauren Milieu des Magens für die Eiweißverdauung sorgt.
- Trypsin aus der Bauchspeicheldrüse zur Eiweißverdauung, das inaktiv als Trypsinogen abgesondert und durch Enterokinase aktiviert wird; es spielt auch bei der Wund- und Krebsheilung eine Rolle.

Neben diesen natürlichen Enzymen des Körpers werden zur Therapie vor allem noch folgende pflanzliche und tierische Enzyme als Arzneimittel verwendet:

- Bromelin, gewonnen aus Ananas, das unter anderem bei Verdauungsstörungen angezeigt ist.
- Pankreatin aus tierischen Bauchspeicheldrüsen als ein Verdauungsenzym bei Erkrankungen der menschlichen Bauchspeicheldrüse.
- Papain aus dem Milchsaft des mexikanischen Melonenbaums (Carica papaya) zur Eiweißverdauung und Therapie von Entzündungen.

Diese kleine Auswahl der über 6 000 heute bekannten Enzyme soll eine Vorstellung von deren lebenswichtiger Bedeutung vermitteln.

Zur Gesundheitsvorsorge genügt es im allgemeinen, genügend Enzyme mit der Nahrung zuzuführen. Da sie sehr hitzeempfindlich sind, setzt das ausreichend Rohkost voraus, die auch gleich die notwendigen Co-Enzyme enthält.

Zur Therapie werden Enzyme als Arzneimittel vor allem bei folgenden Indikationen empfohlen:

- Verdauungsstörungen mit Völlegefühl, Blähungen, Aufstoßen und ungenügender Verwertung der Nahrung, die oft durch Magen-, Darm-, Leber-, Gallenblasen- und Bauchspeicheldrüsenerkrankungen entstehen; dazu gibt man bevorzugt Bromelin, Pankreatin sowie Papain.
- Entzündungen und Geschwüre, vor allem Haut-, Venen-, rheumatische Entzündungen, Haut- und Krampfadergeschwüre; Enzyme lindern Schmerzen und Schwellungen, bauen abgestorbenes Gewebe und Krankheitsstoffe ab, wenn sie innerlich und/oder äußerlich angewendet werden.

- Verletzungen und Wunden werden in der Sportmedizin vor allem bei Berufssportlern schon länger durch Enzyme behandelt, die Schmerzen rasch lindern, Zelltrümmer abbauen und die Heilung beschleunigen. Unter anderem können Enzyme äußerlich und/oder innerlich bei Bluterguß, Prellung, Quetschung, Verrenkung und Verstauchung angewendet werden.
- Arteriosklerose läßt sich durch Enzyme zwar auch nicht mehr heilen, aber die Elastizität der Gefäße kann verbessert und die Fließeigenschaft des Bluts normalisiert werden, das rasche Fortschreiten der Arterienveränderungen wird oft gehemmt.
- Enzyme beugen Thrombosen und Embolien als häufigen Komplikationen bei Arteriosklerose und Venenentzündungen vor, indem sie die Fließeigenschaften des Bluts verbessern; bestehende Gefäßverschlüsse lassen sich bei frühzeitiger Enzymanwendung oft sogar auflösen.
- Alterserscheinungen werden einmal durch die günstige Enzymwirkung auf Blut und Gefäße vermindert, ferner bauen die Enzyme alte Zellen und Verschlackung des Bindegewebes ab, so daß mehr neue Zellen entstehen. Aber nur das vorzeitige Altern wird gehemmt, nicht der natürliche Altersprozeß.
- Virusinfektionen, insbesondere Erkältung, Grippe, Herpesinfekte und Gürtelrose, sprechen auf ergänzende Enzymtherapie meist gut an, vor allem bei Kombination mit Vitamin C; wahrscheinlich können eiweißspaltende Enzyme die praktisch nur aus Eiweiß bestehenden Viren schädigen und die Körperabwehr aktivieren.
- Krebskrankheiten werden durch Enzyme in mehrfacher Weise beeinflußt; vor allem bauen sie das Fibrin ab, mit dem

sich Krebszellen vor der Abwehr »tarnen«, und vermindern die »Klebrigkeit« der Krebszellen, so daß sie sich nicht so leicht im gesunden Gewebe festsetzen, ferner können sie kleine Tumoren und Tochterzellen abbauen und machen die Abwehrzellen aggressiver gegen die Krebszellen. Zusammen mit anderen Naturheilverfahren erhöht die Enzymbehandlung oft deutlich die Heilungschancen.

Diese und weitere Heilanzeigen machen die Enzymtherapie zu einem der interessantesten modernen Naturheilverfahren, von dem man in Zukunft sicher noch mehr erwarten darf. Selbstgebrauch beschränkt sich allerdings auf Vorsorge und Heilung leichterer Gesundheitsstörungen und Verletzungen. In der Regel werden die Enzyme gut vertragen, die teilweise zu beobachtende vorübergehende Verschlimmerung der Beschwerden ist eine nützliche Reaktion, und weiche Stühle nach der Einnahme sind bedeutungslos. Auch Brennen und leichtere Blutungen nach dem Auftragen auf Wunden und Geschwüre stellen keine bedenklichen Nebenwirkungen dar. Nicht angezeigt sind Enzyme lediglich bei allergischen Reaktionen und Blutgerinnungsschwäche.

Erbrechen

Die krampfartige Entleerung des Magens durch die Speiseröhre ist Symptom einer Krankheit, die zur gezielten Behandlung genau abgeklärt werden muß. Häufige Ursachen sind Magen-, Darmleiden, Koliken, Infektionen und Vergiftungen, teilweise auch Unfälle mit Gehirnerschütterung oder seelisch-nervöse Einflüsse (Ekel). Das Erbrechen kann von Kopfschmerz, Übelkeit, Blässe und Ausbruch von kaltem Schweiß begleitet werden.

Bei akutem Erbrechen behandelt man 1 bis 2 Tage lang durch Teefasten wie beim ⇨ Darmkatarrh, bei psychischen Ursachen durch Baldrian, andere ⇨ Beruhigungsmittel, ⇨ Entspannungstherapie und ⇨ Autosuggestionstherapie. Bestehen von Anfang an stärkere Allgemeinsymptome (zum Beispiel höheres Fieber) oder dauert das Erbrechen länger als 3 Tage, muß unbedingt der Therapeut zugezogen werden. Er verordnet die geeigneten Heilmittel (oft ⇨ Homöopathie) gegen die Ursachen.

Als Komplikation drohen bei längerem Erbrechen bald lebensbedrohliche Flüssigkeits- und Elektrolytverluste, ähnlich wie bei ⇨ Durchfall.

Erfrierung

Bei der örtlich begrenzten Schädigung des Körpergewebes durch Kälteeinwirkung unterscheidet man die folgenden Schweregrade:

- 1. Grad – zunächst weißliche, dann gerötete und geschwollene Haut.
- 2. Grad – zusätzlich Blasen und Geschwüre der Haut.
- 3. Grad – das Gewebe stirbt bis in die Tiefe ab und verfärbt sich schwärzlich.

Ausgedehnte Erfrierungen 1. Grads und alle ab Grad 2 müssen sofort fachlich behandelt werden. In leichteren Fällen empfehlen sich zunächst Wechselteilbäder (⇨ Bäder) und ⇨ Wickel oder ⇨ Abreibungen mit Thymian-, Eichenrindentee oder Zwiebelscheiben. Innerlich kann man zusätzlich durch Calcium sulfuricum D 6, Ferrum phosphoricum D 6 oder Silicea D 6 behandeln.

Bei allgemeiner Erfrierung (Unterkühlung) muß der Betroffene in der Klinik behandelt werden, sonst kann es zum tödlichen Ausgang kommen.

Erkältung

Diese Infektionskrankheit wird durch Viren verursacht, Bakterien können als Erreger noch hinzukommen und den Verlauf komplizieren. Die Bezeichnung Erkältung erklärt sich daraus, daß feuchte Kälte bei wenig abgehärteten, immungeschwächten Menschen die Infektion begünstigt, die eigentliche Ursache besteht aber in einer zu schwachen Abwehr, die nicht in der Lage ist, die Erreger in Schach zu halten. Ab und zu erkrankt wohl jeder Mensch einmal an solchen Infektionen, die sich von der echten ⇨ Grippe durch den kürzeren und abgeschwächten Verlauf unterscheiden. Komplikationen treten bei Erkältung wesentlich seltener als bei Grippe auf, vorwiegend eine Bronchitis oder Lungenentzündung.

Symptome der akuten Erkältung sind Husten, Schnupfen, Heiserkeit, Kopfschmerzen, beeinträchtigtes Allgemeinbefinden und leichtes bis mäßiges Fieber. Im allgemeinen heilen die Beschwerden in 7 bis 10 Tagen vollständig aus. Dauert die Krankheit länger, besteht meist stärkere Abwehrschwäche, und es kann zu Kom-

Holundertee lindert Erkältungen

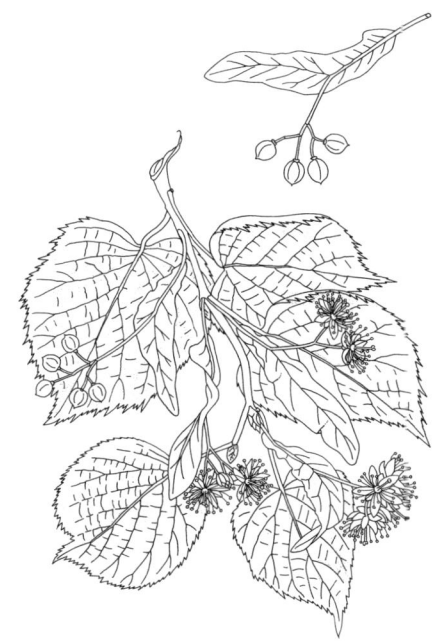

*Lindenblütentee hilft auch gut
bei einer Erkältung*

plikationen kommen, die fachliche Hilfe erfordern. Häufiger auftretende Erkältungen deuten auf chronische Immunschwäche hin, die oft durch falsche Ernährung und mangelnde ⇨ Abhärtung entsteht und fachmännisch behandelt werden muß.

Zur Vorbeugung häufiger Erkältungen regt man die Abwehr durch regelmäßige Abhärtung und vollwertige Ernährung an. Kommt es trotzdem einmal zur akuten Infektion, ist das nicht weiter schlimm, dadurch wird das Immunsystem trainiert. Nur dürfen die Symptome nicht massiv durch chemische Arzneimittel unterdrückt werden, denn im Grunde ist die Erkältung ein nützlicher Abwehrvorgang. Zur Selbsthilfe in leichteren Fällen haben sich folgende Maßnahmen gut bewährt:

■ Holunder- oder Lindenblütentee nach der Gebrauchsanweisung zubereiten, 2 Tassen mit Honig in kleinen Schlukken trinken und sich danach ins vorgewärmte Bett legen, bis der Schweiß kräftig ausbricht, das kann eine Erkältung noch im Keim ersticken.

■ Zur Steigerung der Abwehrkräfte fertige Arzneimittel mit dem pflanzlichen Wirkstoff Echinacea einnehmen, die den Krankheitsverlauf abschwächen und abkürzen.

■ Einleitend 1 bis 2 Tage ⇨ Heilfasten oder ⇨ Saftkuren, um die Abwehr zusätzlich anzuregen, und danach bis zur Heilung rohkostreiche vegetarische ⇨ Diät einhalten.

■ Bis zur Entfieberung im Bett bleiben, um Komplikationen zu vermeiden.

■ ⇨ Husten, ⇨ Schnupfen und ⇨ Heiserkeit zusätzlich mit den bei diesen Stichwörtern genannten Maßnahmen gezielt behandeln.

■ ⇨ Inhalationen und Einreibungen der Brust mit pflanzlichen Mitteln, bei Bedarf zusätzlich Stützung von Herz und Kreislauf, vor allem durch Weißdornmedikamente.

■ Reichlich Vitamin C in natürlicher Form (Rohkost) und als Medikament einnehmen, ergänzt durch ⇨ Enzymtherapie.

Wenn die Erkältung dadurch nicht bald deutlich gebessert wird, muß der Fachmann zugezogen werden, der unter anderem individuell durch ⇨ Homöopathie behandelt.

Ernährungstherapie
⇨ Diät

Fango
⇨ Heilerde – Fango

Farbtherapie
Licht und Farben umgeben uns ständig und üben als eine Form der Energie unmerklich Einfluß auf das körperliche und seelisch-geistige Befinden aus. Diesen Einfluß nutzt die Farb-(Chromo-)therapie systematisch, zum Beispiel durch Rot-, Blaulicht- und andere Farbbestrahlungen, aber auch durch wohlüberlegte Farbgestaltung von Räumen oder Arzneimitteln. Schon im antiken Ägypten und China kannte man die Heilkraft der Farben, später geriet diese Behandlung aber fast in Vergessenheit. Erst Ende des 19. Jahrhunderts wurde sie von DR. ERWIN D. BABBIT wieder aufgegriffen und später vor allem durch den Cambridger Verhaltensforscher NICK HUMPHREY und den Schweizer Psychologen MAX LÜSCHER weiterentwikkelt. Heute gibt es keinen Zweifel mehr an der Wirkung der Farben, die man nicht nur in Medizin und Psychologie, sondern auch in Architektur, Design und Werbung nutzt. Die Wirkungsweise der Farbtherapie läßt sich noch nicht endgültig erklären. Farben stellen eine Form von Energie dar, die in Wellen auf uns einwirkt; nach neuen Erkenntnissen werden sie nicht nur über die Augen, sondern auch über andere Körperstrukturen aufgenommen. In erster Linie beeinflussen die Farben das vegetative Nervensystem und die eng mit diesem zusammenarbeitenden Drüsen. Da diese beiden Organsysteme zahlreiche körperliche und seelisch-geistige Funktionen steuern, erzielt man durch Farbwellen eine umfassende Wirkung auf den gesamten Organismus. Vor allem folgende Hauptwirkungen sind hervorzuheben:

■ Einfluß auf das Herz, die Pulsfrequenz, den Blutdruck und die Durchblutung.
■ Im Elektroenzephalogramm (EEG) nachweisbare Veränderungen der Hirnstromwellen, was auf die Beeinflussung psychischer und geistiger Vorgänge hinweist.
■ Dämpfung oder Anregung des vegetativen Nervensystems, das als Steuer- und Regelsystem den gesamten Organismus und das Seelenleben beeinflußt.
■ Veränderungen hormoneller Funktionen (oft besonders deutlich der weiblichen Geschlechtsdrüsen), die teils indirekt über das vegetative Nervensystem, teils durch direkten Einfluß der Farben auf die Drüsen entstehen.
■ Änderungen der bioelektrischen Lebensvorgänge, vor allem am elektrischen Hautwiderstand nachweisbar.

■ Beeinflussung der Motorik, also der vom Nervensystem gesteuerten Bewegungsabläufe.

■ Verminderung oder Erhöhung der individuellen Schmerzschwelle (-empfindlichkeit).

■ Veränderungen der Temperaturwahrnehmung, des Zeitgefühls und der Stimmungslage.

Weitere Farbwirkungen werden unter Fachleuten diskutiert, sind aber noch nicht sicher genug nachgewiesen. Die wichtigsten Farben im einzelnen wirken vor allem auf folgende Weise:

Gelb als leichte, heitere Farbe hellt die Stimmung auf, steigert die Leistungsfähigkeit, gleicht die Nerven-, Hormondrüsenfunktionen und die Psyche aus und regt darüber hinaus die Leber- und die Magenfunktionen an.

Orange wirkt aufbauend, kräftigend, antidepressiv und aktivierend auf die Nieren und das Lymphsystem.

Rot ist eine deutlich anregende, aktivierende, leistungs- und antriebssteigernde Farbe mit besonders guter Wirkung auf Herz und Durchblutung.

Blau beruhigt und entspannt im allgemeinen, fördert Erholung und Schlaf, lindert Schmerzen und Entzündungen, senkt Fieber und hohen Blutdruck und wirkt sogar antibakteriell.

Violett bezeichnet man wegen seiner stark dämpfenden, schlaffördernden und entspannenden Wirkung als das »Morphium« der Farbtherapie; oft hilft es auch gut bei Depressionen und Suchtkrankheiten, bei Neurosen ist es aber meist nicht angezeigt.

Grün gleicht Körper und Psyche aus und regeneriert allgemein; man wendet es oft zu Anfang der Farbtherapie sowie bei Wetterfühligkeit, Fieber, Gelenkentzündungen und Asthma an.

Die ganzheitlich wirksame Farbtherapie kann universell als Begleittherapie körperlicher und seelisch-geistiger Störungen, aber auch schon zur Vorbeugung verwendet werden. Viele Menschen wählen instinktiv die richtigen Farben für Bekleidung und Raumgestaltung aus, eine einfache, aber dennoch vor allem vorbeugend gut wirksame Form der Chromotherapie. Zur Behandlung von Krankheiten durch Farben gebraucht man spezielle Bestrahlungsgeräte mit verschiedenen Farbfiltern zur Ganzkörper- oder Teilanwendung. Für den Hausgebrauch kann man auch einfache Farbfolien vor gewöhnliche Lampen spannen. Der Therapeut wird oft kleine Farbpunktstrahler auf Akupunkturpunkte (⇨ Akupunktur) richten, um ähnliche Wirkungen wie durch Nadelung zu erzielen. Manche Farbtherapeuten empfehlen zudem, das Trinkwasser, das Badewasser sowie die Lebensmittel durch Farbbestrahlung »energetisch zu aktivieren«.

Die Anwendung bestimmt bei ernsteren Erkrankungen der Therapeut, meist wird sie mit anderen Naturheilverfahren kombiniert. Zur vorbeugenden Anwendung und bei leichteren Krankheiten folgt man einem der einschlägigen ausführlichen Fachbücher.

Im allgemeinen wird 2- bis 3mal täglich 15 bis 20 Minuten lang mit der passenden Farbe bestrahlt, wobei zwischen zwei Anwendungen eine Pause von mindestens 1 Stunde liegen muß. Behandelt wird am besten in einem dunklem Raum, der Abstand zur Strahlenquelle beträgt 10 bis 20 Zentimeter.

Felketherapie

Als Reaktion auf die wachsende Entfremdung des Menschen von der Natur im 18./19. Jahrhundert entstand die vornehmlich von Nichtmedizinern getragene Naturheil- und Lebensreformbewegung. Zu ihren bedeutendsten Vertretern gehörte der weit über Deutschland hinaus bekannte »Lehmpastor« ERDMANN LEOPOLD EMANUEL FELKE (1856–1926).

Schon in jungen Jahren interessierte er sich für Medizin und studierte in Berlin neben Theologie auch einige Semester Naturwissenschaften. Nachdem er einige Zeit als Geistlicher gewirkt hatte, wandte er sich ganz der Naturmedizin zu und erzielte so gute Erfolge, daß er bereits 1898 in Repelen bei Krefeld seine erste Heilanstalt »Jungborn« gründen konnte. Sie bestand vor allem aus Luftparks und Lufthütten, denn er behandelte viel mit Licht, Luft und Bewegung. Außerdem begründete er (auch unter dem Einfluß seines Zeitgenossen ADOLF JUST) die seit der Antike bekannte Therapie mit ⇨ Heilerde neu, was ihm dann den volkstümlichen Beinamen »Lehmpastor« einbrachte.

Nach dem Vorbild KNEIPPS behandelte er mit Wasser, ferner gehörten zu seinen Kuren noch ⇨ Diät mit viel Rohkost, ⇨ Heilfasten und ⇨ Homöopathie. Auch die ⇨ Augendiagnose soll er meisterlich beherrscht haben. Später entwickelte FELKE seine eigenen Reformwaren (Zahnpasten, Mundwässer, Bekleidung), die teilweise heute noch in Reformhäusern erhältlich sind. Im Jahre 1915 gründete er in Sobernheim im Nahetal seine neue Kuranstalt »Jungborn« und blieb hier bis zu seinem Lebensende.

Kuren nach Pastor FELKE werden heute vor allem in Sobernheim und in Diez an der Lahn durchgeführt. Zwar entwickelte der »Lehmpastor« keine grundlegend neuen Heilverfahren, aber sein Verdienst besteht darin, daß er die Heilerdetherapie wieder populär machte und sie mit anderen Heilmethoden zu einem ganzheitlichen Behandlungssystem zusammenfaßte. In der Hauptsache besteht die moderne Felketherapie aus folgenden Maßnahmen:

■ ⇨ Ernährungstherapie mit Maßhalten beim Essen und Trinken, Heilfasten bei

Lehmbad

Bedarf sowie alle 3 Monate für 2 Wochen eine strenge Rohkostkur.

- ◼ ⇨ Bewegungstherapie, vor allem nicht zu anstrengende, aber regelmäßige ⇨ Gymnastik an der frischen Luft.
- ◼ ⇨ Luftbäder und ⇨ Helio-(Sonnenlicht)therapie zur milden ⇨ Abhärtung und ⇨ Umstimmung.
- ◼ ⇨ Heilerde- und ⇨ Wasseranwendungen, wobei FELKE im Gegensatz zu KNEIPP die warmen Anwendungen grundsätzlich ablehnte; vor allem Lehmbäder, kalte ⇨ Abwaschungen, ⇨ Wickel und ⇨ Güsse bevorzugte er.
- ◼ Arzneibehandlung zusätzlich bei Bedarf, in erster Linie ⇨ Homöopathie.

Dieses Therapieschema hat bis heute seine Berechtigung behalten und stellt seine Wirksamkeit in der Praxis immer wieder unter Beweis.

Fettleber
⇨ Leberleiden

Fettsucht – Übergewicht

Das Körpergewicht soll nach abgeschlossenem Wachstum in einem bestimmten Verhältnis zur Körpergröße stehen. Als einfache Faustregel zur Berechnung dieses Normal-(Soll-)gewichts gilt die Formel »Körpergröße in Zentimetern minus 100 = Normalgewicht in Kilogramm« nach dem französischen Arzt PIERRE BROCA (1824 bis 1880). Zwar ist diese Formel etwas ungenau, weil sie individuelle Faktoren wie den Körperbautyp nicht berücksichtigt, aber sie genügt durchaus, um das Körpergewicht in der Praxis rasch zu beurteilen. Um den individuellen Besonderheiten Rechnung zu tragen, läßt man eine Schwankungsbreite von 10 bis 15 % nach oben und unten zu.

Genauer kann das Sollgewicht nach der Bornhardt-Formel »Normalgewicht in Kilogramm = Körperlänge in Zentimetern x mittlerer Brustumfang in Zentimetern, geteilt durch 240« errechnet werden. Außerdem gibt es noch den Rohrer-Index der Körperfülle nach der Formel »Gewicht in Gramm x 100, geteilt durch Körperlänge in Zentimetern hoch 3«, wobei der normale Quotient ungefähr 1,4 beträgt. Diese genaueren Berechnungen sind aber zumindest für den Hausgebrauch überflüssig. Als überholt gilt inzwischen das noch vor wenigen Jahren propagierte Idealgewicht, das bei Männern um 10 %, bei Frauen um 15 % unter dem Normalgewicht nach BROCA lag. Es stellte sich heraus, daß es keineswegs so ideal für die Gesundheit ist, wie angenommen wurde. Man darf also getrost davon ausgehen, daß Werte um das Normalgewicht nach BROCA mit individuellen Abweichungen um einige Kilo grundsätzlich am günstigsten sind.

Dieses Körpergewicht soll möglichst ein Leben lang annähernd konstant gehalten werden. Das gelingt einfach, wenn man sich nach den Grundregeln der Vollwertkost (⇨ Diät) ernährt und genügend bewegt. Selbst wenn eine Veranlagung zur Fettsucht besteht, kann Übergewicht auf diese Weise verhindert werden. Lediglich bei krankhafter Fettsucht, die als Symptom anderer Erkrankungen eintritt, ist die gezielte Behandlung der Ursachen nach Verordnung notwendig.

Wann Übergewicht zum Gesundheitsrisiko wird, läßt sich nicht pauschal festlegen, weil dabei individuelle Umstände zu beachten sind. Im allgemeinen kann man davon ausgehen, daß die Überschreitung des Normalgewichts nach BROCA um 20 bis 25 % bereits gefährlich ist. Zu den wichtigsten Folgen gehören Arteriosklerose, Bluthochdruck, höhere Infarkt- und Schlaganfallgefährdung, Fettleber,

Zuckerkrankheit und Überlastung des Stütz- und Bewegungsapparats mit vorzeitiger Abnutzung vor allem der Gelenke und Bandscheiben. Die Lebenserwartung wird durch Übergewicht oft deutlich verringert. Besonders riskant werden die »Pfunde«, wenn noch weitere Risikofaktoren bestehen, vor allem Rauchen, Bewegungsmangel und Dauerstreß.

Zum Abbau von Übergewicht genügt es nicht, für einige Zeit eine Schlankheitskur durchzuführen. Zwar wird das Gewicht dadurch reduziert, aber bei den meisten Menschen ist das Problem nach spätestens einem Jahr erneut vorhanden. Wiederholt man solche Reduktionsdiäten häufiger, tritt eine immer geringere Wirkung ein, bis man sich schließlich oft resignierend mit dem Übergewicht abfindet. Deshalb ist eine Schlankheitskur nur dann wirklich sinnvoll, wenn danach die falschen Ernährungs- und Lebensgewohnheiten, die zum Übergewicht führten, konsequent verändert werden. Teilweise ist es dazu auch notwendig, das Seelenleben zu beeinflussen, denn psychische Faktoren spielen bei Übergewicht oft eine Rolle; ⇨ Entspannungstherapie mit ⇨ Autosuggestionen, bei ernsteren seelischen Problemen auch fachliche ⇨ Psychotherapie sind dazu notwendig.

Die einmalige Reduktionskur, die zum dauerhaften Normalgewicht führen soll, darf nicht einseitig sein, sonst drohen bald Mangelzustände. Im Prinzip folgt sie den Regeln gesunder Vollwertkost, nur wird die Kalorienzufuhr deutlich reduziert (etwa 1000 bis 1200 Kalorien täglich). Das gelingt einfach, indem man den üblichen hohen Fettverzehr während der Kur auf maximal 20 bis 30 Gramm am Tag reduziert, Süßigkeiten und Alkoholika strikt meidet und mindestens 50 % der Nahrungsmenge als kalorienarme pflanzliche Rohkost zuführt, die gleichzeitig Mangelzuständen

vorbeugt. So erzielt man eine wöchentliche Gewichtsabnahme um etwa 1,5 Kilogramm, die meist gut vertragen wird. Zusätzlich soll durch ausreichend Bewegung für einen höheren Kalorienverbrauch und die Anregung des Stoffwechsels gesorgt werden.

Am besten wird die Reduktionskur vom Therapeuten überwacht, denn im Einzelfall können bestimmte Vorsichtsmaßnahmen notwendig sein. Keinesfalls darf man eine Gewichtsabnahme eigenmächtig übertreiben, das könnte gefährlich werden. Falls das Übergewicht so erheblich ist, daß man rasch mehr als 1,5 Kilogramm pro Woche abnehmen muß, sollte das dazu gut geeignete strenge ⇨ Heilfasten nur nach fachlicher Verordnung, am besten im Sanatorium durchgeführt werden.

Es sei aber nochmals betont: Schlankheitskuren sind kein geeignetes Mittel, um Übergewicht immer wieder für einige Zeit zu verringern. Sie sollten nur einmal erforderlich sein, weil man danach durch richtiges Verhalten erneutem Übergewicht auf Dauer vorbeugt.

Fieber

Die Erhöhung der normalen Körpertemperatur (etwa 37 Grad) durch Veränderung der Stoffwechselfunktionen tritt meist als nützliche Abwehrreaktion bei Infektionen auf. Dadurch werden andere Abwehrfunktionen aktiviert und die Erreger empfindlicher für den Angriff der Abwehrstoffe, teils auch direkt geschädigt. Deshalb ist es grundsätzlich falsch, Fieber massiv durch Arzneimittel zu senken, dadurch schwächt man nur die Abwehrkräfte. Nur wenn höheres Fieber längere Zeit besteht und den Körper zu stark belastet, wird der Therapeut geeignete Medikamente dagegen verordnen. Bei leichtem bis mäßigem Fieber, das nicht zur stärkeren Beeinträchtigung des Befindens führt, genügen meist die folgenden Maßnahmen:

■ Strenge Bettruhe einhalten, bis das Fieber abgeklungen ist, um Komplikationen vor allem am Herz-Kreislauf-System zu verhüten.

■ Leichte pflanzliche Kost zu sich nehmen, am besten bis zu 3 Tage nur Obst und Säfte (⇨ Saftkur), wenn man nicht für 1 bis 2 Tage fasten (⇨ Heilfasten) will.

■ Zur schonenden leichten Fiebersenkung kühle ⇨ Abwaschungen, kalte ⇨ Wickel an den Waden und kalte Auflagen an der Leistengegend mehrmals täglich anwenden; das Fieber darf dadurch nicht unter 38 Grad absinken.

■ Bei stärker beeinträchtigtem Allgemeinbefinden durch das Fieber können schmerz- und entzündungshemmende sowie leicht fiebersenkende Arzneimittel mit Azetylsalizylsäure verabreicht werden, aber auch sie dürfen das Fieber nicht unter 38 Grad absenken.

Neben dieser gegen das Fieber gerichteten Grundbehandlung werden zusätzliche Heilverfahren angewendet, die gezielt die verschiedenen Infektionskrankheiten beeinflussen (⇨ jeweiliges Stichwort).

Fieber-(Überwärmungs-)therapie

Die Anregung der Abwehr- und Selbstheilungskräfte durch ⇨ Fieber hilft nicht nur bei Infektionen. Vielmehr zeigt die Erfahrung, daß im Verlauf fieberhafter Krankheiten auch andere, vorher bestehende Erkrankungen gebessert oder geheilt werden können. Deshalb versuchte man schon im antiken Ägypten, Erkrankungen durch Fiebertherapie zu behandeln. In der Neuzeit sorgte der österreichische Neurologe und Psychiater JULIUS WAGNER V. JAUREGG (1858–1940) durch seine Versuche mit künstlichem Fieber zur Behandlung von Psychosen, für die er 1927 den Nobelpreis erhielt, wieder für mehr Beachtung für die Überwärmungstherapie. Zunächst erzeugte er das Heilfieber durch Injektionen mit Tuberkulin und Vakzinen, später mit Malariaerregern.

Die Naturmedizin, in der Heilfieber noch immer eine wichtige Rolle spielt, wendet solche nicht unbedenklichen Injektionen nicht an. In erster Linie wird die Überwärmung durch heiße ⇨ Bäder und andere Wasseranwendungen, Schwitzpackungen, körpergroße Heizdecken und Kurzwellendurchflutung erreicht. Außerdem können auch Arzneimittel, zum Beispiel die Heilpflanze Echinacea, zur vorübergehenden Erhöhung der Körpertemperatur mit Abwehrsteigerung führen. Außer Echi-

Echinacea stärkt die Körperabwehr

nacea bleiben alle diese Anwendungen aber fachlicher Verordnung vorbehalten, oft sind sie nur in Kliniken und Sanatorien möglich.

Zu den wichtigsten Heilanzeigen der Überwärmungstherapie gehören neben allgemeiner ⇨ Umstimmung und Ausleitung von Krankheitsstoffen noch chronische Entzündungen, ⇨ Allergien, Stoffwechsel- und Krebsleiden. Nicht angezeigt ist die Fiebertherapie vor allem bei ernsteren Erkrankungen des Herz-Kreislauf-Systems, der Leber und Nieren, bei Überfunktion der Schilddrüse, Tuberkulose und Zuckerkrankheit.

Zu den Vorläufern der modernen Überwärmungstherapie gehört die österreichische Hebamme MARIA SCHLENZ (1881–1946). Das nach ihr benannte Schlenzbad beginnt mit 38 Grad und wird innerhalb von 20 bis 40 Minuten auf 41 bis 43 Grad erhöht; darin badet der Patient 1 bis 2 Stunden lang, wobei sich die Körpertemperatur auf etwa 40 Grad erhöht. Der Bad Homburger Professor LAMPERT entwickelte dieses Fieberbad weiter und wendete später auch bis zu 10 Stunden lang körpergroße Heizdecken an, insbesondere zur Behandlung von Krebs. Eine andere Form der Überwärmung, das bis zu 8 Stunden dauernde ⇨ Duschbad, entwickelte zu Beginn des 20. Jahrhunderts der Grieche C. PARASCO, später wurde die Anwendung von dem amerikanischen Arzt BENEDIKT LUST weiter ausgebaut.

Fingerentzündung

Entzündungen und Eiterungen (Umlauf) am Nagelfalz und Nagelbett entstehen meist, wenn Erreger durch kleine Risse, Schrunden und Verletzungen eindringen, insbesondere bei trockener, ungepflegter Haut und falscher Nagelpflege. Symptomatisch ist eine schmerzhafte gerötete

Bad in Seifenwasser bei Fingerentzündung

Schwellung, bei Eiterungen mit gelblicher Verfärbung und schmerzhaftem Klopfgefühl. Als Komplikation droht das Fortschreiten der Eiterung in die Tiefe, schlimmstenfalls Blutvergiftung. Deshalb muß frühzeitig behandelt und bei hartnäckigem Verlauf der Therapeut zugezogen werden.

Zur Selbsthilfe eignen sich Auflagen (⇨ Wickel) mit ⇨ Heilerde, innerlich ⇨ Homöopathie, vor allem Hepar sulfuris D 3, Mercurius solubilis D 3 und Myristica sebifera D 3, damit die Eiterung nach außen durchbricht. Ein altes Hausmittel empfiehlt, den Finger mehrmals täglich längere Zeit in Seifenwasser zu baden, was ebenfalls den Durchbruch des Eiters fördert. Notfalls kann die Eiterung chirurgisch eröffnet werden.

Frostbeulen

Sie treten meist an den Zehengrundgliedern auf, wenn die Durchblutung der Füße durch zu enges Schuhwerk behindert wird und mäßige feuchte Kälte einwirkt. Vorbeugend muß deshalb auf gut sitzendes Schuhwerk geachtet werden. Symptomatisch sind teigige blaurote Schwellungen, die bei Wärme jucken und bei Kälte schmerzen, außerdem kann es zu dauernden braunroten Verfärbungen, Blasen und Geschwüren kommen.

Zur Therapie gibt es in der Apotheke spezielle Salben. Oft helfen auch ⇨ Bäder mit Eichenrinde oder Thymian, Wechselbäder zur Durchblutungsförderung und ⇨ Wikkel mit frischen Zwiebelscheiben. Homöopathisch behandelt man innerlich unter anderem durch Abrotanum D 1 oder Acidum nitricum D 3, biochemisch durch Ferrum phosphoricum D 6 und Kalium phosphoricum D 6 in stündlichem Wechsel.

Frühjahrsmüdigkeit

Abnorme Müdigkeit, Abgespanntheit, Konzentrations- und Leistungsschwäche, Nervosität und Depressionen, teilweise auch noch Herz-Kreislauf- und Verdauungsbeschwerden, treten im Frühjahr gehäuft auf. Die Ursachen dieser Frühjahrsmüdigkeit sind noch nicht genau bekannt; vermutlich wirkt der Lichtmangel der vergangenen Wintermonate und die jahreszeitliche Umstellung körperlicher und psychischer Funktionen zusammen mit Verschlackung und Vitalstoffmangel (vor allem Vitamin C) ungünstig auf den Organismus und das Seelenleben. Zu denken ist aber auch an beginnende Krankheiten, vor allem hoher Blutdruck, Magengeschwüre oder Zuckerkrankheit, die besonders oft im Frühjahr beginnen; deshalb ist in hartnäckigen Fällen eine gründliche Untersuchung notwendig.

Zur Behandlung der einfachen, nicht krankhaften Frühjahrsmüdigkeit führt man eine 4wöchige Kur durch. Sie beginnt mit 3 bis 4 Fasten- oder Safttagen (⇨ Heil-

fasten, ⇨ Saftkuren), dann ernährt man sich bis zum Kurende streng vegetarisch mit viel vitalstoffreicher Rohkost. Die weitere Therapie wurde bereits bei der ⇨ Blutreinigung beschrieben. Vor allem ⇨ Entwässerungsmittel, ⇨ Bewegungstherapie, ⇨ Luftbäder, ⇨ Heliotherapie und ⇨ Abhärtung sind sehr wichtig. Ausgeprägte Mangelzustände behandelt man zusätzlich durch ⇨ Vitalstofftherapie.

Furunkel

Durch Infektion der Haarbalgdrüsen kommt es zu einem oder mehreren Furunkeln. Begünstigt wird die Krankheit zum Teil durch übertriebene Reinlichkeit, die der Haut schadet, chronische chemische oder physikalische Hautreizungen, Zuckerkrankheit und andere Stoffwechselstörungen. Am Ort der Infektion entsteht eine schmerzhafte, harte, rote Schwellung mit einem Eiterpunkt. Wenn gleichzeitig mehrere Furunkel bestehen oder ein Furunkel häufig wiederkehrt, spricht man von Furunkulose.

Akute Furunkel behandelt man örtlich durch ⇨ Wickel mit ⇨ Heilerde. Versuchsweise kann man auch Honig oder Propolissalbe mit antibakterieller Wirkung auftragen. Innerlich haben sich die homöopathischen Mittel Arnica D 3, Hepar sulfuris D 4, Myristica sebifera D 3 oder Silicea D 6 gut bewährt. Außerdem soll rohkostreiche ⇨ Diät mit Hefeflocken, ⇨ Blutreinigung und Normalisierung des Stuhlgangs (⇨ Verstopfung) zur Allgemeinbehandlung angewendet werden.

Größere, hartnäckige und wiederkehrende Furunkel erfordern fachliche Hilfe je nach Ursachen.

Fußreflexzonenmassage

⇨ Reflexzonentherapie

Gallenblasenleiden

Entzündungen und Steine der Gallenblase treten vorwiegend bei Frauen auf. Sie können chronisch verlaufen und müssen dann keine starken Beschwerden verursachen, sind aber trotzdem nicht harmlos, weil sich im Lauf der Zeit Gallenblasenkrebs entwickeln oder die chronisch vereiterte Gallenblase in die Bauchhöhle durchbrechen kann. Manchmal ist es deshalb unumgänglich, die nicht mehr zu heilende Gallenblase durch einen chirurgischen Eingriff zu entfernen.

Gallenblasenentzündungen entstehen durch Infektion oder chronische Reizung der Gallenblase durch Steine (die aber auch erst durch chronische Entzündungen entstehen können). Symptomatisch ist oft lange Zeit nur leichter Druck im rechten Oberbauch, Fettunverträglichkeit, Neigung zum Aufstoßen, zu gelegentlichem Erbrechen, mäßiges Fieber, manchmal auch ⇨ Gelbsucht. Stärkere Schmerzen und Koliken treten vielfach erst bei entzündlicher Schrumpfung der Gallenblase auf. Diagnose und Therapie bleiben stets fachlicher Verordnung vorbehalten. Die Basistherapie besteht in ⇨ Diät, die von der individuellen Verträglichkeit der Nahrungsmittel abhängt, vor allem aber fettarm sein soll; meist empfiehlt sich einleitend einige Tage ⇨ Heilfasten. Medikamentös behandelt man vor allem durch Homöopathie und mit den ⇨ Heilpflanzen Artischocke, Mariendistel, Schafgarbe und Tausendgüldenkraut; Schmerzen lindern heiße ⇨ Wickel mit Heublumen auf die Gallengegend. Bei Vereiterung der Gallenblase können Antibiotika oder chirurgische Maßnahmen angezeigt sein. Bei chronischem Verlauf wirken zum Teil auch ⇨ Blutegel auf die Gallengegend gut.

Gallensteine werden sandkorn- bis eigroß und kommen einzeln oder zu mehreren vor. Sie bestehen vorwiegend aus Cholesterin, Eiweiß und/oder Gallenfarbstoffen, die oft bei entzündlichen Prozessen aus der Galle ausgefällt werden. Begünstigt werden die Steine ferner durch Gallenstauung, chronische Verstopfung, Leberleiden, Fettstoffwechselstörungen, Erbanlagen, teilweise auch durch seelisch-nervöse Einflüsse.
Über lange Zeiträume hinweg können die Steine nur leichtes Druckgefühl im Oberbauch verursachen, zu heftigen Kolikschmerzen kommt es erst, wenn ein Stein im Gallenblasenhals oder im Gallengang eingeklemmt wird; dann entwickelt sich durch den Rückstau der Galle auch ⇨ Gelbsucht.

Nach fachlicher Anweisung kann man versuchen, kleine Gallensteine in den Darm auszutreiben oder medikamentös aufzulösen. Aber das gelingt oft nicht, so daß man – vor allem auch zur Krebsvorsorge – die Steine frühzeitig chirurgisch entfernen oder durch Schallwellen von außen zertrümmern lassen sollte. Bei akuten Koliken legt man heiße ⇨ Wickel mit Heublumen zur Soforthilfe auf die Gallengegend, bis der Therapeut die Behandlung übernimmt.

Eine hervorragende Möglichkeit, Gallenblasenentzündungen und -steinen vorzubeugen, bietet die Rettichkur. Dazu verwendet man Rettichsaft aus dem Reformhaus und nimmt 2mal jährlich je 3 Wochen lang morgens nüchtern 1 Glas Saft ein. Dadurch wird der Gallenfluß angeregt und Gallengrieß schmerzlos ausgetrieben, ehe sich daraus größere Steine entwickeln. Die gute vorbeugende Wirkung beweist unter anderem die Tatsache, daß in Süddeutschland, wo man viel Rettich verzehrt, Gallenblasenleiden seltener auftreten. Auch bei akuten Gallenblasenkrankheiten kann Rettichsaft zusammen mit Olivenöl und Zitronensaft zur Therapie angewendet werden, aber nur nach Verordnung, nie zur Selbsthilfe.

Gastritis
⇨ Magenleiden

Gehörgangentzündung
⇨ Ohrenkrankheiten

Gelbsucht
Sie tritt mit Gelbfärbung der Haut und Lederhaut der Augen, dunkelbraunem Urin und oft grauweißlichem Stuhl auf, wenn Gallenfarbstoff ins Blut gelangt. Dazu kommt es häufig bei Leber- und Gallenblasenleiden, aber auch bei Blutkrankheiten und anderen Ursachen, die nur der Therapeut sicher diagnostizieren und gezielt behandeln kann.

Die Selbsthilfe beschränkt sich bei Gelbsucht auf fettarme, rohkostreiche ⇨ Diät, ⇨ Wickel mit Haferstroh oder Heublumen auf die Lebergegend und ⇨ Abwaschungen mit Essigwasser oder ⇨ Bäder mit Kleie gegen Hautjucken. Medikamentös wird oft ⇨ Homöopathie und Heilpflanzentherapie verordnet.

Gelee Royale
⇨ Apitherapie

Gelenkabnutzung
Der Gelenkknorpel unterliegt zwar natürlichen Alters- und Verschleißprozessen, die aber normalerweise keine Beschwerden verursachen. Bei angeborener Minderwertigkeit des Knorpels, Schädigung durch ⇨ Gelenkentzündung oder -verletzung und durch dauernde Fehl- und Überbelastungen (zum Beispiel bei O-, X-Beinen) verschleißt das Knorpelgewebe jedoch vorzeitig, und es kommt zur Arthrose. Auch Bewegungsmangel trägt dazu bei, weil er die Gelenke »einrosten« läßt. Meist betrifft übermäßige Gelenkabnutzung Menschen jenseits der Lebensmitte. Sie beginnt schleichend mit erträglichen ziehenden Gelenkschmerzen, die allmählich schlimmer werden; später treten Schwellungen, Knirschen im Gelenk bei Bewegungen und zuletzt Versteifung des degenerierten Gelenks ein.

Die Behandlung muß frühzeitig beginnen, um die Beweglichkeit so weit wie möglich zu erhalten. Zur Basistherapie empfiehlt sich rohkostreiche, möglichst vegetarische (⇨ Vegetarismus) Kost, deren allgemein günstiger Einfluß auch für die Gelenke wichtig ist, ergänzt durch individuell nach Verordnung dosierte Bewegungstherapie (vor allem ⇨ Gymnastik). Innerlich leisten ⇨ Homöopathie und ⇨ Heilpflanzen, vor allem Teufelskralle und Wacholder, gute Dienste. Zur lokalen Behandlung eignen sich ⇨ Wickel mit ⇨ Heilerde und ⇨ Moor, ⇨ Blutegel, ⇨ Bienengift- (⇨ Apitherapie) und ⇨ Eigenblutinjektionen, ⇨ Massagen und ⇨ Bestrahlungen gut. Durch ⇨ Zelltherapie kann der Therapeut den Gelenkknorpel teilweise wieder regenerieren. In schweren Fällen besteht die Möglichkeit, ein künstliches Gelenk einzupflanzen.

Gelenkentzündung

Entzündungen eines oder mehrerer Gelenke treten oft bei ⇨ Rheumatismus auf. Weitere Ursachen sind Infektionen der Gelenke, wobei die Erreger teilweise aus symptomarmen chronischen Entzündungsherden (⇨ Entzündung) in die Gelenke verschleppt werden. Schließlich kann es nach Gelenkverletzungen und -operationen oder im Verlauf der ⇨ Gelenkabnutzung zur akuten oder chronischen Arthritis mit Schmerzen, Schwellungen und Rötungen der betroffenen Gelenke kommen. Als Komplikation entwickelt sich infolge der Knorpelschädigung später oft vorzeitige Gelenkabnutzung, bei Infektionen können die Erreger aus den Gelenken gestreut werden und vor allem gefährliche Herz- und Nierenschäden verursachen.

Jede Gelenkentzündung muß rasch fachmännisch behandelt werden, notfalls auch durch Antibiotika oder operative Sanierung, wenn ⇨ Homöopathie nicht genügt. Die Grundbehandlung mit Diät, Heilerde, Wickeln und ähnlichen lokalen Maßnahmen wurde bereits bei Gelenkab-

nutzung beschrieben (⇨ Rheumatismus). Der Schmerz kann so heftig sein, daß anfangs starke Schmerzmittel oder schmerzlindernde Injektionen in die Gelenke notwendig werden. Teilweise hilft aber auch die Injektion von Enzymen (⇨ Enzymtherapie) gut gegen die Schmerzen.

Genußmittel

Dazu gehören alle Produkte, die durch Wirkung auf Sinnesorgane (Geruch, Geschmack), Nervensystem und indirekt auf das Seelenleben eine individuell als Genuß empfundene Veränderung des Befindens hervorrufen. Dabei handelt es sich vor allem um Süßigkeiten, Speiseeis, Schokolade, Gebäck, Kuchen, Kaffee, Schwarztee, Alkoholika und Nikotin.

Grundsätzlich läßt sich der Konsum solcher Produkte mit gesunder Lebensweise nicht vereinbaren, denn sie können (vor allem bei ständigem Gebrauch) verschiedene Krankheiten begünstigen. Wer nicht ganz darauf verzichten will, sollte Süßigkeiten und ähnliche Genußmittel aber nur sehr mäßig aus besonderem Anlaß verwenden und nicht mehr als 1 bis 2 Tassen Kaffee oder Tee am Tag trinken. Bei den Alkoholika gelten bis zu ein halber Liter Bier oder ein Viertel- bis ein Drittelliter Wein/ Sekt täglich als unbedenklich, aber möglichst nicht jeden Tag; auf harte Alkoholika soll ganz verzichtet werden.

Nikotin vermeidet man am besten strikt, obwohl bis zu 5 Zigaretten am Tag oder die gelegentlich gepaffte (nie inhalierte) Zigarre oder Pfeife kaum Schaden anrichten. Kranke Menschen sollten bis zur Heilung überhaupt keine Genußmittel konsumieren, denn sie können den Heilungsprozeß verzögern oder gar verhindern.

Der sehr maßvolle Konsum all dieser Produkte ist übrigens auch die Voraussetzung dafür, daß man sie wirklich genießen kann. Bei dauerndem Gebrauch geht der Genuß durch Gewöhnung weitgehend verloren.

Gerstenkorn – Hagelkorn

Zum Gerstenkorn mit schmerzhafter, geröteter Schwellung am Augenlidrand kommt es durch die Entzündung einer Talgdrüse des Lids. Zur Behandlung eignen sich innerlich die homöopathischen Mittel Hepar sulfuris D 3 und Mercurius D 4, versuchsweise auch Ferrum phosphoricum D 6 und Silicea D 12, äußerlich ergänzt durch ⇨ Bäder mit Augentrosttee. Hilft das nicht bald oder kehrt das Gerstenkorn zurück, soll es chirurgisch entfernt werden.
Als Hagelkorn bezeichnet man eine schmerzlose kugelige Geschwulst auf der Augenlidplatte, die durch Talgstauung entsteht. Sie kann in der Regel nur chirurgisch behandelt werden.

Geschwür

Der örtliche Zerfall von Haut- oder Schleimhautgewebe führt zu unterschiedlich ausgedehnten, oberflächlichen oder tiefen Defekten. Verursacht wird er vor allem durch ⇨ Entzündungen, Infektionen, Durchblutungsstörungen (oft bei ⇨ Arteriosklerose und ⇨ Krampfadern), Verletzungen, Verätzungen oder Geschwülste. Kleine oberflächliche Hautgeschwüre behandelt man durch ⇨ Bäder und ⇨ Wickel mit Bockshornklee, Heublumen, Zinnkraut und ⇨ Heilerde oder Salben mit abwehrsteigerndem Echinacea und durchblutungsfördernden Wirkstoffen. Schleimhautgeschwüre in der Mundhöhle werden wie die ⇨ Mundschleimhautentzündung behandelt. Außerdem empfiehlt sich ⇨ Umstimmung durch rohkostreiche ⇨ Di-

ät. Ausgedehnte Defekte und Geschwüre innerer Organe werden je nach Ursachen fachmännisch behandelt, vor allem homöopathisch.

Gesichtsdampf
⇨ Dampfanwendungen

Gesichtsguß
⇨ Güsse

Gesprächstherapie

Dies ist eine der am häufigsten angewendeten Formen der ⇨ Psychotherapie. Sie kann in Form der einfachen Aussprache erfolgen, bei der man im Gespräch mit vertrauten Personen (Selbsthilfe) oder mit dem Therapeuten sich selbst besser verstehen lernt, die Ursachen akuter Konflikte und Probleme erkennt und Auswege findet; das genügt bei leichteren psychischen Störungen. Das tiefenpsychologische Gespräch mit dem ausgebildeten Therapeuten versucht, verdrängte Ursachen seelischer Krankheiten wieder bewußt zu machen und endgültig zu verarbeiten, insbesondere die zu Neurosen führenden negativen Erfahrungen aus der Kindheit; damit sind tiefgreifendere Wirkungen auf das Seelenleben möglich.
Gesprächstherapie wird schon seit langem angewendet. Die Regeln der modernen klientenzentrierten Behandlung formulierte in den 40er Jahren der amerikanische Psychologe CARL ROGERS wie folgt:
- Schaffung einer von Gefühlswärme, echter Zuwendung und aufrichtigem Verständnis bestimmten Gesprächsatmosphäre, in der Vertrauen entsteht, damit sich der Patient ohne Angst auch mit seinen »dunklen« Seiten darstellen und selbst in Frage stellen kann.

■ Offenheit im Gespräch, auch wenn dabei unvernünftige psychische Inhalte angesprochen oder negative Gefühle und Triebe abreagiert werden, die man im Alltag aus Rücksicht auf andere unterdrückt.
■ Verzicht des Therapeuten auf Kritik, Verurteilung und Ratschläge, denn seine Aufgabe besteht darin, den Patienten zu verstehen und ihm den nicht ganz bewußten Inhalt seiner Aussagen mit anderen Worten voll bewußt zu machen.

Diese drei Grundsätze hält ROGERS für ausreichend zur Psychotherapie, denn sie erlauben die ungeschminkte Selbstdarstellung und vertiefte Selbsterkenntnis mit Lernvorgängen, die das Verhalten in der individuell richtigen Weise verändern.

Gicht

Die Veranlagung zu dieser Störung des Harnsäurestoffwechsels wird zwar vererbt, aber das muß nicht zur akuten Erkrankung führen. Vielmehr ist Gicht eine »Luxuskrankheit«, die durch zu üppige Ernährung (die meisten Patienten sind übergewichtig) und oft auch durch Alkoholmißbrauch gefördert wird. Vorbeugung ist also trotz Veranlagung durch vollwertige Ernährung (⇨ Diät) und Einschränkung des Alkoholkonsums möglich.

Zur akuten Krankheit kommt es, wenn sich Harnsäure in Geweben und Organen einlagert, bevorzugt in den Gelenken, aber auch im Darm (Koliken) und als Nierensteine (⇨ Nierenleiden). Die heftigen Schmerzen treten anfallsweise (meist nachts) vor allem im Grundgelenk der großen Zehe auf, später auch in anderen Gelenken, die bei längerer Dauer bis zur Gebrauchsunfähigkeit verkrümmt werden. Außerdem kommt es zu Gichtknoten, die geschwürig zerfallen.

Wacholder fördert die Harnsäureausscheidung

Zur Soforthilfe beim akuten Anfall legt man heiße ⇨ Wickel mit Heublumen an oder führt heiße ⇨ Bäder mit Heublumen durch; oft sind die Schmerzen aber so heftig, daß schnellstens der Therapeut hinzugezogen werden muß. Die Langzeitbehandlung erfolgt durch streng vegetarische (⇨ Vegetarismus), rohkostreiche Diät und homöopathische Mittel (zum Beispiel Gift der Herbstzeitlosen), ergänzt durch ⇨ Entwässerungsmittel zur vermehrten Harnsäureausscheidung, wie Brennessel, Löwenzahn und Wacholder. Örtlich behandelt man durch kalte ⇨ Güsse und ⇨ Abwaschungen. Bei diszipliniertem Verhalten kann diese Dauertherapie das weitere Fortschreiten der Gicht verhindern.

Grippe

Im Gegensatz zu den oft banalen grippalen Infekten (⇨ Erkältung) ist die echte Grippe (Influenza) durch Infektion mit Grippeviren immer eine ernste Krankheit, bei der es oft zu Komplikationen (bevorzugt am Herz-Kreislauf-, Atmungssystem, aber auch am Gehirn) kommt. Das Allgemeinbefinden wird immer stark beeinträchtigt, das Fieber kann hoch ansteigen, nach der Krankheit bleibt oft noch wochenlang Schwäche zurück. Bakterielle Zusatzinfektionen können den Verlauf weiter komplizieren und im Einzelfall Antibiotika erfordern, die aber gegen die Grippeviren unwirksam sind, mit denen die Körperabwehr aus eigener Kraft fertig werden muß.

Häufigste Form ist die katarrhalische Grippe mit Schnupfen, Husten, Bronchitis und Heiserkeit. Außerdem gibt es die Darmgrippe mit Übelkeit, Erbrechen und Durchfall, die rheumatische Grippe mit Muskel- und Gelenkschmerzen, die Kopfgrippe mit Kopfschmerzen, Schwindel und Erbrechen sowie die besonders schwere toxische Form mit hohem Fieber, Benommenheit, Hinfälligkeit, Kopf- und Gliederschmerzen. Die Symptome der verschiedenen Formen können auch gemischt auftreten.

Influenza erfordert immer fachliche Behandlung, um ernste Komplikationen zu verhüten. Die Grundbehandlung besteht in strenger Bettruhe bis zur Entfieberung, einleitend 2 bis 3 Tage ⇨ Heilfasten oder ⇨ Saftkur, danach bis zur Heilung vegetarische Kost (⇨ Vegetarismus) zur ⇨ Umstimmung. Zur Aktivierung der Körperabwehr, die allein in der Lage ist, die Viren zu bekämpfen, eignet sich die ⇨ Heilpflanze Echinacea am besten, die in schweren Fällen injiziert werden kann. Außerdem tragen Holunder- und Lindenblütentee mit Honig (⇨ Apitherapie) als einfache Hausmittel und bis zu 1 Gramm Vitamin C täglich mit zur Abwehrsteigerung bei.

Ferner wird der Therapeut ⇨ Homöopathie verordnen, zum Beispiel Aconitum D 4, Bryonia D 3, Eupatorium D 2 und Gelsemium D 4, gegen Schmerzen im Kopf, in den Muskeln und Gelenken auch Azetylsalizylsäure. Das Fieber darf bei Bedarf nur schonend (nicht unter 38 Grad) durch kalte ⇨ Wickel gesenkt werden, damit man die Abwehrkräfte nicht schwächt. Schließlich ist noch die gezielte Behandlung einzelner Symptome (wie ⇨ Husten, ⇨ Schnupfen, ⇨ Heiserkeit) vor allem durch ⇨ Homöopathie angezeigt.

Zur Vorbeugung der Influenza eignet sich neben ⇨ Abhärtung vor allem noch die Einnahme von Echinacea zur Abwehrsteigerung. Grippeimpfungen sind umstritten, nicht sicher wirksam und können zu erheblichen Nebenwirkungen führen, so daß sie nur im begründeten Einzelfall (zum Beispiel andere Krankheiten, hohes Alter) angezeigt sind.

Gruppentherapie

Bei dieser Form der ⇨ Psychotherapie leisten die Gruppenmitglieder selbst die therapeutische Hauptarbeit. Der Therapeut hat vornehmlich die Aufgabe, die gruppendynamischen Prozesse einzuleiten, bei Bedarf möglichst unauffällig zu lenken und zu gemeinsamen Übungen anzuleiten. Es gibt inzwischen auch immer mehr Selbsterfahrungs- und Selbsthilfegruppen, die ganz ohne die Hilfe des Therapeuten auskommen.

In den 70er und 80er Jahren wurden vor allem die Encountergruppen bekannt, in denen sich psychisch relativ gesunde Menschen regelmäßig trafen, um sich selbst besser zu erfahren, ihre Erlebnisfähigkeit zu verbessern und zu einem erfüllteren, harmonischeren Leben zu finden.

Gruppentherapie ist aber auch bei psychischen Störungen unterschiedlicher Ursachen und Schwere angezeigt, insbesondere dann, wenn soziale Probleme dabei eine Rolle spielen.

Indem die (meist 6 bis 12) Mitglieder einer Gruppe in soziale Beziehungen miteinander treten, nehmen sie ihr Verhalten und Handeln sowie die Reaktionen der anderen darauf deutlicher wahr, um die Selbsterkenntnis zu vertiefen, und können sich an den Erwartungen und Vorbildern der anderen orientieren, um neues, zweckmäßigeres Verhalten einzuüben. Die Geborgenheit in der Gruppe begünstigt diese Lernprozesse.

Gurgeln
Dazu verwendet man entweder Tee (⇨ Heilpflanzen) oder fertige Arzneimittel mit Kamille, Pfefferminze, Salbei und Thymian, die entzündungshemmend und desinfizierend wirken. Chemische Desinfektionsmittel sind nur ausnahmsweise angebracht, sie schädigen nämlich die nützliche Keimbesiedlung der Mundhöhle. Heilanzeigen sind alle entzündlichen Erkrankungen im Mund-Rachen-Raum, Mandel- und Kehlkopfentzündungen. Zwar erreicht man mit dem Gurgelwasser Rachen und Kehlkopf nicht direkt, aber der Wasserreiz wirkt durch Massagewirkung indirekt bis dorthin. Die Anwendung erfolgt nach Bedarf 2- bis 8mal täglich. Das Gurgelwasser wird dazu in kleinen Portionen in den Mund genommen, dann legt man den Kopf zurück und bringt die Flüssigkeit zum »Sprudeln«, indem man Luft durchbläst.

Gürtelrose
Diese Infektionskrankheit wird durch die Viren ausgelöst, die auch Windpocken verursachen. Damit es zur Erkrankung kommen kann, muß meist das Immunsystem geschwächt sein, denn es wehrt die Erreger normalerweise erfolgreich ab. Die Viren befallen einen Nervenknoten, und es tritt im Verlauf des dazu gehörenden Nervs einseitig (gürtelförmig um den Körper) ein heftiger Nervenschmerz mit Bläschen und Rötung der Haut darüber auf. Die Bläschen sind zunächst mit wäßriger Flüssigkeit gefüllt, später können sie vereitern, platzen oder trocknen ein und vernarben schließlich. Der Hautausschlag ist nach etwa 2 bis 3 Wochen abgeheilt, der quälende Nervenschmerz kann noch wochen- bis monatelang anhalten. Wenn die Infektion im Gesicht in Augennähe erfolgt, besteht die Gefahr, daß Narben auf der Hornhaut entstehen und das Sehvermögen einschränken.

Fachliche Hilfe ist bei Gürtelrose schon wegen der heftigen Schmerzen notwendig, die anfangs oft durch starke Schmerzmittel und B-Vitamin-Injektionen unterdrückt werden müssen; auch ⇨ Neuraltherapie und ⇨ Akupunktur lindern die Nervenschmerzen gut. Homöopathisch wendet man die individuell geeigneten Mittel an, zum Beispiel Ranunculus D 2

Gurgeln

G

oder Rhus toxicodendron D 6 zur Lang-
zeittherapie. Die Bläschen sprechen auf
äußerliche Anwendung von ⇨ Enzymtherapie, ⇨ Heilerde, Echinaceasalbe, ⇨ Abwaschungen mit Kamille und Thymian gut
an. Allgemein umstimmend (⇨ Umstimmungstherapie) wirkt die rohkostreiche
vegetarische (⇨ Vegetarismus) Ernährung bis zur völligen Heilung.

Güsse

Diese Form der ⇨ Wassertherapie entwik-
kelte Pfarrer SEBASTIAN KNEIPP (⇨ Kneipptherapie). Da er die Güsse noch mit Gieß-
kannen durchführte, trug ihm das im
Volksmund den Beinamen »Gießkannenpfarrer« ein. Heute führt man kleinere
Güsse zu Hause in der Badewanne durch
(größere meist in Badeanstalten und ähnlichen Einrichtungen). Dazu muß jedoch
die Handbrause durch einen Gummischlauch ersetzt werden (es gibt an-
schlußfertige Garnituren im Sanitätsfach-
geschäft), denn mit der normalen Brause
erzielt man nie den für die Wirkung sehr
wichtigen geschlossenen Wassermantel
auf der Haut.
Der Wasserdruck wird so eingestellt, daß
das Wasser ungefähr handbreit aus der
nach oben gehaltenen Schlauchöffnung
emporsprudelt.
Zur Behandlung hält man die Schlauch-
mündung 5 bis 10 Zentimeter vom Körper
entfernt schräg nach unten, damit das
Wasser kräftig auf die Haut trifft. Als Reaktion kommt es zur Hautrötung mit Wärme-
gefühl; damit endet der Guß. Das restliche
Wasser wird oberflächlich von der Haut
abgestrichen, dann ruht man am besten
noch eine halbe Stunde im warmen Bett
(das verbessert die Wirkung) oder kleidet
sich an und sorgt durch ⇨ Gymnastik für
rasche Erwärmung der behandelten Körperregionen.

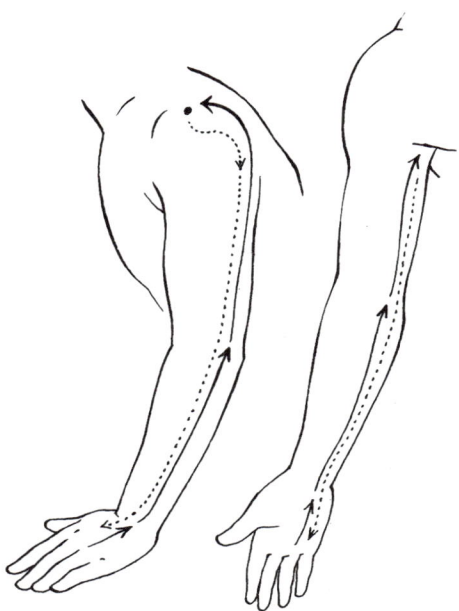

Armguß

Es gibt verschiedene Teil- und Vollgüsse,
die meist mit kaltem Wasser durchgeführt
werden. Dabei muß man die Reihenfolge
der Begießung genau einhalten. Zur
Selbsthilfe eignen sich nur die folgenden
einfachen kleinen Güsse, alle anderen
bleiben der Verordnung vorbehalten. (Die
Reihenfolge wird in vereinfachter Form für
den Hausgebrauch angegeben.)

Armguß: Er leitet Blut vom Kopf ab, regt
Herz, Atmung, Durchblutung und Stoffwechsel mild an, lindert Entzündungen
und Schmerzen in den Armen. Der Wasserstrahl wird vom rechten Handrücken
außen am Arm zur Schulter geführt, wo
man 10 Sekunden bleibt, dann kehrt man
durch die Achselhöhle innen am Arm zur
Handfläche zurück; der Guß wird rechts
1mal wiederholt und dann in gleicher Weise am linken Arm durchgeführt.

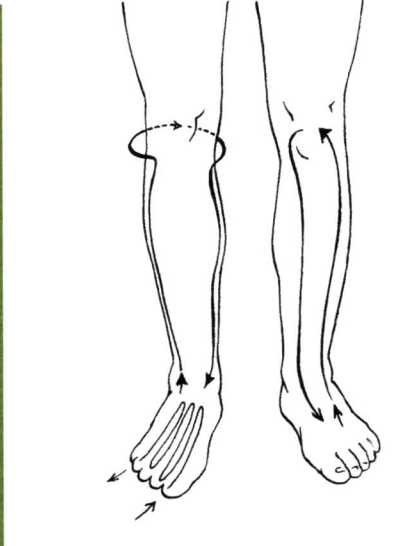

Kniguß

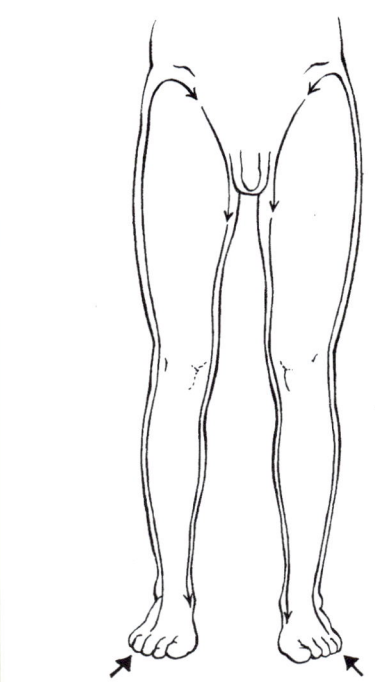

Schenkelguß

Kniguß: Er leitet Blut aus Kopf, Brust und Bauch ab, ergänzt die Therapie von Magen-, Darm-, Leber-, Genital-, Nieren- und Blasenerkrankungen, fördert die Durchblutung in den Beinen und härtet gut ab. Der Wasserstrahl wird zunächst 3mal vor und zurück über den rechten Fußrücken geführt, dann leitet man ihn außen am Unterschenkel empor zur Kniekehle, wartet hier 10 Sekunden und kehrt innen zum Fuß zurück; links wird in gleicher Weise begossen. Dann leitet man den Strahl vom rechten Fuß vorne innen neben dem Schienbein empor zur Kniescheibe, wartet wieder 10 Sekunden und kehrt außen neben dem Schienbein zurück zum Fuß; das linke Bein wird anschließend sinngemäß behandelt.

Schenkelguß: Zum stärker wirksamen Schenkelguß erweitert man den Kniguß, indem man den Wasserstrahl in der beschriebenen Weise, aber nicht nur bis zum Knie, sondern weiter über den Oberschenkel bis zur Hüfte und Leistengegend emporführt, wo man jeweils 10 Sekunden wartet. Diese Wasseranwendung hilft auch bei Krampfadern, Hexenschuß und Ischias.

Gesichtsguß: Er regt die Hautdurchblutung an und hilft bei unreiner Gesichtshaut, Kopfschmerzen, Migräne, Gesichtsnervenschmerzen und Zahnschmerzen. Der Wasserstrahl wird von rechts unter der Schläfe nach unten zum Kinn, quer darüber nach links und aufwärts bis unter die linke Schläfe geführt; dann bestreicht man in mehreren Querstrichen von rechts nach links die Stirn und anschließend in Längsstrichen von den Augenbrauen bis zum Kinn ebenfalls von rechts nach links das restliche Gesicht. Zum Schluß wird der Guß einmal oval um das ganze Gesicht herumgeführt.

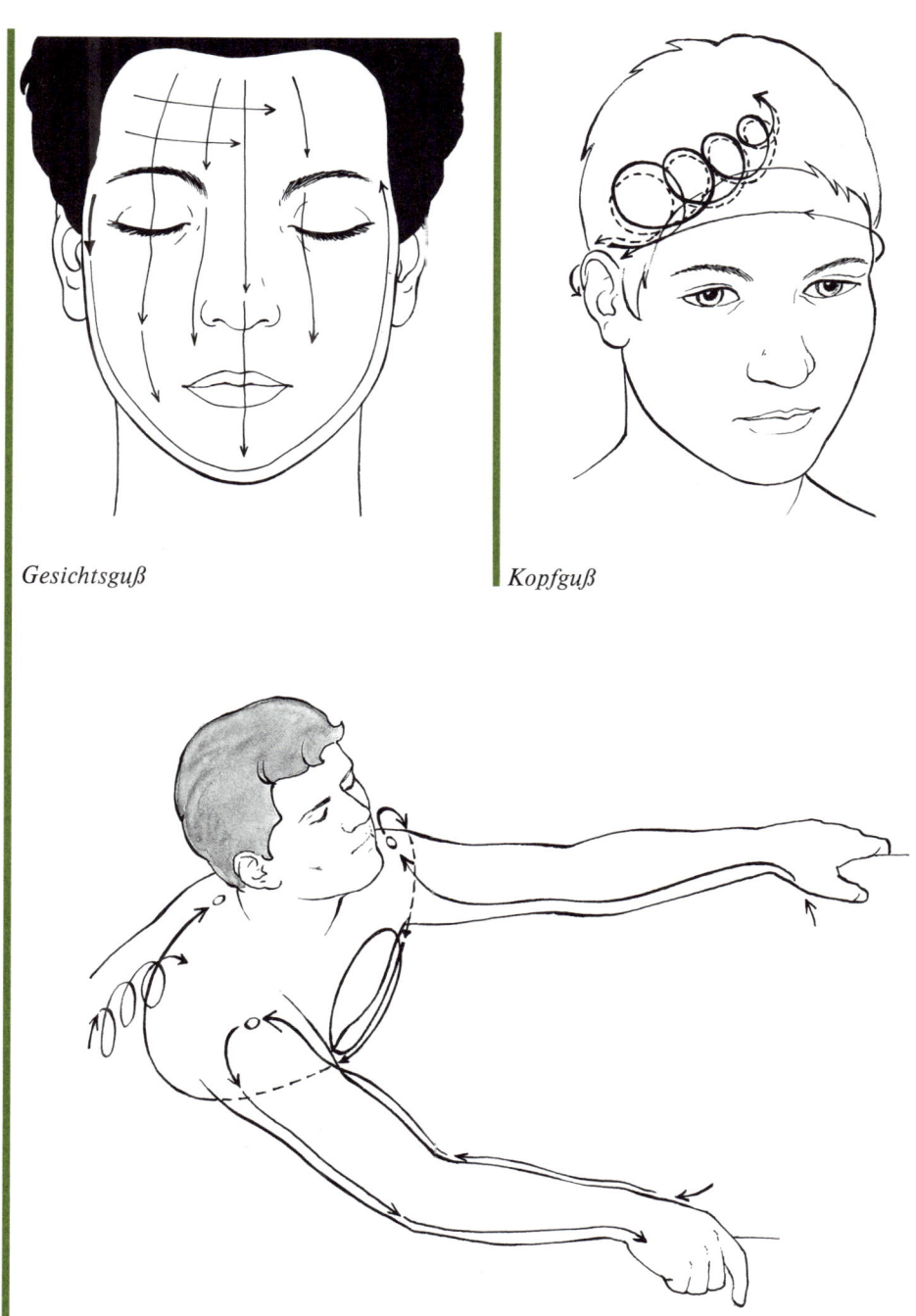

Gesichtsguß

Kopfguß

Oberguß

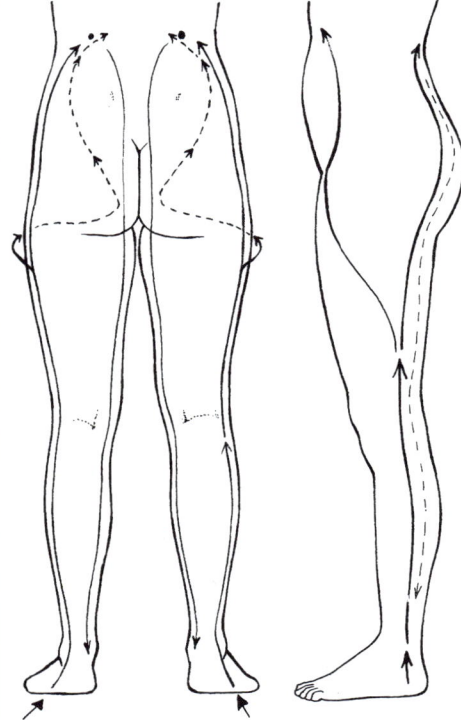

Unterguß

Wasserstrahl hinter dem rechten Ohr an; von hier aus umkreist man die Ohrmuschel 3- bis 5mal, dann wird sinngemäß das linke Ohr behandelt.

Weitere Güsse sind am Oberkörper, Rücken, Unterkörper, am ganzen Körper oder an den Augen möglich. Als Sonderform gibt es den Blitzguß, der nur in der Badeanstalt angewendet werden kann; dabei trifft das Wasser aus 4 bis 5 Meter Entfernung mit hohem (2 bis 3 atü) Druck auf die Haut und erzeugt eine stärkere mechanische Wirkung, die vor allem Kreislauf, Durchblutung und den Stoffwechsel kräftiger anregt.

Kopfguß: Er lindert Kopfschmerzen, Migräne, durchblutungsbedingte Seh- und Hörstörungen, Schwindel und Haarausfall durch Kopfhauterkrankungen. Der Wasserstrahl wird vom rechten Ohr aus über den Hinterkopf zum linken Ohr und weiter über die Stirn geführt; in immer kleiner werdenden Kreisen leitet man ihn zum Scheitel empor, wartet hier 5 Sekunden und kehrt in umgekehrter Reihenfolge mit immer größer werdenden Kreisen zum Ausgangspunkt zurück.

Ohrguß: Er hilft bei Durchblutungsstörungen der Ohren, Hörstörungen und Ohrenentzündungen. Man hält dazu den Kopf schräg über die Badewanne und setzt den

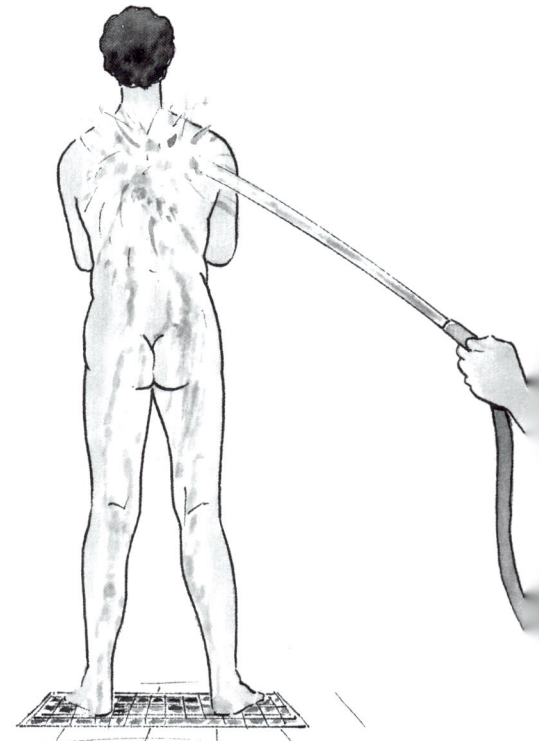

Blitzguß

Gymnastik

Grundlage der täglichen ⇨ Bewegungstherapie bildet die Gymnastik. Sie kann
von den meisten, auch alten und kranken
Menschen, in individuell richtiger »Dosis«
regelmäßig durchgeführt werden. Man
verbessert dadurch die körperliche Ausdauer und Leistungsfähigkeit, fördert die
Beweglichkeit und Koordination der Bewegungsabläufe, vertieft die Atmung, verbessert die Herz-Kreislauf-Funktionen,
regt die Durchblutung und damit auch
den Stoffwechsel an.

Dazu ist es notwendig, möglichst viele
Muskeln und Gelenke zu trainieren. Deshalb muß das Gymnastikprogramm immer aus verschiedenen Übungen bestehen, die vor allem die Bauch- und Rückenmuskulatur, die Arm- und Beingelenke sowie die Füße beanspruchen, damit man
eine umfassende Wirkung erzielt.

Trainiert wird in der Regel 2mal täglich, am
besten morgens gleich nach dem Aufstehen und abends vor dem Schlafengehen.
Ungeübte beginnen mit 2mal je 3 bis 5 Minuten, allmählich wird auf 2mal 10 Minuten
gesteigert, das genügt dann zum Dauertraining. Zusätzlich kann man im Tagesverlauf nach Bedarf besondere Belastungen (zum Beispiel während der Arbeit)
und damit verbundene Muskelverspannungen durch gezielte Übungen ausgleichen.

Die Gymnastik wird immer rhythmisch-
fließend ohne besondere Anstrengung
durchgeführt, um Fehlbelastungen und
Verletzungen zu vermeiden. Wenn man
anfangs nicht beweglich genug ist, um alle
Übungen korrekt zu absolvieren, darf man
nichts erzwingen wollen, sondern übt be-
harrlich so gut wie möglich, bis es immer
besser gelingt. Keinesfalls darf Gymnastik
derart anstrengen, daß man sich danach
schlapp und abgespannt fühlt, sonst hat
man sich überfordert.

Im Rahmen dieses Buchs können keine
einzelnen Gymnastikübungen beschrieben werden. Dazu gibt es genügend Fachliteratur, aus der man sich ein persönlich
zusagendes Programm zusammenstellt.
Man kann aber auch einer Gymnastik-
gruppe (zum Beispiel im Sportverein) bei-
treten und unter fachlicher Anleitung trainieren.

Wenn Krankheiten die allgemeine Gymnastik nicht zulassen, ist nach fachlicher
Verordnung oft individuelle Krankengymnastik möglich. Vor allem in der Orthopä-
die wird sie bei Schäden am Stütz- und
Bewegungsapparat häufig angewendet,
um andere Therapien zu unterstützen.

Hagelkorn
⇨ Gerstenkorn – Hagelkorn

Halswickel
⇨ Wickel – Auflagen

Hämorrhoiden
Sie sind weit verbreitet, werden aber leichtfertig oder aus falscher Scham oft lange verschleppt, bis vielleicht nur noch operativ behandelt werden kann. Vereinfacht gesagt handelt es sich dabei um knotenförmige, bis kirschkerngroße Erweiterungen der Venengeflechte im Mastdarm und After. Sie können als innere Hämorrhoiden hinter dem Afterschließmuskel liegen, als äußere aus dem After hervortreten oder kombiniert innerlich und äußerlich vorliegen.

Die Grundursache besteht oft in anlagebedingter allgemeiner Bindegewebsschwäche, die jedoch nicht unbedingt zu Hämorrhoiden führen muß. In vielen Fällen kommen noch Blutstauungen bei vorwiegend sitzender Lebensweise und chronischer Darmträgheit hinzu, häufig auch Übergewicht, Leberleiden oder Alkoholmißbrauch. Auch während der Schwangerschaft kommt es häufiger zu Hämorrhoiden. Symptome sind anfangs Jucken, Brennen und Nässen am After, später Schmerzen und Blutungen vor allem beim Stuhlgang. Als Komplikationen drohen eitrige Entzündungen, Geschwüre, Einklemmung der Knoten und Blutarmut. Der Schmerz bei der Stuhlentleerung kann als Reaktion die Darmträgheit verschlimmern.

Zur Vorbeugung und Grundbehandlung ist Ernährung mit viel ballaststoffreicher Rohkost für geregelten Stuhlgang und ausreichend Bewegung zur Beseitigung von Blutstauungen notwendig. Zinnkrauttee kann durch seinen Gehalt an Kieselsäure die Bindegewebsschwäche bessern, Arzneimittel mit Roßkastanie verbessern die Durchblutung. Zur Vorbeugung von Entzündungen soll der After nach jeder Stuhlentleerung sorgfältig mit Kamillentee oder Feuchttüchern mit Kamillenzusatz gereinigt werden.

Die weitere Therapie richtet sich nach dem individuellen Symptombild und wird fachlich verordnet. Gut bewährt hat sich ⇨ Homöopathie innerlich mit den Hauptmitteln Aesculus D 2, Arsenicum D 6, teilweise auch Silicea D 12, bei Leberleiden ferner Lycopodium D 6. Äußerlich empfehlen sich Sitzbäder (⇨ Bäder) mit Kamille und Eichenrinde, Knie- und Schenkelgüsse (⇨ Güsse), ⇨ Blutegel, Hämorrhoidensalben und -zäpfchen vor allem mit Hama-

melis, Roßkastanie und örtlich schmerz-
lindernden Mitteln. In der Apotheke gibt es
zur örtlichen Therapie auch den Kältestab,
der im Kühlschrank gekühlt und mehrmals täglich nach Anweisung in den After
eingeführt wird.
Erst wenn alle konventionellen Maßnahmen versagen, ist chirurgische Behandlung angezeigt und darf in einem solchen
Fall dann nicht mehr unnötig lang aufge-
schoben werden.

Hautleiden

Sie treten in letzter Zeit gehäuft und oft
chronisch auf. Teilweise erklärt sich das
aus Fehlernährung mit übermäßiger Verschlackung und aus der zunehmenden
Umweltverschmutzung, denn als Aus-
scheidungsorgan ist die Haut mit für die
Entschlackung und Entgiftung des Körpers zuständig. Aber auch auf Streß, Hektik
und Reizüberflutung des modernen Alltags reagiert die Haut als »Spiegel der
Seele« oft sehr empfindlich. Folgen dieser
zahlreichen negativen Einflüsse sind vor
allem chronisch unreine und entzündete
Haut und Allergien.
Zur Basistherapie empfiehlt sich bei den
meisten Hautleiden zunächst ➪ Blutreinigung zur gründlichen Entschlackung und
streng vegetarische (➪ Vegetarismus) Ernährung mit viel Rohkost zur ➪ Umstimmung; nach Besserung muß dauernd auf
gesunde Vollwertkost (➪ Diät) umgestellt
werden. Seelisch-nervöse Ursachen behandelt man zusätzlich durch ➪ Entspannungstherapie und ➪ Autosuggestionstherapie.
Die weiteren Maßnahmen hängen dann
entscheidend von der Art der Hauterkrankung ab (➪ Abszeß, ➪ Akne, ➪ Allergie,
➪ Ausschlag, ➪ Eiterung, ➪ Ekzem, ➪ Entzündung, ➪ Furunkel, ➪ Juckreiz, ➪ Karbunkel, ➪ Nesselsucht).

Haysche Trennkost

Diese umstrittene, in der Praxis aber teilweise gut bewährte Diät geht davon aus,
daß wir wegen der Veränderungen des
Basen-Säure-Verhältnisses (➪ alkalische
Nahrung) des Körpers im Verlauf des Tages bestimmte Nahrungsmittel nicht zu jeder Tageszeit gleich gut vertragen. Eiweiß
wird morgens und mittags, kohlenhydrat-
reiche Nahrung nachmittags und abends
am besten verarbeitet. Dieser nicht sicher
bewiesenen Vorstellung trägt die Trennkost durch Einteilung der Nahrungsmittel
in folgende Gruppen Rechnung:

Gruppe 1 besteht vor allem aus Fleisch,
Fisch, Eiern, Milchprodukten (außer
Quark, Rahm), Beeren-, Kern-, Steinobst
und Zitrusfrüchten, die alle nur morgens
und mittags verzehrt werden sollen.

Gruppe 2 enthält hauptsächlich Vollkornprodukte, Vollreis, Kartoffeln, Grünkohl,
Bananen und Schwarzwurzeln, die nachmittags und abends gegessen werden.

Gruppe 3 besteht aus neutralen Lebens-
mitteln, die jederzeit verzehrt werden kön-
nen, vor allem Fett, Quark, Rahm, Salate,
Gemüse, Pilze, Sauerkraut, Nüsse (außer
Erdnüssen und Kastanien), viele Gewürze,
Rosinen und Oliven.

Die Ernährung unter Beachtung dieser
Einteilung wird zur Vorbeugung und zur
Therapie vor allem bei Verdauungs-, Stoffwechselstörungen, Gicht, Rheuma, Über-
und Untergewicht empfohlen. Sie steht
nicht ganz im Einklang mit den Grundsätzen der Vollwertkost nach Bircher-Benner
und Kollath (➪ Diät), die von vornherein
basenüberschüssig ist und eine strikte
Trennung nicht erforderlich macht, aber
man kann sich auch durch Haysche
Trennkost vollwertig ernähren.

Heilerde – Fango

Erde und Schlamm verwendeten die Menschen schon in grauer Vorzeit äußerlich und innerlich bei Krankheiten, zu Kultzwecken und zur Mumifizierung der Toten. Im antiken Ägypten, Griechenland und Rom kannte man bereits eine gut entwickelte »Erdtherapie«, auch HIPPOKRATES schätzte sie sehr. Später stellte man sogar Tafeln und Tabletten aus Heilerde her, die mit einem Siegel als Qualitätszeichen versehen wurden. Aber wie viele andere alte Heilverfahren geriet auch dieses im Mittelalter fast in Vergessenheit. Erst die Lebensreform- und Naturheilbewegung des 18./19. Jahrhunderts erweckte sie zu neuem Leben, und im 20. Jahrhundert wurde sie dann auch wissenschaftlich begründet. Daran hatten vor allem die Laientherapeuten ADOLF JUST (1859–1936) und »Lehmpastor« FELKE (⇨ Felketherapie) entscheidenden Anteil.

Während man früher die Heilerde frisch ausgegraben sterilisiert anwendete, gebraucht man sie heute nur noch als Fertigarzneimittel. Sie besteht aus winzigen Partikeln, die eine riesige Oberfläche zum Aufsaugen von Krankheitsstoffen bilden. Bei innerer Anwendung nehmen sie Gärungs-, Fäulnis-, Giftstoffe und überschüssige Magensäure im Verdauungssystem auf, wirken also gründlich entschlackend und entgiftend; außerdem nimmt der Organismus einen Teil der Mineralstoffe und Spurenelemente aus der Heilerde auf. Bei äußerlichem Gebrauch entzieht Heilerde der Haut Krankheitsstoffe, entzündliche und eitrige Absonderungen, was zur gründlichen Reinigung führt. Daraus ergeben sich folgende Heilanzeigen:

Innere Anwendung
- ⇨ Blähungen, ⇨ Sodbrennen, ⇨ Magen-Darm-Katarrh, ⇨ Durchfall, ⇨ Erbrechen und ⇨ Vergiftungen.
- Milde Anregung des Stuhlgangs ohne die Risiken üblicher ⇨ Abführmittel.
- ⇨ Entschlackung und Entgiftung des Verdauungstrakts, indirekt des gesamten Körpers im Sinne einer ⇨ Blutreinigung.
- Versorgung mit anorganischen Vitalstoffen, um Mangelzustände zu beheben, vor allem Kieselsäure, Kalium, Kalzium und Magnesium.

Äußere Anwendung
- Schlecht heilende ⇨ Wunden, ⇨ Geschwüre, ⇨ Blutergüsse, ⇨ Prellungen, ⇨ Quetschungen, ⇨ Verrenkungen und ⇨ Verstauchungen.
- Unreine, entzündete und eiternde Haut, ⇨ Ausschläge, ⇨ Ekzeme, versuchsweise auch bei ⇨ Juckreiz.
- Rheumatische Schmerzen und ⇨ Entzündungen, ⇨ Venenentzündungen und ⇨ Thrombosen.

Gesichtsmaske mit Heilerde

Heißer Wickel mit Fangoschlamm

■ ⇨ Mundgeruch, ⇨ Mundschleimhautentzündungen und ⇨ Zahnfleischentzündungen, ⇨ Rachenentzündung und ⇨ Mandelentzündung.

Heilerde wird nach Gebrauchsanweisung oder individueller Verordnung angewendet. Zum innerlichen Gebrauch eignen sich nur speziell dafür vorgesehene, besonders fein pulverisierte Zubereitungen, die im Magen-Darm-Kanal nicht verklumpen. Die Tagesdosis beträgt durchschnittlich 2- bis 3mal einen halben bis einen Teelöffel Heilerde; sie kann in einem halben bis einem Glas Wasser aufgeschwemmt in kleinen Schlucken getrunken oder trocken in den Mund genommen und mit Wasser hinuntergespült werden. Da andere Arzneimittel von der Heilerde gebunden werden könnten, nimmt man sie erst im Abstand von 1 bis 2 Stunden ein. Äußerlich gebraucht man die Heilerde zu ⇨ Bädern, ⇨ Wickeln, als Gurgelwasser (⇨ Gurgeln) oder bereitet einen streichfähigen Brei daraus zu, der direkt auf die Haut gestrichen wird (zum Beispiel als Gesichtsmaske).

Die Anwendung von Heilerde erfolgt nach Bedarf 1- bis 4mal täglich und dauert bei Bädern 10 bis 15 Minuten, bei Wickeln etwa anderthalb Stunden.

Fango, ein mineralischer Schlamm, wurde früher aus der Gegend um Bataglia in Italien zu Heilzwecken gewonnen, heute ist auch Fango aus der Eifel und anderen Regionen gebräuchlich. Er wird nur äußerlich angewendet, hauptsächlich bei folgenden Heilanzeigen:

- Schmerzen, Krämpfe und Koliken unterschiedlicher Ursache, zum Beispiel Gelenk-, Muskelrheuma, Magen-, Darm-, Gallenblasenkoliken, Menstruationsbeschwerden und andere mit Krämpfen verbundene gynäkologische Krankheiten, wobei Fango vor allem als krampflösender Wärmeträger wirkt.
- Schmerzen bei ⇨ Bandscheibenschäden, ⇨ Gelenkabnutzung, ⇨ Ischias und bei anderen ⇨ Nervenschmerzen sowie bei Knochen-, Gelenk- und Muskelverletzungen.
- ⇨ Husten, ⇨ Bronchitis, versuchsweise zur Krampflösung bei ⇨ Asthma.
- Verschiedene ⇨ Hautleiden, bei denen Heilerde aber oft besser wirkt.
- Beeinflussung innerer Organe durch Fangoanwendung über den entsprechenden Hautreflexzonen (⇨ Reflexzonentherapie).

Fango wird oft von Masseuren angewendet, eignet sich aber auch zur Selbsthilfe. Pulverförmige Zubereitungen müssen mit Wasser angerührt werden, bequemer sind fertige Fangokompressen, die man nach Gebrauchsanweisung anwendet.

Heilfasten

Verzicht auf Nahrung beobachtet man auch bei kranken Tieren, die sich instinktiv richtig verhalten. Vermutlich folgte der Mensch ebenfalls seinem Instinkt, angeregt vielleicht auch durch das Vorbild der Tiere, wenn er in grauer Vorzeit fastete. Bald verband man mit dem Fasten aber auch religiöse Vorstellungen und Kulthandlungen, die zum Beispiel in der christlichen und islamischen Religion bis heute erhalten blieben.

Erst im 19. Jahrhundert wurde die Fastentherapie, die vorher zeitweise sogar als gesundheitsschädlich galt, als eines der wirksamsten Mittel zur Anregung der Selbstheilungskräfte wieder entdeckt. In den USA waren es vor allem die Ärzte H. TANNER und E. H. DEWEY, bei uns MÖLLER und RIEDLIN, insbesondere aber der bekannte »Fastenarzt« DR. BUCHINGER, der sich durch Fasten selbst von einer schweren Krankheit heilte. Diese Erfahrung veranlaßte ihn, die Fastentherapie wissenschaftlich zu untersuchen und auszuarbeiten.

Heilfasten darf keineswegs nur als »radikale Schlankheitskur« mißverstanden werden, obwohl Übergewicht zu seinen Heilanzeigen gehört. Man erzielt dadurch eine umfassende und tiefgreifende Wirkung auf den gesamten Organismus und indirekt auf das Seelenleben. Folgende Hauptwirkungen sind hervorzuheben:

Gewichtsreduzierung, die anfangs bis zu 1,5 Kilogramm täglich betragen kann, sich später aber bei 350 bis 450 Gramm am Tag einpendelt, so daß Übergewicht rasch abgebaut wird; damit verbunden ist auch ein Abbau von Eiweißablagerungen, die sich vor allem in Gefäßen (⇨ Arteriosklerose) befinden und durch die übliche eiweißreiche Ernährung entstehen (⇨ auch Fettsucht).

Allgemeine Umstimmung (⇨ Umstimmung), die teils durch den starken Reiz entsteht, den der Verzicht auf Nahrung ausübt, zum anderen auf die Entlastung des Körpers von der Verdauungsarbeit zurückzuführen ist; außerdem trägt die Entschlackung und Entgiftung mit dazu bei, Blockaden zur Abwehr- und Selbstheilungskräfte zu beseitigen.

Entschlackung und Entgiftung, weil beim Fasten Ablagerungen im Körper (wie kranke Zellen und Gewebe, entzündliche Abbauprodukte,   Eiweißablagerungen) anstelle von Nahrung zur Energiegewinnung verbrannt werden und eine Aktivierung der körpereigenen Entgiftungsfunktionen erfolgt; das wirkt allgemein regenerierend und »verjüngend« und regt die Körperabwehr an.

Seelisch-geistige Umstimmung, die insbesondere zur Umschaltung im vegetativen Nervensystem auf den parasympathischen Anteil führt; das fördert die Entspannung, hebt die Stimmung, steigert die geistige Leistungsfähigkeit und begünstigt positives Denken.

Aus diesen Hauptwirkungen ergeben sich folgende wichtige Heilanzeigen für eine Fastenkur:

■ Akute und chronische Magen-, Darm-, Leber- und Bauchspeicheldrüsenerkrankungen, zum Beispiel akuter Brechdurchfall, chronische Dickdarm- und Leberentzündungen sowie Fettleber (aber nicht bei allen diesen Krankheiten ist Fasten erlaubt).

■ Stoffwechselstörungen, vor allem Gicht, bei der die Entschlackung durch Fasten besonders wichtig ist; ⇨ Zuckerkrankheit dagegen darf oft nicht durch Fasten behandelt werden.

■ Nieren-Blasen-Leiden, zum Beispiel chronische Entzündungen und versuchsweise bei Nierensteinen.

■ Herz-Kreislauf-Erkrankungen, insbesondere ⇨ Arteriosklerose, ⇨ Bluthochdruck, ⇨ Angina pectoris, Infarktgefährdung, ⇨ Krampfadern und Durchblutungsstörungen.

■ Unreine, zu Entzündungen und Eiterungen neigende Haut, bei der die gründliche Entgiftung des Körpers besonders wichtig ist.

■ Chronisch-rheumatische Erkrankungen, die auf die ⇨ Entschlackung ebenfalls gut ansprechen.

■ Allgemeine ⇨ Umstimmung bei chronischen Entzündungen und Infektionsherden sowie Anregung der Abwehrkräfte bei akuten Erkrankungen.

Ferner kann Fasten im Einzelfall zum Beispiel noch bei Kopfschmerzen, Migräne, Allergien, Myomen, erhöhtem Augeninnendruck (Glaukom), Zahnfleischschwund und Sterilität hilfreich sein, aber auch bei einer Reihe weiterer Krankheiten. Unwirksam oder unverträglich und deshalb nicht erlaubt ist Fasten in der Regel in folgenden Fällen:

■ In der Genesungszeit nach schwereren Krankheiten und Operationen.

■ Bei Abmagerung, Magersucht, Schwäche- und Erschöpfungszuständen sowie im hohen Alter bei stärker beeinträchtigtem Allgemeinbefinden.

■ Bei zehrenden Krankheiten, wie Überfunktion der Schilddrüse, Tuberkulose und Krebs.

■ Bei chronischen Entzündungen und Geschwüren am Magen oder Zwölffingerdarm.

■ Oft auch bei latenten Psychosen (schwere seelische Krankheiten), die durch Fasten aktiviert werden könnten.

Wegen seiner tiefgreifenden Wirkungen darf Heilfasten grundsätzlich nur nach fachlicher Verordnung und unter ständiger Überwachung durch den Therapeuten durchgeführt werden. Bei längeren Fastenkuren sucht man in der Regel eine Klinik oder ein Sanatorium auf, wo ständige Betreuung gewährleistet ist. Es erübrigt sich daher, hier den Ablauf der Kur und die ergänzenden Maßnahmen zu beschreiben, dazu gibt es auch genügend Fachliteratur. Zur Selbsthilfe eignet sich nur das Kurzfasten wie folgt:

■ Bei akuten fieberhaften Infektionen, die nicht wegen hohen Fiebers und/oder stärker beeinträchtigten Allgemeinbefindens rasch fachliche Hilfe erfordern, fällt Fasten leicht, weil der Appetit meist deutlich vermindert ist. Man nimmt dabei 1 bis 3 Tage lang nur einen halben bis einen dreiviertel Liter Holunder- und Lindenblütentee mit etwas Honig und reichlich Mineralwasser ein, bis die Symptome deutlich gebessert sind; die Abwehrkräfte werden dadurch stark angeregt (besonders bei Erkältungen bewährt).

■ Bei einfachen Magen-Darm-Katarrhen mit mäßigem Brechdurchfall gibt man 1 bis 3 Tage lang einen halben bis einen dreiviertel Liter Eichenrinde-, Kamille- und Pfefferminztee ungesüßt und ebenfalls viel Mineralwasser bis zur deutlichen Besserung.

Nach dem Kurzfasten geht man nicht sofort zur Normalkost über, sondern hält noch 1 bis 3 Tage vegetarische Schonkost ein. Nach längeren Fastenkuren dauert dieses Fastenbrechen erheblich länger und wird vom Therapeuten verordnet.
Heilfasten findet seit einiger Zeit wieder mehr Anhänger. Insbesondere die Kur mit ⇨ Meditation erfreut sich wachsender Beliebtheit, weil man dabei neben der körperlichen auch eine besonders intensive seelisch-geistige Wirkung erzielt. Solche vorbeugenden Kuren unter fachlicher Anleitung können regelmäßig 1- bis 2mal jährlich empfohlen werden.

Heilpflanzen-(Phyto-)therapie

Die Behandlung mit Heilpflanzen (Drogen) gehört zu den ältesten Heilverfahren. Schon in grauer Vorzeit wurde sie praktiziert, wobei man wohl auch dem Beispiel der Tiere folgte, die bei Krankheiten zum Teil instinktsicher die richtigen Heilpflanzen fressen. In den antiken Hochkulturen war die Pflanzenheilkunde schon weit entwickelt und blieb bis ins 19. Jahrhundert eine Säule der Medizin. Auch die dann zunehmend eingesetzten chemischen Medikamente konnten sie nie ganz verdrängen, und heute greift man wieder vermehrt auf pflanzliche Heilmittel zurück, von denen ein Teil bereits gründlich wissenschaftlich untersucht wurde.
Die meisten Drogen (der Begriff darf nicht mit Rauschmitteln verwechselt werden) wirken zunächst gegen die Symptome, die jedoch nicht so massiv wie durch chemische Arzneimittel unterdrückt werden. Es geht in der Naturmedizin ja nie darum, möglichst rasch völlige Beschwerdefreiheit zu erzwingen, sondern die Krankheitsursachen zu heilen. Deshalb wirken viele Drogen auch noch auf andere Weise, indem sie den Körper anregen, die Ursachen einer Erkrankung endgültig zu überwinden. Dazu können sie auch mit anderen Heilverfahren kombiniert werden, vor allem mit natürlichen wie ⇨ Homöopathie.
Die Ansicht, daß von Heilpflanzen keine Nebenwirkungen drohen, ist weit verbreitet, so pauschal aber nicht richtig. Zwar sind die Risiken bei sachgerechter Anwendung geringer als bei chemischen Arzneimitteln, aber es gibt hochgiftige Arzneipflanzen, die zum Tod führen können, und selbst so »harmlose« Kräuter wie Kamille oder Pfefferminze können unerwünschte Nebenwirkungen verursachen.
Klassische Zubereitungsform pflanzlicher Arzneimittel ist der Tee, der stets portionsweise frisch in Gefäßen aus Glas oder Porzellan (nie Metall) hergestellt wird. Folgende Arten sind gebräuchlich:

■ Abkochung, bei der man die Drogen mit kaltem Wasser ansetzt, innerhalb von 15 bis 30 Minuten zum Kochen bringt, noch 5 Minuten sieden und danach 10 Minuten ziehen läßt, ehe man abseiht.

■ Aufguß, zu dem die Drogen mit kochendem oder gerade nicht mehr kochendem Wasser überbrüht werden, in dem sie vor dem Abseihen 5 bis 15 Minuten ziehen müssen.

■ Kaltauszug, für den die Drogen mit kaltem Wasser 3 bis 12, teilweise bis 24 Stunden angesetzt und jede Stunde umgerührt werden, ehe man den Tee abseiht.

Welche Zubereitungsform sich für die einzelnen Drogen am besten eignet, ergibt sich aus den Anweisungen auf der Teepackung, die man in der Apotheke oder im Reformhaus kauft. Weitere Zubereitungsformen, die man fertig kauft, sind Pulver, Extrakt, Tinktur, Öl, Wein, Sirup, Salbe, Pflaster und Badezusatz. Im Vergleich zum Tee bieten die meisten fertigen Zubereitungen den Vorteil, daß sie eine stets gleichbleibende (standardisierte) Wirkstoffmenge enthalten, was beim Tee nicht gewährleistet ist. Deshalb wird man sie oft bevorzugen.

Es gibt zu viele Heilpflanzen, als daß sie hier auch nur annähernd vollständig angeführt werden könnten. Wir greifen nur einige besonders gut bewährte und bekannte mit ihren Heilanzeigen heraus, die auch zur Selbsthilfe gut geeignet sind.

Bewährte Heilpflanzen und ihre Heilanzeigen

Arnika	äußerlich zu ⇨ Wickeln und Einreibungen bei Bluterguß, Quetschung, Prellung, Verrenkung, Verstauchung, Rheuma und Gicht; innerlich nur nach Verordnung zur Kreislaufanregung.
Augentrost	Augenbäder (⇨ Bäder) zur Stärkung der Sehkraft, bei Überanstrengung der Augen, Bindehautentzündung und Gerstenkorn.
Baldrian	Hauptmittel bei Nervosität, Schlafstörungen, nervösen Kopfschmerzen, zur Konzentrationssteigerung, ferner bei Blähungen und Koliken.
Bärentraube	Harndesinfektion bei Blasenentzündung, versuchsweise auch bei Bettnässen (die eintretende Harnverfärbung ist bedeutungslos).
Birke	innerlich als Saft oder Tee zur ⇨ Blutreinigung; äußerlich als Öl zur Haarpflege.
Brennessel	innerlich zur ⇨ Blutreinigung, vor allem bei Gicht, Rheuma, Ekzemen und anderen Hautleiden; äußerlich als Haarwasser.
Eibisch	Hauptmittel bei Husten, Heiserkeit, Bronchitis; Gurgeln bei Mund- und Rachenentzündung.
Eiche	innerlich bei Magen-Darm-Katarrh mit Durchfall; äußerlich zu ⇨ Wickeln und als Badezusatz (⇨ Bäder) bei Ekzemen, Geschwüren, Frostbeulen und übermäßigem Schwitzen; Gurgeln bei Mund- und Zahnfleischentzündungen.
Fenchel	als Gewürz, bei Blähungen, Koliken, Bronchitis und Erkältung, für Kleinkinder auch zur Beruhigung; äußerlich wie Augentrost zu Augenbädern.
Ginseng	(nur echt koreanischer) zur Anregung, bei Schwäche, Erschöpfung, Vorbeugung vorzeitigen Alterns, Anregung des Immunsystems, in der Rekonvaleszenz nach Krankheiten und Operationen, zur allgemeinen Leistungssteigerung (kurmäßig mindestens 4 Wochen lang einnehmen).

Bewährte Heilpflanzen und ihre Heilanzeigen

Heckenrose	reife Samen (Hagebutten) wegen des hohen Gehalts an Vitamin C bei Infektionen, außerdem harntreibend bei Gicht und Rheuma sowie zur Vorbeugung von Nierensteinen.
Holunder, schwarzer	Blüten innerlich zur Abwehrsteigerung bei Infektionen, äußerlich zum Gurgeln bei Rachen- und Mandelentzündung; Blätter und Wurzeln zur ⇨ Blutreinigung bei Gicht, Rheuma und Hautleiden.
Hopfen	innerlich bei Nervosität, Schlafstörungen; äußerlich als Salbe bei Wunden und Geschwüren.
Johanniskraut	Hauptmittel bei Depressionen, außerdem Schlafstörungen und Nervosität; äußerlich Einreibung mit Öl bei Gicht, Rheuma, Nervenschmerzen, Verrenkung, Verstauchung und Sonnenbrand (während der Anwendung Sonnenbäder und UV-Bestrahlungen vermeiden).
Kamille	innerlich bei Katarrhen und Geschwüren des Magen-Darm-Kanals, bei Koliken, Blähungen und Menstruationsbeschwerden; ⇨ Wickel, ⇨ Bäder und Waschungen bei Hautleiden, Wunden und Hämorrhoiden; Gurgeln bei Mund-, Zahnfleisch-, Mandel- und Rachenentzündungen; ⇨ Inhalationen bei Schnupfen.
Knoblauch	Hauptmittel bei hohen Blutfettwerten, Arterienverkalkung, vorzeitigen Alterserscheinungen, zur Anregung der Verdauung, antibiotisch bei Bronchitis und Darminfektionen.
Kümmel	Hauptmittel bei Blähungen und Koliken.
Lindenblüten	wie Holunder zur Abwehrsteigerung bei Infektionen, vor allem Erkältung mit Husten und Bronchitis.
Löwenzahn	wie Brennessel zur ⇨ Blutreinigung, nur nach Verordnung versuchsweise zum Austreiben kleiner Nierensteine.
Melisse	innerlich bei Nervosität, Schlafstörungen, Krämpfen, Koliken, Blähungen und Übelkeit; äußerlich zur Einreibung bei Bluterguß, Quetschung, Rheuma- und Nervenschmerzen.
Pfefferminze	innerlich bei Blähungen, Magen-Darm-Katarrhen, Koliken, Sodbrennen; äußerlich zur Einreibung bei Rheuma, Nervenschmerzen, Quetschungen (nie länger als 3 Wochen ununterbrochen verwenden).
Rosmarin	Kreislaufanregung bei niedrigem Blutdruck (innerlich und als Badezusatz); außerdem innerlich bei Verdauungsschwäche, äußerlich zur Einreibung bei Rheuma (nie nach 17 Uhr anwenden, sonst zu stark anregend).
Salbei	Hauptmittel bei nervösem Schwitzen, außerdem bei Nervosität und Magen-Darm-Katarrhen; Gurgeln bei Mund-, Zahnfleisch-, Mandel- und Rachenentzündung.
Sonnenhut (Echinacea)	Hauptmittel zur Abwehrsteigerung (auch vorbeugend) bei Infektionen; äußerlich als Salbe bei Hautentzündungen und -eiterungen.
Tausendgüldenkraut	innerlich bei Verdauungsschwäche, Sodbrennen, Appetitmangel, Magenkatarrh, Leber- und Gallenblasenleiden.

Bewährte Heilpflanzen und ihre Heilanzeigen

Thymian	innerlich bei Magen-Darm-Katarrh, Koliken, Bronchitis und Asthma; äußerlich zu Waschungen bei Hautentzündungen, Erfrierungen und Frostbeulen.
Wacholder	Hauptmittel zur Anregung des Gelenkstoffwechsels bei Gelenkabnutzung, ferner zur ⇨ Blutreinigung bei Gicht und Rheuma (nie bei Nierenleiden verwenden).
Weißdorn	Hauptmittel bei leichter Herzschwäche (vor allem im Alter, auch kombiniert mit Fingerhut), ergänzend bei anderen Herzleiden, Arteriosklerose und Bluthochdruck.
Wermut	Sodbrennen, Appetitmangel, Blähungen, Verdauungsschwäche, Leber-Gallenblasen-Leiden.
Zinnkraut (Ackerschachtelhalm)	innerlich bei Bindegewebsschwäche und damit zusammenhängenden Krampfadern und Hämorrhoiden, ferner bei Arteriosklerose und Bronchialerkrankungen; Gurgeln bei Mundschleimhaut-, Zahnfleisch- und Mandelentzündungen; äußerlich für ⇨ Wickel und Waschungen bei Hautleiden, Ekzemen, Geschwüren, Krampfadern und Venenentzündungen.

Arnika (Arnica montana)

Augentrost (Euphrasia officinalis)

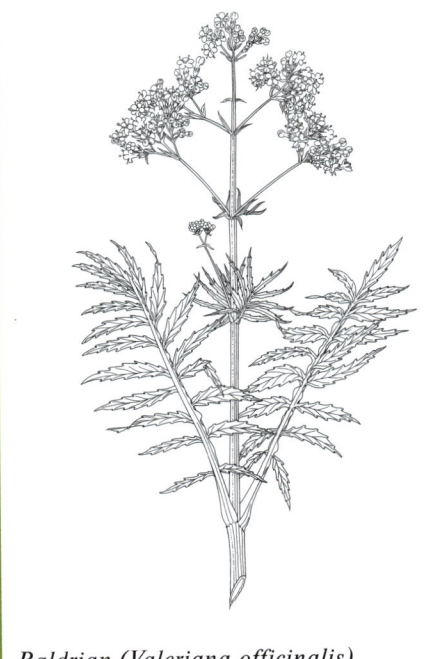

Baldrian *(Valeriana officinalis)*

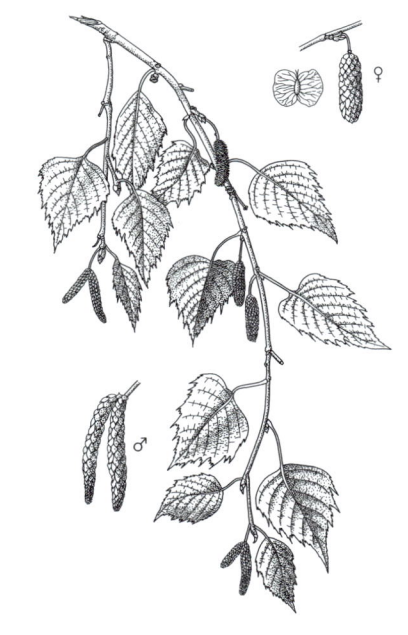

Birke *(Betula pendula)*

Bärentraube *(Arctostaphylos uva-ursi)*

Brennessel *(Urtica dioica)*

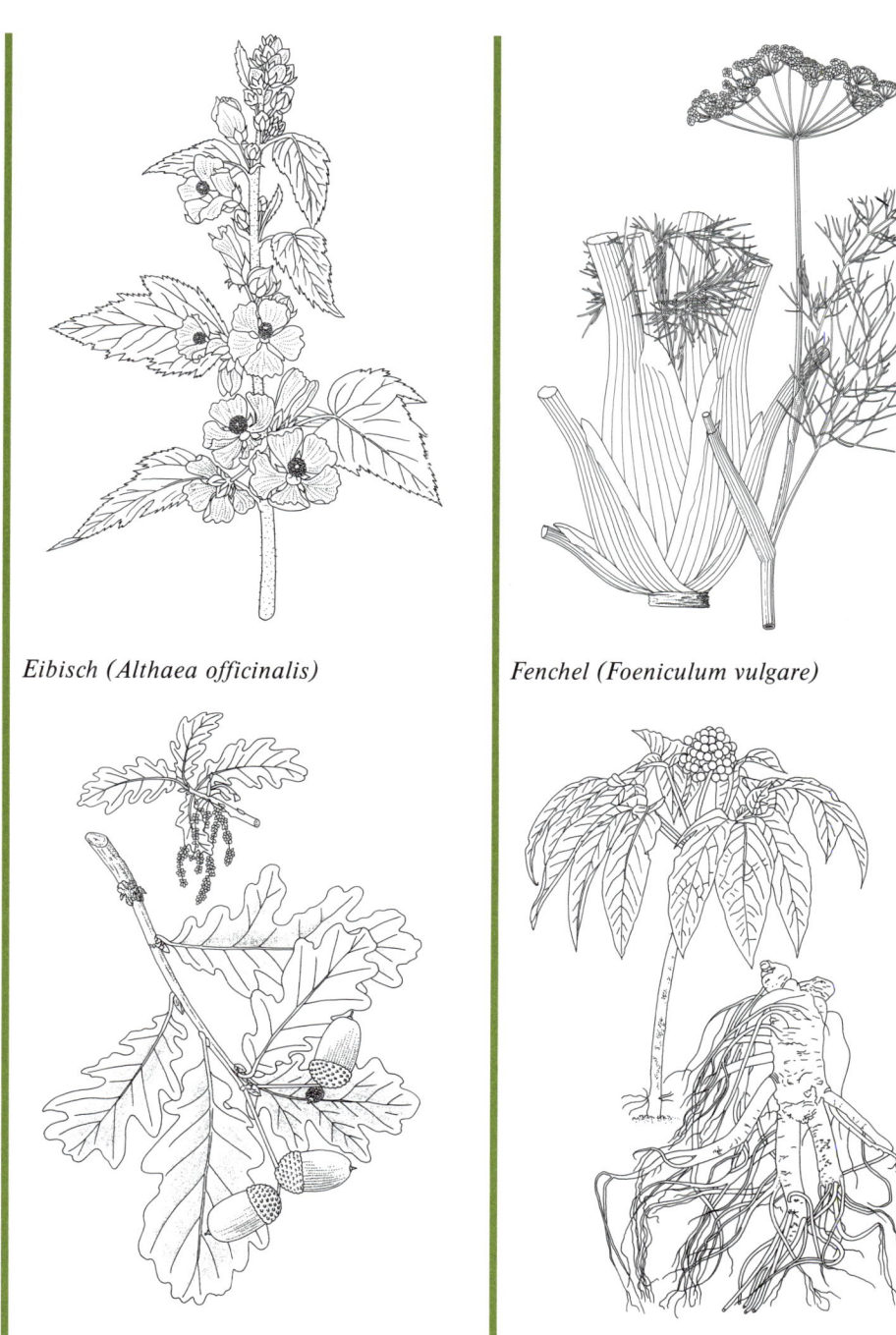

Eibisch (Althaea officinalis)

Fenchel (Foeniculum vulgare)

Eiche (Quercus robus)

Koreanischer Ginseng (Panax ginseng)

Heckenrose (Rosa canina)

Hopfen (Humulus lupulus)

Schwarzer Holunder (Sambucus nigra)

Johanniskraut (Hypericum perforatum)

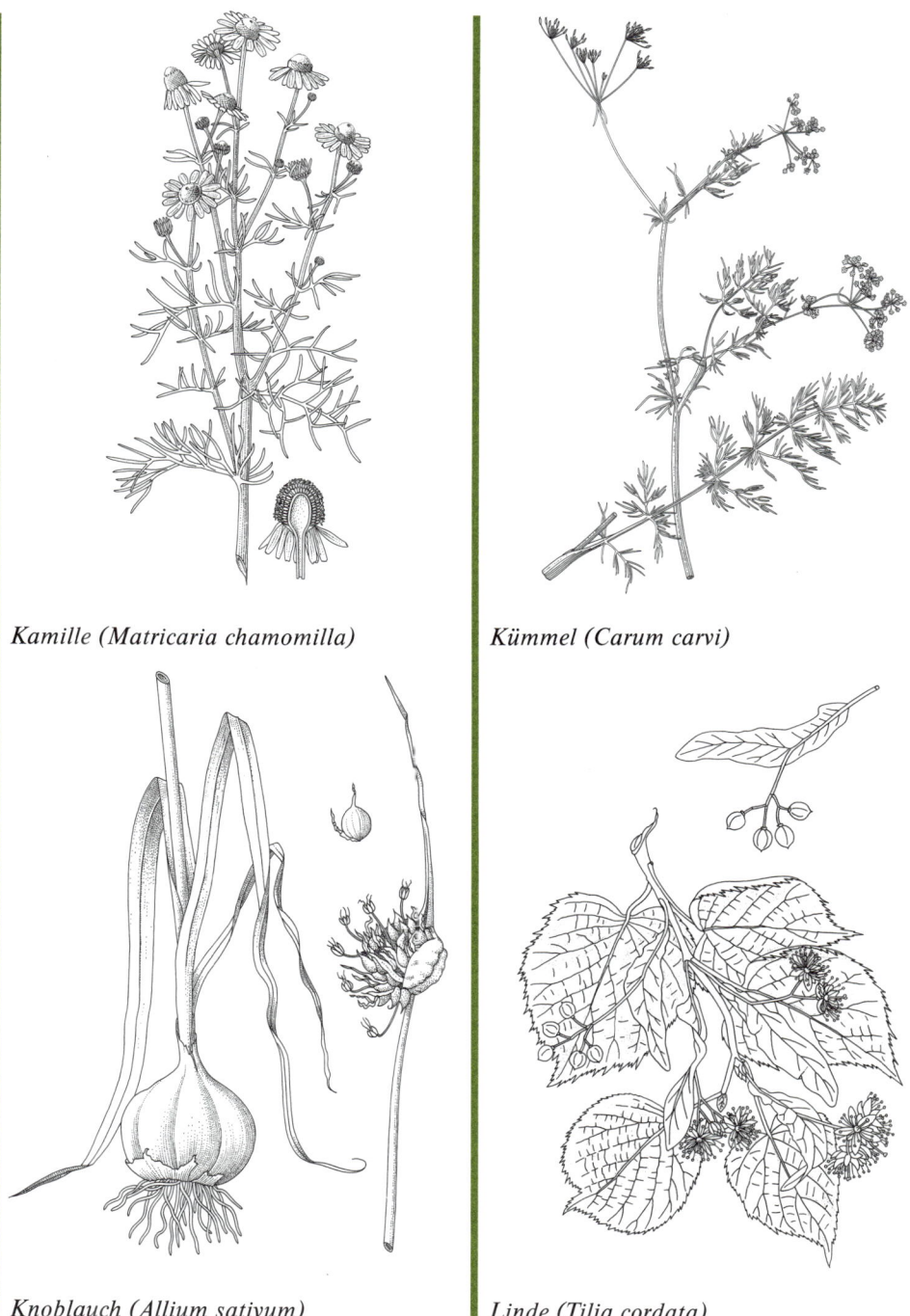

Kamille (Matricaria chamomilla)

Kümmel (Carum carvi)

Knoblauch (Allium sativum)

Linde (Tilia cordata)

Löwenzahn (Taraxacum officinale)

Pfefferminze (Mentha piperita)

Melisse (Melissa officinalis)

Rosmarin (Rosmarinus officinalis)

Salbei (Salvia officinalis)

Tausendgüldenkraut
(Centaurium erythraea)

Sonnenhut (Echinacea angustifolia)

Thymian (Thymus vulgaris)

Wacholder (Juniperus communis)

Wermut (Artemisia absinthium)

Weißdorn (Crataegus laevigata)

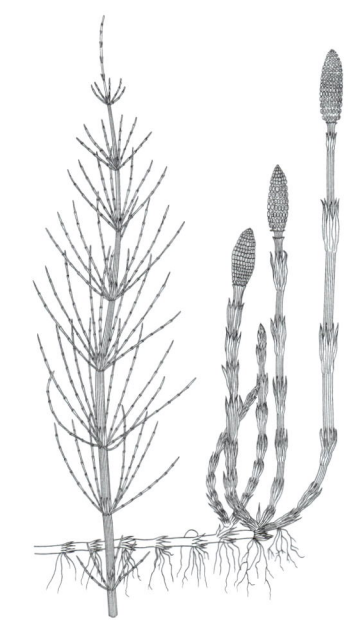

Zinnkraut (Equisetum arvense)

H

Heiserkeit – Kehlkopfentzündung

Belegte, rauhe bis tonlose Stimme mit Hustenreiz entsteht häufig als Symptom der Kehlkopfentzündung bei ⇨ Erkältung. Weitere Ursachen sind Überanstrengung der Stimme, Reizungen durch äußere Reize (oft Rauchen), Kehlkopfgeschwülste und Nervenleiden. Vor allem bei Rauchern ist chronische Heiserkeit immer krebsverdächtig und muß möglichst rasch untersucht werden.

Akute Heiserkeit behandelt man wie Erkältung und ⇨ Husten und vermeidet strikt alle äußeren Reize. Chronische Heiserkeit muß nach fachlicher Verordnung je nach Ursachen behandelt werden, vor allem homöopathisch. Bei Rauchern ist Heilung unmöglich, wenn nicht strikt auf Nikotin verzichtet wird. Entsteht Heiserkeit berufsbedingt durch vieles Reden (zum Beispiel Lehrer) oder bei Sängern, hilft oft nur die gezielte Stimmschulung nach fachlicher Anleitung.

Heliotherapie

Die Heilkraft der Sonne (Helios war der griechische Sonnengott) nutzte man schon in der Antike. Die Lebensreformer entdeckten sie im 19. Jahrhundert neu, insbesondere der Schweizer Laientherapeut ARNOLD RIKLI (1823–1906), in dessen »atmosphärischer Kur« Sonnenbäder, ⇨ Luftbäder, ⇨ Bewegung und ⇨ Wassertherapie im Vordergrund standen. Damit wandte sich die Naturheilbewegung auch gegen den damals in »besseren Kreisen« üblichen übertriebenen Sonnenschutz zur Erhaltung des »vornehm-blassen« Teints.

Bei der Heliotherapie geht es nicht darum, die Haut möglichst tief zu bräunen, das zeigt eher an, daß sie sich durch vermehrte Farbstoffbildung bereits vor Sonnenschäden schützen muß. Vielmehr sind folgende Wirkungen des Sonnenlichts therapeutisch von Bedeutung:

- Erweiterung der Hautgefäße durch den Reiz der Sonnenstrahlen mit vermehrter Hautdurchblutung.
- Anregung der Vitamin-D-Bildung aus Vorstufen in der Haut, was für den Kalziumhaushalt unentbehrlich ist und der Mangelkrankheit Rachitis vorbeugt.
- Aktivierung der Eiweiß-, Fett- und Blutfarbstoffsynthese im Körper sowie der Abwehrfunktionen.
- Beeinflussung des vegetativen Nervensystems, der Hormondrüsen und indirekt auch des Seelenlebens, was vermutlich vor allem durch den Einfluß des Sonnenlichts auf die Zirbeldrüse im Gehirn entsteht.

Auf Grund dieser umfassenden körperlichen und psychischen Wirkungen kann die Heliotherapie nicht nur Hautleiden, sondern auch eine Reihe anderer Erkrankungen günstig beeinflussen, zum Beispiel Durchblutungs-, Stoffwechselstörungen, Immunschwäche und Depressionen. Dazu darf man sich aber nicht zu lang der Sonne aussetzen (wenn zur Therapie nicht ohnehin UV-Bestrahlungen verordnet werden), sonst geht man ein hohes Gesundheitsrisiko ein. ⇨ Sonnenbrand ist noch das kleinste Übel, obwohl die Haut diese Zerstörung der obersten Zellen niemals »vergißt«. Schwerer wiegt schon die allmähliche Austrocknung, Verdickung und vorzeitige Alterung der häufiger durch übertriebene Sonnenanwendung geschädigten Haut und die Schwächung des Immunsystems, die nach einem Sonnenbrand tagelang anhält und schließlich chronisch werden kann.

Die größte Gefahr besteht in krebsiger Entartung der Hautzellen, die seit einigen Jahren erschreckend zunimmt. Sie wird wahrscheinlich durch die seit den 60er

145

Jahren üblich gewordene übertriebene Sonnenbestrahlung begründet, denn es dauert 20 bis 30 Jahre, ehe Hautkrebs akut auftritt, und wird durch die infolge der Umweltverschmutzung nachlassende Schutzwirkung der Ozonschicht (Ozonloch) noch begünstigt. Besonders gefährdet sind blonde und rothaarige Menschen mit heller Haut, oft auch Sommersprossen, die kaum bräunen und rasch einen starken Sonnenbrand erleiden.

Um diese Risiken so gut wie möglich auszuschließen, sollte man Sonnenbäder zur Gesundheitsvorsorge nicht häufiger als 30mal im Jahr durchführen. Die Dauer hängt vom persönlichen Hauttyp und der Gewöhnung an die Sonnenstrahlung ab, ein Sonnenbrand muß unbedingt vermieden werden.

Man sollte schon zeitig im Frühjahr beginnen, sich vorsichtig an die Sonne zu gewöhnen, indem man zunächst nur kleine Hautabschnitte für 5 bis 10 Minuten bestrahlt, allmählich dann zur Ganzkörperbesonnung ausweitet, die nicht länger als 2 Stunden dauern soll und am besten mit Bewegung und Wechsel zwischen Sonne und Schatten verbunden wird. Die pralle Sommersonne am Mittag vermeidet man grundsätzlich; die besten Zeiten für das Sonnenbad sind früher Vormittag und später Nachmittag.

Sonnenschutzmittel bieten einen guten zusätzlichen Hautschutz; ihr Lichtschutzfaktor soll desto höher sein, je weniger die Haut an Sonne gewöhnt ist und je empfindlicher sie auf die UV-Strahlen reagiert. Allerdings werden diese Mittel von Allergikern nicht immer vertragen; dann muß der Therapeut befragt werden.

Für die erwünschte therapeutische Wirkung genügen oft schon 20 bis 30 Minuten Aufenthalt im Freien am Tag, auch im Schatten oder bei bedecktem Himmel. Bei Krankheiten bestimmt der Therapeut die Dauer, oft wird er zur genauen Dosierung der UV-Strahlung künstliche ⇨ Bestrahlungen verordnen.

Helmel-Atemtherapie
⇨ Atemtherapie

Herzleiden
Funktionelle Störungen und organische Erkrankungen des Herzens sind heute weit verbreitet. Sie stehen in enger Beziehung mit zivilisatorischen Einflüssen, insbesondere Fehlernährung, Bewegungsmangel und Dauerstreß. Selbsthilfe ist bei Herzkrankheiten nie ohne vorherige fachliche Untersuchung erlaubt, die genau die Ursachen klärt; sie muß stets mit dem Fachmann abgesprochen werden. Deshalb genügt es hier, die häufigsten Herzleiden kurz zu beschreiben.

Herzneurose (-angst) als häufige funktionelle Herzstörung entsteht durch verschiedene seelisch-nervöse Einflüsse, wie Aufregungen, ungelöste Konflikte und ähnliche Streßfaktoren. Typische Symptome sind Druck, Enge, Beklemmung und Schmerzen in der Herzgegend, oft begleitet von Schwindel, Übelkeit und Angstzuständen. Die Beschwerden können mindestens ebenso stark wie bei organischen Herzleiden sein, obwohl die Untersuchung keine Schädigung feststellt. Zur Therapie eignen sich vor allem ⇨ Entspannungstherapie und ⇨ Autosuggestionstherapie, pflanzliche ⇨ Beruhigungsmittel und die bei ⇨ Angst und ⇨ Nervosität genannten anderen Maßnahmen, zum Teil auch fachliche ⇨ Psychotherapie.

Herzschwäche (-insuffizienz) tritt akut bei anderen Herzleiden, häufiger chronisch-schleichend als Alterserscheinung auf.

Schmerzen verursacht sie kaum, typisch ist vor allem der beschleunigte Herzschlag bei Belastungen, der sich nur langsam normalisiert, verbunden mit Knöchelschwellungen, vermehrter nächtlicher Harnausscheidung, Schwindel, Kopfschmerzen, Ohrensausen, Atemnot bis hin zu asthmaartigen Anfällen (Herzasthma), Reizhusten, Störungen der Leber- und Nierenfunktionen durch Blutstauung, allgemeine Leistungsschwäche und oft auch Schlafstörungen.

Die Therapie richtet sich nach den Ursachen und dem Schweregrad der Herzinsuffizienz und wird immer fachlich verordnet. In leichten Fällen genügt Weißdorn (⇨ Heilpflanzen), bei ausgeprägter Herzschwäche kann der giftige Fingerhut (Digitalis) angezeigt sein, aber auch ⇨ Homöopathie bewährt sich gut. Die ⇨ Diät soll leicht, fettarm, rohkostreich und möglichst vegetarisch (⇨ Vegetarismus) sein, Einschränkung der Salz- und Flüssigkeitszufuhr ist oft erforderlich. Zwischendurch kann der Therapeut entlastende ⇨ Heilfastenkuren und ⇨ Saftkuren verordnen. ⇨ Bewegungstherapie und ⇨ Wassertherapie müssen ebenfalls individuell verordnet werden.

Herzinfarkt ist die am dramatischsten verlaufende Herzkrankheit; er kann allerdings auch unbemerkt bleiben, das hängt davon ab, welche Herzabschnitte betroffen werden. In der Regel bestand vorher ⇨ Angina pectoris, viele der Patienten sind übergewichtig, rauchen, haben hohe Blutfett- und Blutdruckwerte und stehen unter Dauerstreß. Diese individuellen Risikofaktoren führen zum Verschluß einer Herzkranzarterie, das dann nicht mehr durchblutete Herzmuskelgewebe stirbt ab. In typischen Fällen kommt es zu heftigsten Schmerzen am Herzen, die in den linken Arm, Hals oder Bauch ausstrahlen, Todes-

angst, Atemnot, Blässe, Blutdruckabfall, kaum noch fühlbarem Puls und kaltem Schweißausbruch. Beim geringsten Verdacht muß sofort der Notarzt gerufen werden, denn die sofortige Therapie kann über Leben und Tod entscheiden. Die Behandlung erfolgt in der Klinik, wo man den Arterienverschluß vielleicht wieder auflösen kann (zum Beispiel durch ⇨ Enzymtherapie).

Naturheilverfahren kommen hauptsächlich zur Nachsorge in Frage, um das Herz wieder zu stärken und einem erneuten Infarkt vorzubeugen. Auf die zahlreichen therapeutischen Möglichkeiten muß nicht weiter eingegangen werden, sie bleiben fachlicher Verordnung vorbehalten. Praktisch immer ist eine Umstellung falscher Ernährungs- und Lebensgewohnheiten zur Grundbehandlung erforderlich.

Heuschnupfen

Die allergische Krankheit wird durch Pollen von Gräsern, Bäumen und Sträuchern ausgelöst und tritt deshalb hauptsächlich im Frühjahr und Frühsommer auf. Symptomatisch sind heftige Niesanfälle, verlegte Nasenatmung mit Atemnot, Bindehautentzündung, Tränenfluß und Lichtempfindlichkeit. Neben den Allergenen spielen bei Heuschnupfen zum Teil auch psychische Faktoren eine Rolle, insbesondere sexuelle Probleme und Lernvorgänge, die im Extremfall dazu führen können, daß schon das Foto einer blühenden Wiese die Symptome provoziert. Als Komplikation kann es bei einem Teil der Patienten später zu ⇨ Asthma kommen.

Die Grundbehandlung der Naturmedizin entspricht der bei anderen ⇨ Allergien, insbesondere ⇨ Homöopathie, ⇨ Eigenbluttherapie; gezielte Desensibilisierung oder unspezifische ⇨ Umstimmung sind nach Verordnung angezeigt. Zur örtlichen

Nasenspülung bei Heuschnupfen

Behandlung kommen noch Nasenspülungen mit Augentrost und Zinnkraut, ⇨ Abwaschungen des ganzen Körpers und ⇨ Güsse der Beine in Frage. Die psychischen Einflüsse lassen sich durch ⇨ Entspannungstherapie und ⇨ Autosuggestionstherapie oder fachliche ⇨ Psychotherapie bessern. In der Ernährung müssen alle Nahrungsmittel mit Pollen (zum Beispiel Honig) bis zur Heilung strikt gemieden werden.

Hexenschuß

Der Aberglauben, daß der plötzlich einschießende heftige Schmerz im Kreuz durch Hexen verursacht wird, führte zu dieser volkstümlichen Bezeichnung, medizinisch spricht man von Lumbago. Auslösend wirken oft Fehl-, Überlastungen, ungeschickte Bewegungen oder Stürze, teils auch Zugluft, eigentliche Ursache ist aber meist ein ⇨ Bandscheibenschaden mit Nervenwurzelreizung. Die Ursachen müssen zur gezielten Behandlung genau geklärt werden.
Zur Soforthilfe empfehlen sich vor allem heiße ⇨ Wickel und ansteigende Sitzbäder (⇨ Bäder) mit Heublumen, die den Schmerz lindern, oder Salben mit Arnika und Johanniskrautöl. Der Therapeut wird ⇨ Homöopathie, ⇨ Chirotherapie, ⇨ Blutegel, ⇨ Schröpfen, ⇨ Baunscheidtismus, ⇨ Akupunktur und ⇨ Neuraltherapie anwenden.
Nach Besserung ist ⇨ Bewegungstherapie, oft Krankengymnastik, zur Vorbeugung von Rückfällen erforderlich (⇨ auch Ischias, ⇨ Kreuzschmerzen).

Homöopathie

Dieses Heilverfahren spielt in der modernen Naturheilkunde eine hervorragende Rolle, mittlerweile wird es auch vermehrt von Schulmedizinern angewendet. Begründet wurde es von dem sächsischen Arzt Christian Friedrich Samuel Hahnemann (1755-1843), der sich enttäuscht von der damals üblichen Medizin abwandte und sein »neues Prinzip zur Auffindung der Heilkräfte der Arzneisubstanzen« in zahlreichen Selbstversuchen schuf. Dieses Prinzip beruht auf den folgenden beiden Grundsätzen:

Ähnlichkeitsregel: Diese Regel, die schon Hippokrates kannte, besagt, daß »Ähnliches durch Ähnliches geheilt wird« und kommt in der Bezeichnung Homöopathie (von griechisch homoion = ähnlich, pathos = Leiden) zum Ausdruck. Danach soll man nach Hahnemann »gegen die zu heilende Krankheit dasjenige Arzneimittel anwenden, welches eine andere, möglichst ähnliche künstliche Krankheit zu erregen imstande ist«. Auf diese Weise werden nämlich die Abwehr- und Selbstheilungskräfte gezielt gegen die Erkrankung aktiviert. Welche Arzneistoffe zu welchen künstlichen Krankheiten führen, ermittelt man durch Arzneimittelprüfungen an Gesunden, die den Wirkstoff unverdünnt erhalten. Die Wirkungen faßt man in den Arz-

Die Homöopathie heilt mit Arzneisubstanzen in teils hoher Verdünnung

neimittelbildern zusammen, von denen heute 500 sehr genau und etwa weitere 1500 weniger gründlich erforscht sind. In der Praxis kommt man mit etwa 300 Mitteln aus, die individuell nach den Arzneimittelbildern verordnet werden.

Potenzierung der Arzneistoffe bedeutet Verdünnung, die nach dem ⇨ Arndt-Schulzeschen Gesetz einen schwachen Reiz auf den Körper ausübt, der die Abwehr- und Selbstheilungskräfte fördert, also keine Abschwächung, sondern Verstärkung der Wirkung bedeutet. Den Grad der Verdünnung erkennt man am Zusatz D (Zehnerpotenz) oder C (Hunderterpotenz). D 1 bedeutet, daß 1 Teil unverdünnte Ursubstanz mit 9 Teilen Lösungsmittel (Wasser, Alkohol, Milchzucker) potenziert wurde, C 1 die Verdünnung von 1 Teil Ursubstanz mit 99 Teilen Lösungsmittel. Durch weitere Potenzschritte entstehen D 2, D 3 usf. oder C 1, C 2 usw. Bei höchsten Potenzen (ab D 23) kann sich kein Molekül Wirkstoff mehr im Arzneimittel befinden. Wenn trotzdem sogar höchste Potenzen (wie D 100, D 200 oder gar D 1000) wirken, erklärt sich das daraus, daß die im Arznei-

149

stoff enthaltenen »Informationen« auf das Lösungsmittel übertragen werden. Dazu ist es notwendig, die homöopathischen Mittel bei jedem Potenzschritt kräftig zu »verschütteln«.

Homöopathie verwendet vor allem Heilpflanzen, Mineralien, Metalle, tierische Stoffe und Sekrete, aber auch chemische Substanzen und Gifte. Nebenwirkungen treten dank der Verdünnung nicht auf, wenn man ein falsches Mittel anwendet, bleibt lediglich die Wirkung aus. Da die individuell richtige Verordnung fundierte Ausbildung und praktische Erfahrung erfordert, eignet sich Homöopathie trotz dieser Vorteile nicht zur Eigenbehandlung. Deshalb muß auf die praktische Durchführung der Therapie hier nicht weiter eingegangen werden.

Heilanzeigen der Homöopathie sind alle akuten und chronischen Krankheiten, die durch die Abwehr- und Selbstheilungsregulationen geheilt werden können; das gilt für die meisten. Zur Behandlung stehen verschiedene Zubereitungsformen zur Verfügung, vor allem die klassischen Dilutionen (Tropfen), Triturationen (Verreibungen) und Globuli (Streukügelchen), inzwischen auch Tabletten, Dragees, Injektions- und Trinkampullen, Salben und Cremes.

Das Maß für die Dosierung bildet die »homöopathische Gabe«, zum Beispiel 1 Tablette/Dragee, 5 bis 10 Tropfen, 1 Messerspitze Verreibung, 7 bis 10 Globuli oder 1 Ampulle. Bei akuten Krankheiten nimmt man zunächst meist alle 1 bis 2 Stunden, danach 3- bis 5mal täglich 1 Gabe, bei chronischen Krankheiten 1- bis 2mal täglich, bei sehr hartnäckigen Erkrankungen 1- bis 3mal wöchentlich oder noch seltener (oft Hochpotenzen). In der Regel gibt man die Gaben zwischen den Mahlzeiten und 1 Stunde vor dem Schlafengehen, beläßt sie eine halbe bis eine Minute im Mund,

damit die Wirkstoffe zum Teil schon hier aufgenommen werden, und trinkt danach eine halbe bis eine Stunde nichts.

Sonderformen der Homöopathie sind Komplexmittel mit mehreren Wirkstoffen und Mischmittel mit homöopathischen und anderen (oft pflanzlichen) Wirkstoffen. Orthodoxe Homöopathen lehnen diese zwar ab, in der Praxis haben sie sich aber gut bewährt.

Honig
⇨ Apitherapie

Hörsturz
⇨ Ohrenkrankheiten

Husten
Meist tritt er akut bei ⇨ Erkältung, ⇨ Grippe und ⇨ Bronchitis auf, manchmal auch durch eingeatmete Fremdkörper, Staub, Dämpfe und Gase. Chronischer Husten ist häufig Folge des Rauchens, kann aber auch auf chronische Herz- und Lungenleiden oder psychische Ursachen zurückzuführen sein. Wenn Schleim oder Fremdkörper aus den Luftwegen entfernt werden, ist Husten sinnvoll und darf nicht zu stark unterdrückt werden. Das ist nur beim Reizhusten angezeigt, der sich durch ständige Reizung selbst unterhält.

Die Therapie richtet sich nach den Ursachen, meist entspricht sie der bei Bronchitis bereits beschriebenen Behandlung. Am besten kombiniert man hustenreizlindernde, auswurffördernde und entzündungshemmende ⇨ Heilpflanzen, wie Eibisch, Pfefferminze, Spitzwegerich und Thymian. Reizungen durch Rauchen und andere Reizstoffe müssen ausgeschaltet, andere Krankheiten gezielt nach Verordnung behandelt werden. Psychische Ein-

flüsse lassen sich durch ⇨ Entspannungs-
und ⇨ Autosuggestionsübungen oder
fachliche ⇨ Psychotherapie beseitigen.

Hypertonie
⇨ Bluthochdruck, -unterdruck

Hypnose
Sie gehört zu den Suggestionstherapien,
die man seit Jahrtausenden (zum Beispiel
Tempelschlaf im antiken Griechenland)
praktiziert. Die moderne Hypnose begründete im 18. Jahrhundert der österreichische Arzt FRANZ ANTON MESMER (1734–
1815), der allerdings noch von »magnetischen Phänomenen« ausging. Erst der
englische Arzt JAMES BRAID erkannte um
1840, daß MESMERS Therapie nichts mit
Magnetismus zu tun hatte, sondern ein
»Zustand des Nervensystems« war; für
diese Behandlung führte er den Begriff
Hypnose (nach Hypnos, dem griechi-
schen Gott des Schlafs) ein. Die weitere
Entwicklung der Hypnose im 19. Jahrhundert wurde vor allem von den französischen Ärzten BERNHEIM, CHARCOT und LIE-
BEAULT geprägt; auch SIGMUND FREUD arbeitete mit Hypnose, ehe er die Psychoanalyse begründete.

Ab der Jahrhundertwende verlor Hypnose
viel an Bedeutung, erst in den letzten drei
Jahrzehnten wird sie – ausgehend vor allem von den USA – wieder vermehrt angewendet. Mit okkulten Praktiken hat sie
nichts zu tun, sofern sie vom seriösen
Fachmann durchgeführt wird. Vielmehr
beruht sie auf den gleichen natürlichen
Vorgängen wie ⇨ Autosuggestion; der
Unterschied besteht lediglich darin, daß
die Suggestionen eben von einem Drit-
ten (Therapeuten) gegeben werden. Die
oft befürchtete Manipulation durch diese Fremdbeeinflussung entbehrt jeder

Grundlage, denn auch die Suggestionen
in der Hypnose durch andere werden zunächst von Instanzen des Seelenlebens
geprüft und nur angenommen, wenn sie
im Einklang mit der eigenen Persönlichkeit stehen.

Genau erklären läßt sich Hypnose heute
noch nicht. Vereinfacht gesagt führen die
Suggestionen zu einem Zustand eingeschränkten Bewußtseins mit Konzentration auf den Therapeuten, dessen weitere
Suggestionen dann leichter den Weg ins
Unbewußte finden. Diese Suggestionen
können individuell sehr vielseitig eingesetzt werden, um zahlreiche körperliche
und psychische Störungen zu beeinflussen. Letztlich werden durch Hypnose die
seelisch-geistigen Selbstheilungskräfte
aktiviert, die solche Störungen dann aus
eigener Kraft überwinden.

Allerdings sind dem Grenzen gesetzt,
denn nicht alle (aber die meisten) Menschen sind hypnotisierbar, und bei schweren seelischen Krankheiten (Psychosen)
läßt sich kaum eine Wirkung erzielen. Aber
die heute verbreiteten leichteren psychischen und psychosomatischen Krankheiten sprechen meist gut auf Hypnose an.
Sie kann auch mit anderen Formen der
⇨ Psychotherapie kombiniert werden, um
deren Wirkung zu verstärken und zu beschleunigen, zum Beispiel mit Psychoanalyse und Verhaltenstherapie.

Zum Teil kann Hypnose auch zur Selbsthilfe angewendet werden. Auf diese Selbsthypnose läßt man sich aber durch einige
Sitzungen beim Hypnotherapeuten vorbereiten. Die Anwendungsmöglichkeiten
der Selbsthypnose entsprechen denen
des ⇨ autogenen Trainings und der ⇨ Autosuggestionstherapie.

Hypotonie
⇨ Bluthochdruck, -unterdruck

Influenza
⇨ Grippe

Inhalation
Einfache Wasserdampfinhalationen führt man wie den Gesichtsdampf (⇨ Dampfanwendungen) durch, indem man Wasser zum Kochen bringt und den Dampf unter einer Decke kräftig durch Mund und Nase einatmet. Zusätze wie Kamillen, Thymian oder Emser Salz verbessern die Wirkung, dürfen aber nicht zu hoch dosiert werden, sonst kommt es zu Reizungen. Heilanzeigen sind ⇨ Husten, ⇨ Schnupfen, ⇨ Heiserkeit, ⇨ Nebenhöhlenentzündungen und ⇨ Bronchitis. Auch ⇨ Asthma läßt sich durch Inhalation behandeln, aber der Reiz kann auch einen akuten Anfall provozieren; deshalb behandelt man erst nach fachlicher Verordnung.
Bei Wasserdampfinhalation entstehen relativ große Tropfen, die nicht so tief in die feinen Bronchien gelangen. Deshalb empfehlen sich oft elektrische Inhalatoren, die ein sehr feines Aerosol erzeugen, das besonders tief in die Luftwege vordringen kann. Da sich nicht alle handelsüblichen Geräte eignen, berät man sich vor dem Kauf mit dem Therapeuten. Es gibt auch Dosieraerosole, die durch Druck auf einen Sprühknopf die jeweils notwendige Wirkstoffmenge fein vernebelt abgeben; solche Dosieraerosole eignen sich vor allem bei Asthma sehr gut.

Innenohrentzündung
⇨ Ohrenkrankheiten

Insektenstiche
Das Gift, das dabei in den Körper gelangt, erzeugt als Abwehrreaktion an der Einstichstelle eine gerötete, juckende oder brennende Hautschwellung. Dagegen hilft sofortiges Auftupfen von Salmiakgeist, Alkohol oder Zwiebelsaft, Auftragen von kaltem Heilerdebrei oder (oft besonders gut) Propolissalbe (⇨ Apitherapie). Im allgemeinen verschwindet die Reaktion dadurch in wenigen Tagen. Wird sie aber härter, röter und schmerzhafter, hat sich die Stichstelle infiziert; dann muß zur Vermeidung von Komplikationen der Therapeut zugezogen werden.
Bei Stichen im Mund-Rachen-Bereich entwickelt sich rasch eine große Schwellung, die zum Erstickungstod führen kann. Lutschen von Eisstückchen verzögert das, bis der Notarzt die Behandlung übernimmt. Rasch auftretende großflächige Schwellung mit beschleunigtem Puls, Schweißausbruch, Blässe und Atemnot

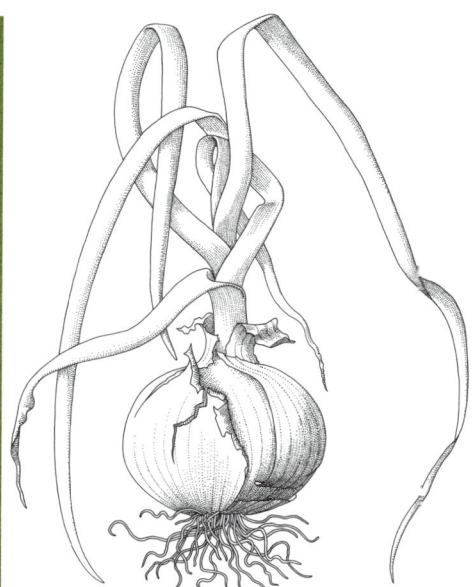

Zwiebelsaft hilft bei Insektenstichen

kündigen den akut lebensbedrohlichen Schock durch ⇨ Allergie an, der unverzüglich vom sofort herbeigerufenen Notarzt behandelt werden muß.

Integrale Atemtherapie
⇨ Atemtherapie

Irisdiagnose
⇨ Augen-(Iris-)diagnose

Ischias
Die heftigen, meist einseitigen Schmerzen ziehen vom Kreuz aus über das Gesäß, in die Rückseite des Oberschenkels, oft auch über die Kniekehle weiter in den Unterschenkel oder bis in den Fuß. Sie können akut auftreten oder sich allmählich chronisch verschlimmern. Dazu kann es

durch ⇨ Muskelrheuma kommen, häufig liegt jedoch eine Reizung einer oder mehrerer Wurzeln des großen Ischiasnervs durch ⇨ Bandscheibenschäden vor. Fehlhaltungen, Überanstrengung oder Zugluft können den akuten Schmerz auslösen.
Die Behandlung entspricht der beim ⇨ Hexenschuß, der aus gleichen Ursachen, nur ohne Reizung des Ischiasnervs entsteht. Wenn in schweren Fällen durch Einklemmung des Nervs Lähmungen entstanden sind, muß meist sofort operiert werden, ehe die Lähmung nicht mehr rückgängig zu machen ist.

Juckflechte
⇨ Ekzem

Juckreiz
Hautjucken ist häufige Begleiterscheinung von ⇨ Hautleiden, insbesondere ⇨ Allergien. Weitere Ursachen sind ⇨ Zuckerkrankheit und andere Stoffwechselstörungen, ⇨ Gelbsucht, ⇨ Nierenleiden oder hormonelle Störungen. Wenn das Jucken nicht offensichtlich auf eine Hauterkrankung zurückzuführen ist, muß gründlich untersucht und je nach Befund individuell behandelt werden.
Hautleiden behandelt man so, wie bei den verschiedenen Stichwörtern beschrieben; die anderen Ursachen werden nach individueller Verordnung beseitigt. Zur Linderung des Juckens haben sich ⇨ Abwaschungen mit Mentholspiritus, Lehmwickel (⇨ Heilerde), ⇨ Bäder mit Haferstroh oder Kleie und streng vegetarische Kost (⇨ Vegetarismus) bewährt. Alkohol, Nikotin, Kaffee, Schwarztee, scharfe und saure Gewürze müssen grundsätzlich strikt vermieden werden.

Kaltbad
⇨ Bäder – Badezusätze

Kältetherapie
Kaltes Wasser ist die älteste und einfachste Form der Kältebehandlung, die schon HIPPOKRATES schätzte. Im 19. Jahrhundert propagierten vor allem Pfarrer KNEIPP und Pastor FELKE diese Therapie gegen die Verweichlichung, aber das Vorurteil, daß Wärme besser helfe, hielt sich hartnäckig. Inzwischen steht aber auch wissenschaftlich exakt fest, daß Kälte in bestimmten Fällen der Wärme überlegen ist. Der japanische Arzt TOSHIMA YAMAUCHI behandelte bei chronischem Gelenkrheuma sogar mit besten Erfolgen durch extrem trokkene Luft, die mit Stickstoff auf minus 180 Grad abgekühlt wurde. So extreme Kälte wendet man allerdings nur selten an, im allgemeinen genügen kalte Wasseranwendungen (⇨ Wassertherapie) oder in der Tiefkühltruhe bis minus 18 Grad gekühlte Kältekissen (-packungen), die man in der Apotheke erhält. Der Kältereiz provoziert vor allem folgende Reaktionen des Körpers:

■ Stoffwechselanregung zur vermehrten Wärmeproduktion, verbunden mit anfänglicher Verengung, dann Erweiterung der örtlichen Blutgefäße und Blut-

druckerhöhung; dadurch kommt es nach kurzem Kälteschmerz zu einer vermehrten Durchblutung und damit zur Erwärmung.

■ Hemmung akuter ⇨ Entzündungen mit Schmerzlinderung; bei chronischen Entzündungen dagegen hilft Wärme meist besser.

■ Stillung von Blutungen und Eingrenzung von Blutergüssen durch Gefäßverengung.

Vor allem die Wirkungen auf Stoffwechsel und Durchblutung beschränken sich nicht auf den Ort der Anwendung, sondern setzen sich in den gesamten Organismus fort. Im Vordergrund der Heilanzeigen stehen:

■ Stumpfe Verletzungen, wie Bluterguß, Prellung, Quetschung, ferner Verrenkung und Verstauchung; dazu wendet man so rasch wie möglich kalte ⇨ Wikkel und Kältekissen an.

■ Gelenkentzündungen, bei denen kalte Wickel und Kältekissen Schmerzen und Entzündungen nachhaltig lindern.

■ Haut- und Gewebsentzündungen, die durch kalte Wickel und Waschungen behandelt werden, teils mit Zusatz von ⇨ Heilerde.

■ Hämorrhoiden, Afterrisse, -entzündungen und -blutungen, die man am besten mit dem in den After eingeführten Kältestab aus der Apotheke behandelt.

- Krampfadern und Venenentzündungen, bei denen kalte Wickel und Fuß-Unterschenkel-Bäder (⇨ Bäder) geeignet sind.
- Blutstillung und Schmerzlinderung bei Wunden und Verbrennungen; dazu hält man die verletzte Stelle längere Zeit unter fließendes kaltes Wasser.
- Indirekte Beeinflussung innerer Organe, indem man kalte Wickel oder Kältepackungen auf die entsprechenden Hautreflexzonen (⇨ Reflexzonentherapie) legt.

Die Kältebehandlung erfolgt nach Bedarf mehrmals täglich und dauert immer so lang, bis als Reaktion gute Erwärmung eintritt, vorher muß der Körper schon gut durchwärmt sein, wenn nötig durch ⇨ Gymnastik. Kältepackungen aus der Tiefkühltruhe dürfen nie direkt auf die Haut kommen, man legt ein dünnes Tuch dazwischen. Schwächliche, hochbetagte, schwer erkrankte Menschen und Herz-Kreislauf-Patienten reagieren auf Kälte nicht immer in der erwünschten Weise; sie befragen vor der Anwendung den Therapeuten.

Karbunkel

Er entsteht, wenn mehrere ⇨ Furunkel zu einer großflächigen Schwellung mit mehreren Eiterpunkten zusammenfließen, bevorzugt an Nacken, Rücken, Wangen und Lippen. Karbunkel sind meist sehr schmerzhaft und werden von Fieber begleitet. Da Komplikationen bis hin zur Blutvergiftung auftreten können, muß immer der Therapeut zugezogen werden. Er behandelt wie bei Furunkeln, teilweise läßt sich chirurgische Öffnung des Karbunkels zur Entleerung des Eiters nach außen

nicht vermeiden. Ein altes Hausmittel zur Nachbehandlung empfiehlt Auftragen von Honig (⇨ Apitherapie), was oft erstaunlich rasch hilft.

Kehlkopfentzündung
⇨ Heiserkeit – Kehlkopfentzündung

Kinesiologie
Streng wissenschaftlich versteht man darunter die Lehre von der Physiologie der Bewegungen. Als Naturheilverfahren wurde Kinesiologie Mitte der 60er Jahre von dem amerikanischen Chirotherapeuten GEORGE GOODHEART begründet. Ihm fiel bei seiner Arbeit auf, daß die üblichen Muskeltests zur Diagnose von Krankheiten des Bewegungsapparats oft auch Hinweise auf andere Erkrankungen und Energiestörungen (im Sinne der Akupunktur) gaben. Indem er seine chirotherapeutischen Kenntnisse in Beziehung zur Energielehre der chinesischen Medizin setzte, entwickelte er ein Heilverfahren, das durch Berührung heilende Kräfte überträgt, um den Energiehaushalt zu harmonisieren.
Zur Diagnose wird vor allem der Zustand der einzelnen Muskelgruppen beurteilt, die jeweils einen Akupunkturmeridian entsprechen. Muskelschwäche, -schmerzen und -verspannungen geben Hinweise auf entsprechende Krankheiten, insbesondere auch auf ⇨ Allergien gegen Nahrungsmittel. Nachdem auf diese Weise der Befund erhoben wurde, beginnt die Therapie durch massageähnliche Manipulationen an den betroffenen Muskelgruppen, insbesondere durch Berührungen und leichten Druck. Anschließend kann durch erneute Muskeltests sofort die Wirkung überprüft werden, die viele Patienten bereits bei der ersten Anwendung spüren. Bei Bedarf wird Kinesiologie durch ⇨ Chi-

rotherapie ergänzt, weitere Heilverfahren lehnen die Therapeuten oft ab. Nicht zuletzt deshalb wird dieses Heilmittel als Außenseiterverfahren offiziell nicht anerkannt.

Bedingt eignet sich Kinesiologie auch zur Selbsthilfe. Zuvor muß die Technik aber unter fachmännischer Anleitung erlernt werden. Dann kann sie vielseitig zur Gesundheitsvorsorge und Grundbehandlung eingesetzt werden.

Klimakterium
⇨ Wechseljahre

Klimatherapie
Temperatur, Luftdruck, -feuchtigkeit und elektromagnetische Verhältnisse, Sonneneinstrahlung und andere Klimafaktoren nehmen auf noch nicht endgültig geklärte Weise vielfältigen Einfluß auf Körper und Seelenleben. Vermutlich kommt es hauptsächlich über das vegetative Nervensystem und die mit diesem eng zusammenarbeitenden Hormondrüsen zustande. Die Klimatherapie nutzt diese Faktoren, um Krankheiten zu behandeln. Dazu werden Kuren in heilklimatischen Kurorten individuell verordnet. Grundsätzlich unterscheidet man Klimakurorte mit mildem Reizklima, wie es im Mittelgebirge zwischen 300 und 1000 Metern und an der Ostsee herrscht, von Kurorten mit starkem Reizklima ab 1000 Meter Höhe und an der Nordsee.

Zu den wichtigsten Heilanzeigen dieser ⇨ Umstimmungstherapie gehören Herz-Kreislauf-, Atemwegs-, Hauterkrankungen, Allergien sowie allgemeine Erschöpfungs- und Schwächezustände. Kurort, Jahreszeit und Dauer der Kur müssen individuell sorgfältig ausgewählt werden, damit man eine optimale Wirkung erzielt.

Klistier
⇨ Einlauf – Darmbad

Kneipptherapie
Zu den bekanntesten Vertretern der modernen Naturmedizin gehört Pfarrer SEBASTIAN KNEIPP (1821–1897). In jungen Jahren erkrankte er an Lungentuberkulose und wurde von den Ärzten schon aufgegeben. Aber trotz dieser hoffnungslosen Prognose verzagte er nicht, sondern heilte sich selbst durch Bäder in der eiskalten Donau, eine »Roßkur«, die er nur dank seiner trotz Krankheit kräftigen Konstitution überstand. Diese Erfahrung war für ihn Verpflichtung, sich neben seinem Pfarramt intensiv der Naturheilkunde zu widmen. Trotz Verboten seiner Vorgesetzten und der Behörden fuhr er damit fort, bis er schließlich allgemeine Anerkennung für seine Kuren errungen hatte.

Die ⇨ Wassertherapie, die später ausführlich vorgestellt wird, bildet die Grundlage der Kneipptherapie und brachte ihrem Begründer weltweite Anerkennung ein. Aber er erkannte, daß es mit Wasser allein oft nicht getan ist. Ihm ging es darum, Leben und Gesundheit seiner Patienten insgesamt »in Ordnung zu bringen«. Im Lauf der Zeit ergänzte er seine Wasserbehandlung deshalb durch das folgende:
- ⇨ Heilpflanzen, die er besonders schätzte und großenteils selbst ausprobierte.
- Körperliche Anstrengung im Freien, wobei er harte Arbeit (zum Beispiel im Garten) bevorzugte; heute betreibt man bei der Kur aber Gymnastik und Sport.
- Einfache, grobe Kost, wobei man von allem etwas, aber immer maßvoll zu sich nimmt; das gilt heute nur noch bedingt, denn die Ernährungsreform nach KNEIPP stellte weitere Grundsätze gesunder Kost auf.

■ Schließlich ging es KNEIPP als Pfarrer auch um das Seelenheil seiner Patienten, denen er vor allem eine geordnete, bescheidene Lebensführung empfahl; heute wendet man in der Kneippkur vor allem verschiedene Methoden der ⇨ Entspannung und ⇨ Meditation an.

Mit diesen Grundsätzen und Behandlungsmethoden schuf der »Wasserpfarrer« ein ganzheitliches, modernes Therapiesystem, das in seinen Grundzügen auch heute noch gültig ist. Diese Kur wird sogar heute auch von der Schulmedizin als wirksam anerkannt.

Kniekuß
⇨ Güsse

Kolik
Die schmerzhaften, anfallsartigen oder chronischen Verkrampfungen im Bauch und Unterleib treten vor allem bei Magen-Darm-, Gallenblasen-, Nieren-, Blasenleiden und gynäkologischen Erkrankungen auf, in schweren Fällen auch bei Bauchfellentzündungen. Die Schmerzen können in Schultern und Rücken ausstrahlen. Länger dauernde oder häufiger auftretende Koliken erfordern immer fachliche Untersuchung und gezielte Therapie je nach Ursachen.
Zur Soforthilfe legt man warme ⇨ Wickel auf den Leib (aber nie bei Verdacht auf Bauchfellentzündung), nimmt Kümmel- und Pfefferminztee ein und führt ⇨ Entspannungsübungen durch.
Homöopathisch kann bei einer Kolik vor allem durch Chamomilla D 2, Magnesium phosphoricum D 4 oder Silicea D 12 versuchsweise behandelt werden (⇨ auch Blähungen, ⇨ Gallenblasen- und Nierenleiden).

Kollaps
Dabei kommt es durch Kreislaufversagen zur blassen oder bläulichen Haut, kaltem Schweißausbruch, langsamem oder beschleunigtem Plus, Blutdruckabfall, Übelkeit, Erbrechen, Schwindel, Benommenheit oder Bewußtseinsverlust. Der Zustand wird durch verschiedene Ursachen hervorgerufen, die durch Untersuchung geklärt werden müssen.
Zur Soforthilfe hüllt man den Patienten warm ein und legt heiße ⇨ Wickel um den Leib, nach Besserung führt man kalte ⇨ Abwaschungen durch und reibt den Körper mit Franzbranntwein ab. Wenn das Bewußtsein nicht stärker beeinträchtigt ist, kann Kaffee eingeflößt werden. Teilweise hilft auch ⇨ Aromatherapie mit Rosmarin gut. Alle anderen Maßnahmen bleiben der Verordnung vorbehalten.
In schweren Fällen besteht Verdacht auf lebensgefährlichen Kreislaufschock, der Notarzt muß dann sofort gerufen werden.

Kopfdampf
⇨ Dampfanwendungen

Kopfguß
⇨ Güsse

Kopfschmerzen
Ab und zu leidet wohl jeder Mensch einmal kurz an harmlosen Kopfschmerzen. Nicht selten dauern sie aber länger oder kehren häufig zurück. Die Ursachen sind vielfältig und können oft nur nach Untersuchung geklärt werden. Kurze Schmerzanfälle sind oft auf seelisch-nervöse Belastungen, Alkohol-, Nikotinmißbrauch, Wettereinflüsse, ⇨ Erkältung und andere Infektionen zurückzuführen. Längere oder wiederkehrende Kopfschmerzen stehen

ebenfalls nicht selten mit psychischen Einflüssen in Beziehung; ferner ist an Bluthochdruck, Arteriosklerose, Hirn-, Hirnhaut-, Nebenhöhlen-, Zahnwurzelentzündung, Veränderungen an der Halswirbelsäule oder Augenleiden zu denken.

Die Behandlung richtet sich nach den Ursachen und wird (außer bei vorübergehenden leichten Kopfschmerzen) stets fachlich verordnet. Selbstbehandlung erfolgt durch ⇨ Wickel und ⇨ Güsse am Kopf, Einreibung von Schläfen und Nakken mit Pfefferminzöl, ableitende Fuß-Unterschenkel-Bäder (⇨ Bäder), bei seelisch-nervösen Ursachen durch ⇨ Entspannungstherapie und ⇨ Autosuggestionstherapie. Genügt das nicht, kann ein Kopfschmerzmittel (bevorzugt Azetylsalizylsäure) vorübergehend eingenommen werden (nie längere Zeit ununterbrochen). Durch ⇨ Akupressur lassen sich Kopfschmerzen ebenfalls gut beeinflussen. Der Therapeut wird vor allem ⇨ Homöopathie, ⇨ Neuraltherapie, bei Halswirbelschäden ⇨ Chirotherapie verordnen, die sich (anders als Schmerzmittel) gegen die Ursachen richten.

Krampfadern

Grundursache ist oft anlagebedingte Bindegewebsschwäche; meist müssen aber noch Bewegungsmangel, häufiges langes Stehen (oft berufsbedingt), Übergewicht und Darmträgheit hinzukommen, ehe Krampfadern entstehen. Vorbeugung ist durch Vermeidung dieser Risiken bis zu einem gewissen Grad möglich. Vorzeichen von Krampfadern sind müde, schwere, geschwollene Beine vor allem gegen Abend. Später erweitern und schlängeln sich die Venen, die Venenklappen treten knotenförmig vor, das gestaute Blut schimmert blauviolett durch, die mangeldurchblutete Haut über den Krampf-

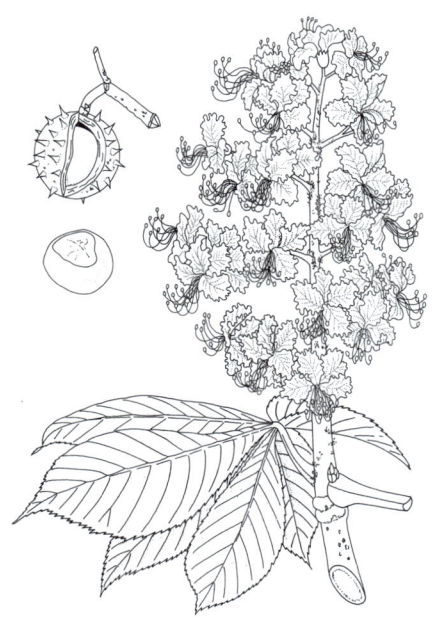

Roßkastanie fördert die Durchblutung

adern schwindet und juckt (Stauungsekzem), schließlich kann sie zum hartnäckigen Geschwür aufbrechen. Als weitere Komplikationen drohen ⇨ Venenentzündungen und ⇨ Thrombosen.

Die Grundbehandlung verbessert den Blutstrom in den Venen und strafft die Venenwände durch Bewegung, Beingymnastik und kalte ⇨ Güsse der Beine. Roßkastanie als Hauptmittel zur Förderung der venösen Durchblutung kann zusätzlich innerlich und äußerlich (teilweise auch homöopathisch) verabreicht werden, gegen Bindegewebsschwäche außerdem Kieselsäure. Ballaststoffreiche Ernährung verhindert Blutstauungen durch chronische Darmträgheit. Die oft verordneten Stützstrümpfe sind als passive Maßnahmen nur bedingt vorübergehend geeignet, ihre Funktion soll so bald wie möglich durch die trainierte Muskulatur in der Umgebung der Venen übernommen werden. Wenn diese Therapie die Beschwerden nicht anhaltend bessert, bleibt als letzter Ausweg die Verödung oder chirurgische Entfernung der Krampfadern.

Bei blutenden Krampfadern wird das Bein hochgelagert, die Blutung mit einer sterilen Kompresse bedeckt und diese unter leichtem Zug mit einer elastischen Binde fixiert. Kommt die Blutung dadurch nicht bald zum Stillstand, drohen erhebliche Blutverluste; deshalb muß der Therapeut aufgesucht werden. Er muß auch die gefährlichen, hartnäckigen Krampfadergeschwüre behandeln.

Kranialosteopathie
⇨ Chirotherapie – Osteopathie

Krebskrankheiten
Bösartige Geschwulstkrankheiten sind zu komplex, als daß sie im Rahmen dieses Buchs ausführlich dargestellt werden könnten. Dazu gibt es genügend allgemeinverständliche Literatur. Der grundlegende Unterschied zwischen Schul- und Naturmedizin bei diesen Erkrankungen läßt sich wie folgt zusammenfassen:

■ Schulmedizin betrachtet Krebs als örtliche Krankheit, die sich erst später durch Tochterzellen ausbreiten kann.
■ Naturmedizin sieht im Krebs eine Allgemeinkrankheit, die schon lange vor dem Tumorwachstum beginnt und hauptsächlich durch Immunschwächung und Stoffwechselstörungen gekennzeichnet wird; der Tumor als örtlicher Ausdruck der Krankheit tritt also erst in einem fortgeschrittenen Stadium auf. (Dafür spricht unter anderem, daß unser Immunsystem praktisch täglich einige entartete Zellen vernichten muß, was bei intakter Abwehr gut gelingt.)

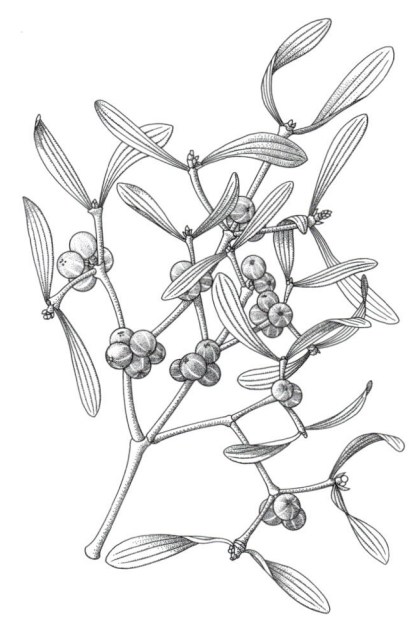

Die Mistel hemmt das Zellwachstum

Wachsende Bedeutung gewinnt mittlerweile die Einsicht, daß psychische Faktoren, wie Unterdrückung von Gefühlen, künstliche Harmonie in der Familie, Vereinsamung und Hoffnungslosigkeit eine wichtige (vielleicht entscheidende) Rolle bei der Krebsentstehung spielen. Das wird von der Schulmedizin noch viel zu wenig beachtet.

Dementsprechend bestehen gravierende Unterschiede in den Vorsorge- und Therapiekonzepten der Schul- und Naturmedizin. Die offizielle Medizin setzt bei der Vorsorge vor allem auf Früherkennungsuntersuchungen, weil der Tumor im Frühstadium zuverlässiger behandelt werden kann, und in der Therapie vorwiegend auf Operation, Bestrahlung und Chemotherapie mit zellwachstumshemmenden Arzneimitteln. Zwar wurden diese Behandlungsmöglichkeiten deutlich verbessert, aber ein Durchbruch in der Krebstherapie konnte damit nicht erzielt werden. Deshalb beginnt man inzwischen auch in der offiziellen Krebsmedizin, wenigstens dem Immunsystem mehr Beachtung als früher zu schenken.

Das Vorsorgekonzept der Naturheilkunde beruht auf gesunder Ernährungs- und Lebensweise als Voraussetzung für intakte Abwehr, normale Stoffwechselfunktionen und ausgeglichenes Seelenleben. In der Therapie stehen Diätmaßnahmen zur Normalisierung des Stoffwechsels, abwehrsteigernde Therapien (zum Beispiel ⇨ Homöopathie, natürliche zellwachstumshemmende Mittel (vor allem Mistel und ⇨ Enzyme), nicht zuletzt auch ⇨ Psychotherapie im Vordergrund. Operationen werden nicht grundsätzlich abgelehnt, gegen Strahlen- und Chemotherapie bestehen erhebliche Bedenken, da sie auf lange Sicht nur wenigen Patienten wirklich helfen. Heilung der Krebskrankheit kann auch diese Ganzheitstherapie nicht garantieren, die Chancen darauf sind aber günstiger.

Nach allem, was heute über Krebs bekannt ist, kann ein entscheidender Fortschritt in der Therapie wohl nur durch verbesserte immunsteigernde Heilverfahren und Psychotherapie erwartet werden.

Kreuzschmerzen

Sie treten plötzlich akut oder allmählich zunehmend auf, oft ausgelöst durch Fehl- und Überbelastungen der Lendenwirbelsäule. Die eigentlichen Ursachen bestehen aber meist in ⇨ Bandscheibenschäden, teilweise ist auch an ⇨ Muskelrheuma, vor allem bei Frauen an Unterleibserkrankungen zu denken.

Zur Soforthilfe behandelt man wie beim ⇨ Hexenschuß. Die weiteren Therapiemaßnahmen richten sich nach den Ursachen und werden individuell vom Fachmann verordnet; oft gleichen sie der Behandlung von Bandscheibenschäden und ⇨ Ischias.

Laxantien
⇨ Abführmittel

Leberleiden
Krankheiten dieses lebenswichtigen Organs treten heute gehäuft auf. Verursacht wird diese Zunahme vor allem durch Fehlernährung, Mißbrauch von Alkohol, anderen ⇨ Genußmitteln und Medikamenten, zunehmend aber auch durch Umweltgifte, denn die Leber ist unter anderem das wichtigste Entgiftungsorgan. Vorbeugung ist also möglich, wenn man alle vermeidbaren Risiken ausschaltet. Aber auch wenn die Leber bereits geschädigt wurde, bestehen bei rechtzeitiger Therapie gute Aussichten, denn sie kann sich so gut wie kaum ein anderes Organ regenerieren.
Da alle Leberleiden zu ernst sind, um selbst behandelt zu werden, führen wir hier die häufigsten nur kurz an. Die genaue Diagnose durch Laboruntersuchungen und die gezielte Behandlung bleiben dem Fachmann vorbehalten. Nur ein Heilmittel sei besonders hervorgehoben, weil es sich selbst bei schweren Leberleiden bewährt, die Mariendistel, mit der teilweise sogar akuter Leberschwund durch Vergiftungen geheilt werden konnte. In fertiger Zubereitung kommt sie praktisch bei allen Leberleiden in Frage.

Fettleber ist heute die häufigste Leberkrankheit. Zu kalorienreiche Ernährung, Alkohol, Arzneimittel und andere Lebergifte, chronische Leberentzündungen und Stoffwechselstörungen (wie Zuckerkrankheit) sind die Hauptursachen der chronischen Form.
Im 1. Stadium kommt es zu Völlegefühl, Aufstoßen und Blähungen, im 2. Stadium treten zusätzlich Schwäche, Nervosität, Schlafstörungen und prall-elastische Leberschwellung auf. Im Endstadium, wenn sich der Fettgehalt der Leber bis auf 50 % ihres Eigengewichts erhöht haben kann, verstärken sich diese Symptome, schließlich schrumpft das Organ (Zirrhose). Frühzeitige Behandlung durch Diät und Naturheilverfahren kann die Krankheit heilen oder zumindest zum Stillstand bringen.
Akute Leberverfettung tritt vor allem bei Pilz- und anderen Vergiftungen auf und endet im Leberkoma meist rasch tödlich.

Leberentzündung entsteht durch Virusinfektion, oft bei ungenügender Hygiene oder durch verunreinigte medizinische Instrumente. Je nach Erregertyp kommt es 2 bis 20 Wochen (oder noch später) nach Ansteckung zunächst zu unklaren grippeähnlichen Symptomen, später dann zu Blähungen, Völlegefühl und anderen Verdauungsbeschwerden, teilweise auch

Herz- und rheumaartigen Beschwerden; ⇨ Gelbsucht als eindeutiges Warnzeichen tritt nur bei etwa 50 % der Patienten auf. Die verschleppte akute Hepatitis kann chronisch werden, es gibt aber auch von Anfang an chronisch verlaufende Hepatitisformen.

Unklare Verdauungsstörungen, Fettunverträglichkeit, Müdigkeit, teilweise auch leichte Gelbsucht kennzeichnen das chronische Stadium, das in Leberzirrhose übergehen kann. Auch hier sind wieder Diät und Naturheilverfahren nach Verordnung angezeigt.

Leberschwäche mit unterschiedlich stark eingeschränkten Leberfunktionen entsteht meist durch Leberentzündung oder andere Leberschäden und bei Vergiftungen. Sie macht sich durch Verdauungsstörungen, Übelkeit, chronische Abgespanntheit, Appetitmangel, nicht selten mit Heißhungeranfällen wechselnd, und oft Depressionen bemerkbar. Die Therapie richtet sich gegen die verursachende Grundkrankheit und regt die Leberfunktionen wieder an.

Leberschrumpfung (-zirrhose) tritt heute nicht nur bei langjährigem Alkoholmißbrauch, sondern immer häufiger auch durch Arzneimittelmißbrauch auf. Außerdem ist sie Endstadium anderer Leberleiden und verschiedener Krankheiten außerhalb der Leber. Die Leberzellen werden dabei zerstört und durch minderwertiges Bindegewebe ersetzt; anfangs vergrößert sich das Organ, später schrumpft es, wird hart und höckrig.

Frühwarnzeichen der schleichend-chronischen Krankheit sind Abgespanntheit, Gewichtsabnahme, Appetitmangel, Blähungen, Übelkeit, Fettunverträglichkeit und Druck im rechten Oberbauch, später Rötung der Handflächen vor allem auf den Kleinfingerseiten und sternchenförmige kleine Arterienerweiterungen im Gesicht, auf der Brust und an den Armen.

Im weiteren Verlauf nimmt die Leberschwäche zu, Bauchwassersucht, Hämorrhoiden und Krampfadern in der Speiseröhre kommen hinzu, das Gesicht wirkt gelblichgrau. Schließlich tritt das tödliche Leberkoma ein, wenn nicht vorher eine unstillbare Blutung einer Krampfader in der Speiseröhre zum Tod führt. Heilung der Leberzirrhose ist kaum möglich, durch Naturheilmittel kann der Therapeut aber den Verlauf hemmen und die Lebensqualität verbessern.

Leibauflage
⇨ Wickel – Auflagen

Lendenwickel
⇨ Wickel – Auflagen

Luftbad
Frische Luft, eines der einfachsten und natürlichsten Heilmittel, wurde vor allem von den Lebensreformern ADOLF JUST und ARNOLD RIKLI sowie von »Lehmpastor« FELKE im 19. Jahrhundert propagiert. Sie wirkt ähnlich wie Wasser durch die Temperaturdifferenz zwischen Haut und Umgebung, die zu folgenden Reaktionen führt:

- ⇨ Abhärtung mit Training des Immunsystems und der Gefäßregulation, verbunden mit Mehrdurchblutung und Erwärmung.
- Vermehrte Wärmeproduktion durch Stoffwechselanregung.
- Anregung der Hormondrüsen, unter anderem vermehrte Ausschüttung von Corticosteroiden aus den Nebennieren, was vor allem bei chronisch-entzündlichen Krankheiten nützlich ist.

■ Harmonisierung des vegetativen Nervensystems und indirekt auch des Seelenlebens.

Luftbäder wirken also umfassend und tiefgreifend auf den ganzen Menschen. In erster Linie dienen sie der Gesundheitsvorsorge und allgemeinen Anregung. An den Reiz der Luft muß man sich allmählich gewöhnen; dazu geht man wie folgt vor:

■ Anfangs täglich 2mal je 15 Minuten unbekleidet im Zimmer bei etwa 18 Grad aufhalten; nach Gewöhnung auf 2mal 30 Minuten steigern.

■ Wird diese milde Anwendung gut vertragen, verstärkt man den Reiz, indem man die Heizung des Raums ausschaltet; außerhalb der Heizperiode geht man gleich zum nächsten Schritt weiter.

■ Nach Gewöhnung steigert man die Wirkung, indem man 2mal täglich je 30 Minuten lang im ungeheizten Zimmer bei geöffnetem Fenster das Luftbad durchführt.

■ Schließlich kann man unbekleidet ins Freie gehen, selbst bei Minustemperaturen; in der warmen Jahreszeit kann man sich stundenlang an der frischen Luft aufhalten (dabei am besten bewegen), bei kaltem Wetter je nach Verträglichkeit kürzer.

Frösteln darf man während der Anwendung nicht, sonst muß sofort unterbrochen und durch Bewegung oder Bettruhe für Erwärmung gesorgt werden.

Lymphdrainage

Der dänische Therapeut DR. VODDER entwickelte diese Sonderform der manuellen Therapie, bei der im Gegensatz zu ⇨ Massagen nicht Muskeln und Gewebe, sondern die Lymphgefäße durch spezielle Druck- und Kreistechniken beeinflußt wer-

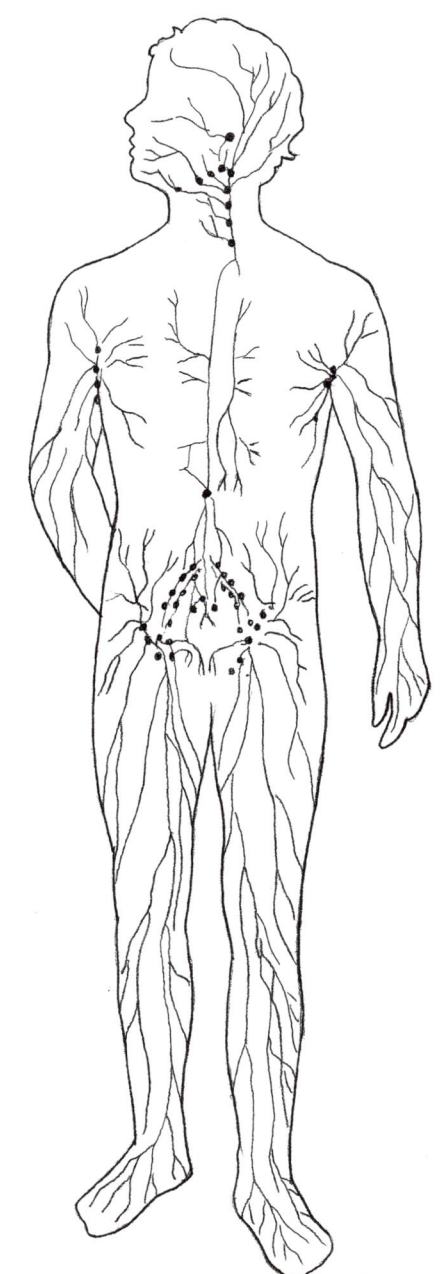

Das System der Lympfgefäße und Lymphknoten

Lymphdrainage eine günstige Allgemeinwirkung. Vor allem die gründliche Entgiftung und Entschlackung ist hervorzuheben, die unter anderem bei chronischen Kopfschmerzen, Hautleiden, rheumatischen Krankheiten und Abwehrschwäche nützlich ist. Außerdem kann die Armschwellung, die zum Teil nach operativer Entfernung der weiblichen Brust durch Lymphstauung auftritt, mit dieser Therapie gebessert werden. Eine spürbare Wirkung tritt oft bald ein und wird durch kurmäßige Behandlung weiter verbessert.

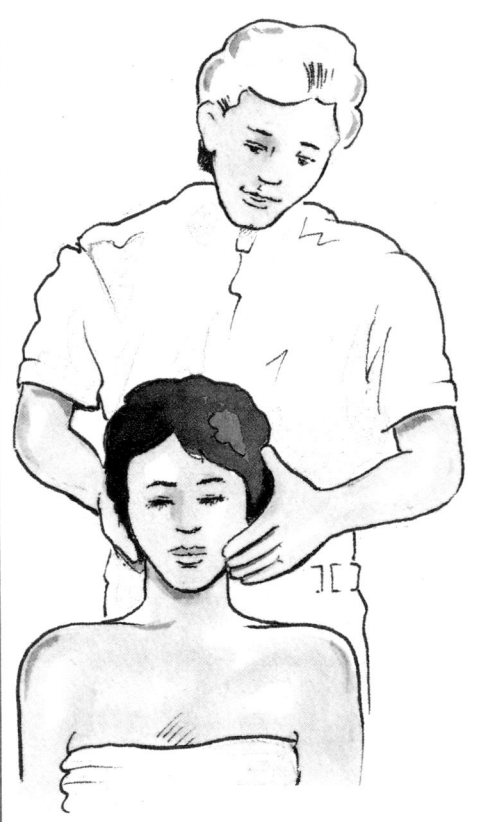

Bei der Lymphdrainage werden Giftstoffe aus den Geweben in die Lymphbahnen abgeleitet, der Lymphstrom wird beschleunigt, und gleichzeitig werden die Abwehrkräfte angeregt

den. Auf diese Weise wird vermehrt Gewebsflüssigkeit mit Schlacken und Giften in die Lymphbahnen abgeleitet, der Lymphstrom beschleunigt und das Abwehrsystem allgemein angeregt. Die Therapie kann nur vom speziell ausgebildeten Fachmann (oft Masseur) durchgeführt werden.

Wegen der Bedeutung des gut funktionierenden Lymphsystems für den gesamten Organismus erzielt man durch manuelle

M

Magenleiden

Vorübergehende oder chronische Magenbeschwerden sind heute weit verbreitet, meist als Folge falscher Ernährung und/oder seelisch-nervöser Belastungen, auf die der Magen besonders empfindlich reagiert. Bei längerer Dauer kommt es dadurch zur ungenügenden Nahrungsverwertung mit Mangelzuständen, manche chronischen Magenleiden können in Krebs übergehen. Deshalb soll bald der Therapeut zugezogen werden, lediglich einfache Magenkatarrhe darf man selbst behandeln. Eine grundlegende Änderung falscher Ernährung und Abbau seelisch-nervöser Belastungen bilden in vielen Fällen die unverzichtbare Basistherapie.

Akuter Magenkatarrh entsteht meist durch verdorbene Nahrung, zu hastiges, reichliches, kaltes, heißes oder scharf gewürztes Essen, nach Alkoholmißbrauch oder durch Ärger, Aufregung und ähnliche psychische Belastungen. Magendrücken und -schmerzen, Aufstoßen, Völlegefühl, Sodbrennen, Widerwillen gegen Nahrung, teilweise Erbrechen sind typische Symptome. Zur Behandlung genügt meist Teefasten (⇨ Heilfasten) für 1 bis 3 Tage mit ungesüßtem Kamillen-, Pfefferminze-, Schafgarben- und Eichenrindentee oder entsprechende pflanzliche Arzneimittel, ergänzt durch warme ⇨ Wickel um den Leib. Bestehen die Beschwerden am 3. Tag fort oder sind sie von Anfang an stärker, muß man zum Therapeuten.

Schafgarbentee hilft bei Magenkatarrh

165

Chronische Gastritis kann sich aus einem nicht ausgeheilten akuten Magenkatarrh, durch dauernde Fehlernährung, psychische Belastungen oder aus noch nicht genau geklärten anderen Ursachen entwickeln. Die Symptome des akuten Katarrhs bestehen in abgeschwächter Form dauernd, bei längerem Verlauf schwindet die Magenschleimhaut, und Mangelzustände treten ein. Die chronische Form wird nach Verordnung durch vollwertige ⇨ Diät, homöopathische und pflanzliche Arzneimittel behandelt.

Magengeschwüre entstehen durch Minderdurchblutung der Magenschleimhaut, die vor allem durch seelisch-nervöse Ursachen, chronische Fehlernährung, Alkohol- und Nikotinmißbrauch oder bei chronischer Gastritis eintritt. Die Schleimhaut wird dann nicht mehr ausreichend gegen die Magensäure geschützt, die ein Geschwür hineinfrißt. Symptome sind Magenschmerzen nüchtern und bald nach dem Essen, Aufstoßen, ⇨ Sodbrennen, allgemeines Krankheitsgefühl, teilweise auch Kopf- und Rückenschmerzen. Als Komplikation kann es zum Magendurchbruch, bei manchen chronischen Geschwüren zu Magenkrebs kommen.

Die Behandlung nach fachlicher Verordnung besteht vor allem aus leichter, aber vollwertiger ⇨ Diät, die in 5 bis 7 kleinen Portionen über den Tag verteilt gut gekaut verzehrt wird, ⇨ Homöopathie und ⇨ Heilpflanzen, vor allem Kartoffel-, Kohlsaft und Süßholzwurzel. Ergänzend wendet man nach jeder Mahlzeit warme ⇨ Wickel um den Leib und bei psychischen Ursachen ⇨ Entspannungstherapie und ⇨ Autosuggestionstherapie an. Ohne Nikotinverzicht erreicht man bei Rauchern kaum eine dauerhafte Heilung. Manchmal muß ein chronisch wiederkehrendes Geschwür chirurgisch behandelt werden.

Magnettherapie

Magneteisen kannte man schon im antiken Rom, Griechenland, Ägypten und China, wo sie auch früh zu Heilzwecken genutzt wurden. Etwa ab dem 10. Jahrhundert gibt es Magnettherapie im islamischen Kulturkreis, bei uns wurde sie im 16. Jahrhundert vor allem von PARACELSUS gefördert. Großen Einfluß nahm im 19. Jahrhundert der englische Naturwissenschaftler FARADAY durch die exakte Erforschung magnetischer Phänomene, und um die Jahrhundertwende gelang es dann, magnetische Kräfte durch Elektrizität zu erzeugen. Es vergingen aber noch 6 Jahrzehnte, ehe der Thüringer Arzt OSKAR GLEICHMANN ein praxisreifes elektromedizinisches Gerät mit pulsierendem Magnetfeld vorstellte, nach dessen Prinzip die moderne Magnettherapie besonders oft arbeitet.

Die Wirkungen der Magnetfelder auf lebende Organismen sind noch nicht endgültig geklärt. Eine wichtige Rolle spielt die Beeinflussung der magnetisierbaren Bestandteile des Körpers, vor allem Eisen und Kupfer, die zur »Energie-Akkumulation« führt, sowie die Veränderung bioelektrischer Vorgänge, die vielen Lebensfunktionen zugrunde liegen. Ferner verringern Magnetfelder die Oberflächenspannung des Wassers, aus dem der Körper überwiegend besteht, so daß der Wasserhaushalt aktiviert wird, und bringen ruhende elektrische Ladungen in den Nervenbahnen wieder in Bewegung, wodurch viele Körperfunktionen angeregt werden.

Aus diesen und anderen Magnetwirkungen ergeben sich dann die folgenden Hauptwirkungen:

■ Aktivierung von Stoffwechsel und Durchblutung mit vermehrter Sauerstoffversorgung und Entschlackung und Grundvoraussetzung für Vorbeugung und Heilung vieler Krankheiten.

- Beschleunigte Heilung von Wunden, Knochenbrüchen, anderen Verletzungen, entzündlichen und rheumatischen Krankheiten.
- Linderung akuter und chronischer Schmerzen, wie Kopfschmerz, Migräne, Nerven-, Rheuma-, Zahnschmerzen, außerdem Lockerung schmerzhaft verspannter Muskulatur.
- Regeneration und Pflege der Haut und ergänzende Therapie vieler Hautleiden, wobei neben der direkten Wirkung vor allem noch die Entschlackung wichtig ist.
- Verbesserung der Verdauungsfunktionen, insbesondere bei Magen-, Darm-, Gallenblasenleiden, Stuhlverstopfung und Kolik.
- Günstige Veränderung der Herz-Kreislauf-Funktionen, wobei insbesondere die Wirkung auf hohen und niedrigen Blutdruck durch Normalisierung der Gefäßspannung besonders ausgeprägt auftreten kann.
- Besserung des Hör- und Sehvermögens, insbesondere bei Ohrensausen, Hörsturz und grünem Star.
- Harmonisierung des vegetativen Nervensystems, der Hormondrüsen und des Seelenlebens sowie Steigerung der geistigen Leistungsfähigkeit.
- Anregung der allgemeinen körpereigenen Abwehr- und Selbstheilungsfunktionen.

Diese und andere Wirkungen der Magnettherapie auf Körper und Psyche erlauben die vielseitige Anwendung in der Vorsorge und ergänzenden Therapie. Unerwünschte Nebenwirkungen treten nicht auf, allerdings darf die Behandlung nicht bei Trägern von Herzschrittmachern, ernsten Infektionskrankheiten und während der Schwangerschaft durchgeführt werden. Im Zweifel befragt man den Therapeuten,

der ohnehin oft die Behandlung mit größeren Geräten in der Praxis vornehmen wird.

Für den Hausgebrauch gibt es einfache Dauermagnete, Magnetpflaster, flexible Magnetfolien für größere Behandlungsflächen und die besonders empfehlenswerten elektrischen Geräte mit pulsierenden Magnetfeldern. Die Anwendung ergibt sich aus den Herstellerangaben, wenn der Therapeut nichts anderes verordnet. Erste Wirkungen können schon nach einer Anwendung spürbar werden, für dauerhafte Ergebnisse muß aber meist häufiger behandelt werden. Dabei empfiehlt es sich, keine zu starken und langen Anwendungen durchzuführen, sonst reagiert der Körper bald nicht mehr ausreichend darauf. Sinnvoller sind meist kürzere und schwächere, aber häufiger wiederholte Anwendungen, wobei man nach 7 Behandlungen oftmals eine Pause von 2 bis 4 Tagen einlegen sollte.

Mandelentzündung
Die akute Infektion führt zu Rötung und Schwellung der Mandeln mit Schluckschmerz, Schwellung der Halslymphknoten, Kopf-, Gliederschmerzen, allgemeinem Krankheitsgefühl und Fieber, auf den Mandeln können sich eitrige Beläge befinden. Diese einfache Angina heilt bei richtiger Behandlung meist bald aus. Als Komplikationen drohen Mandelabszeß mit starker schmerzhafter Schwellung, Mittelohr-, Nieren- und Gelenkentzündungen oder ernste Herzkrankheiten. Außerdem kann unsachgemäß behandelte Angina chronisch werden, wobei das Mandelgewebe unheilbar zerstört wird und der chronische Herd (⇨ Entzündungen) durch Fernwirkung andere Organe schädigen kann. Eine Sonderform mit geschwürig zerfallendem Mangelgewebe und einem

Schwund weißer Blutkörperchen kann unter anderem durch ⇨ Allergie oder Vergiftung entstehen und lebensbedrohlich werden.

Angina darf wegen der möglichen Komplikationen nur nach fachlicher Anweisung behandelt werden. Bettruhe, einleitend 2 bis 3 Safttage (⇨ Saftkur) und danach bis zur Heilung rohkostreiche vegetarische Kost (⇨ Vegetarismus) bilden die Grundbehandlung. Hinzu kommen ⇨ Wickel um den Hals mit ⇨ Heilerde, ⇨ Gurgeln mit Kamillen- und Salbeitee, zur Immunsteigerung außerdem die ⇨ Heilpflanze Echinacea. Zur homöopathischen Behandlung eignen sich nach individueller Verordnung vor allem Apis D 3, Belladonna D 4, Hepar sulfuris D 4 sowie Mercurius solubilis D 6.

Chronische Entzündungen können auch noch durch ⇨ Eigenbluttherapie und Silicea D 6 behandelt werden. Eine chirurgische Entfernung der Mandeln, die ja zum Immunsystem gehören, sollte nicht unnötig früh vorgenommen werden, ehe nicht alle naturmedizinischen Maßnahmen ausgeschöpft wurden.

Massagebehandlung

Die wohltuende Massagewirkung entdeckten die Menschen vor langer Zeit wohl zufällig. Als Heilverfahren kannte man sie bereits im alten Ägypten, Rom und Griechenland, später auch in Arabien, wo die christlichen Kreuzritter sie kennenlernten und mit nach Europa brachten. Aber erst der schwedische Arzt P. H. LING (1776–1839) und der holländische Arzt J. G. MEZGER (1839–1901) entwickelten sie zu einem modernen Heilverfahren weiter, das zu Beginn des 20. Jahrhunderts vor allem durch den in Preußen tätigen russischen Arzt ZABLUDOWSKI auch bei uns gebräuchlich wurde.

Massage gehört zu den Reiz- und Regulationstherapien, die bestimmte Reaktionen des Körpers auslösen. Insbesondere der Blut-Lymph-Strom wird angeregt, die Entschlackung und Entgiftung gefördert, Verspannungen der Muskulatur lösen sich, der Stoffwechsel wird gesteigert, das Nervensystem harmonisiert und indirekt auch das Seelenleben beeinflußt. Daraus ergeben sich folgende Hauptindikationen der Massagetherapie:

- Verspannungen und Verletzungen sowie Schwund der Muskulatur.
- Schmerzhafte, insbesondere rheumatische Gelenkerkrankungen mit eingeschränkter Beweglichkeit und ⇨ Bandscheiben- oder Wirbelsäulenschäden.
- Durchblutungsstörungen, vor allem Stauungen in den Venen (zum Beispiel bei Krampfadern).
- ⇨ Kopfschmerzen, ⇨ Migräne und Lähmungen sowie andere Krankheiten der Nerven.
- Funktionsstörungen des vegetativen Nervensystems und damit verbundene Störungen innerer Organe.
- Verbessertes Körperbewußtsein, das vor allem bei psychischen Krankheiten (⇨ auch Bioenergetik) wichtig sein kann.
- Allgemein bei Nervosität, Unruhe, Streß und Schlafstörungen.

Nicht angezeigt sind Massagen im allgemeinen bei schweren akuten, vor allem hochfieberhaften Krankheiten, akuten Verletzungen, Entzündungen und Eiterungen, bestimmten Blut-, Herz- und Kreislaufkrankheiten, Krebs, während der Schwangerschaft und bei ernsteren psychischen Krankheiten.

Die klassische Massage umfaßt verschiedene Techniken, bei denen vor allem Druck und Zug auf das Gewebe ausgeübt wird. Dazu gehören Streich-, Knet-, Reibe-,

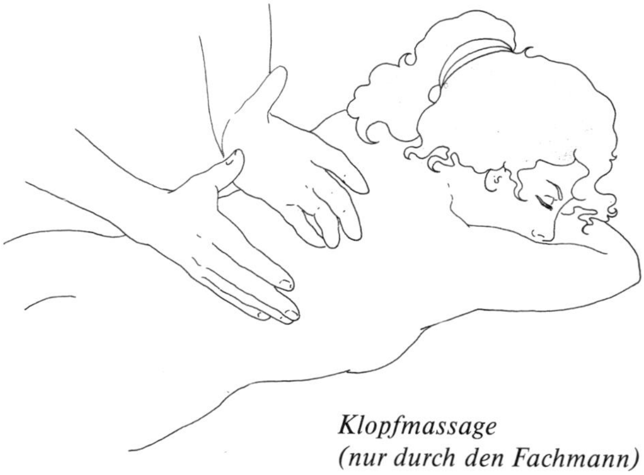

Klopfmassage
(nur durch den Fachmann)

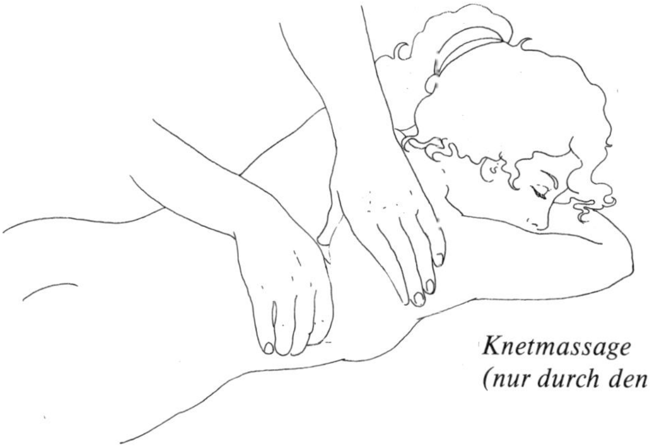

Knetmassage
(nur durch den Fachmann)

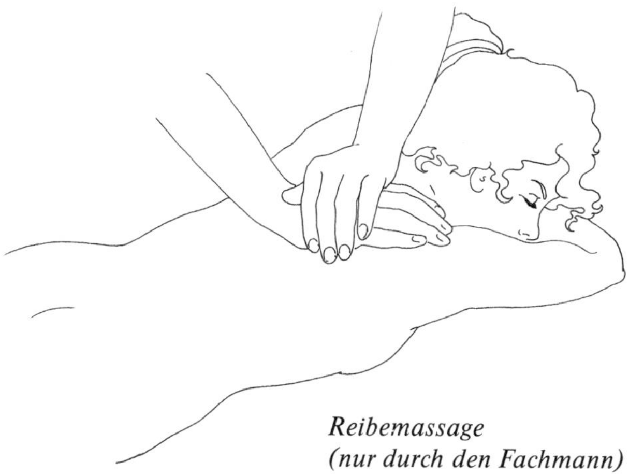

Reibemassage
(nur durch den Fachmann)

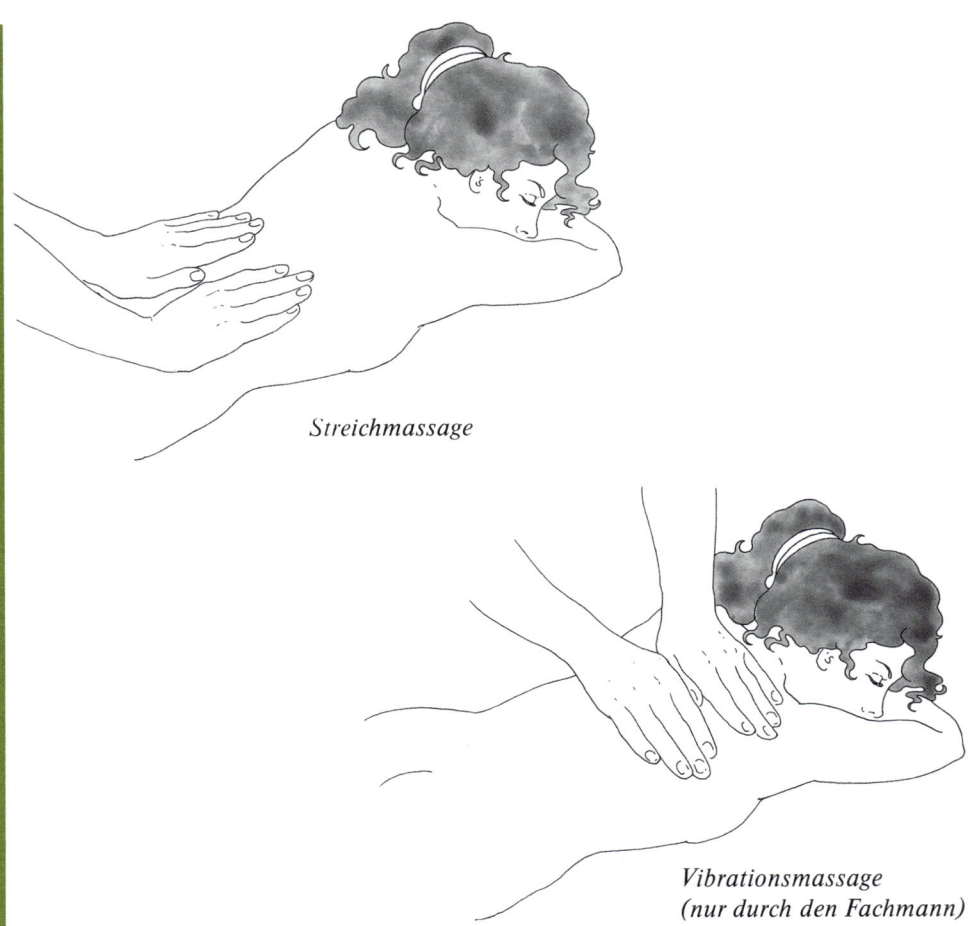

Streichmassage

Vibrationsmassage
(nur durch den Fachmann)

Walk- und Vibrationsmassagen, außerdem Hackungen, Klatschungen und Klopfungen. Daneben gibt es noch einige Spezialmassagen, vor allem die Bindegewebs- und Periostmassage und die später noch beschriebene ⇨ Reflexzonenmassage.

Da die Therapie stets fachmännisch durchgeführt werden muß, erübrigt es sich, hier die Techniken einzeln zu beschreiben. Lediglich die Streichmassage, bei der man mit fest auf der Haut ruhenden Händen mit unterschiedlichem Druck über den Körper gleitet, kann bei Muskelverspannungen und zur allgemeinen Beruhigung auch selbst oder mit einem Partner durchgeführt werden.

Mayrkur
Mit dieser Milch-Semmel-Diät erzielte der österreichische Arzt FRANZ XAVER MAYR zu Beginn des 20. Jahrhunderts erstaunliche Heilerfolge. Heute ist seine Kur nicht mehr so gebräuchlich und wegen ihrer Einseitigkeit auch von der Naturmedizin nicht

Milch dazu, vermischt gut im Mund und schluckt den Brei. Auf diese Weise wird die Absonderung von Speichel und anderen Verdauungssäften gut angeregt. Ergänzt wird die Kur durch Glaubersalz als ⇨ Abführmittel oder ⇨ Darmeinläufe und -bäder zur gründlichen Entschlackung des Darms und Massagen der Bauchdecken zur Darmanregung.

Auf diese Weise erzielt man eine allgemeine Umstimmung mit Revitalisierung; ferner kann die Mayrkur bei Übergewicht, chronischen Magen-, Darm-, Leber-, Gallenblasen-, Hautleiden und Rheumatismus (⇨ jeweils dort) angewendet werden. Man führt sie meist in Kliniken oder Sanatorien durch, ambulant nur selten und unter fachlicher Aufsicht.

Meditation

Schon in frühgeschichtlicher Zeit waren in Asien und Indien verschiedene Meditationsübungen (wie ⇨ Yoga) gebräuchlich, die größtenteils auch religiösen Zwecken dienten. Im Abendland kamen sie erst mit dem Christentum auf, vor allem in Form von Gebeten. Heute nimmt bei uns das Interesse an östlicher Meditation stark zu, vor allem eine Folge der Überbetonung des Verstands in unserer von Naturwissenschaft und Technik bestimmten Welt, die den »Hunger« des Menschen nach mystischen Erfahrungen unbefriedigt läßt. Einerseits ist diese Entwicklung zu begrüßen, bewahrt sie uns doch davor, zu kalten Verstandesmenschen zu verkümmern. Andererseits besteht aber die Gefahr, daß man sich aus der Welt zurückzieht und lebensuntüchtig wird. Deshalb muß Meditation stets unter Anleitung eines erfahrenen, seriösen Lehrers erlernt werden, dem es wirklich um das Seelenheil seiner Schüler, nicht um persönliche Bereicherung geht.

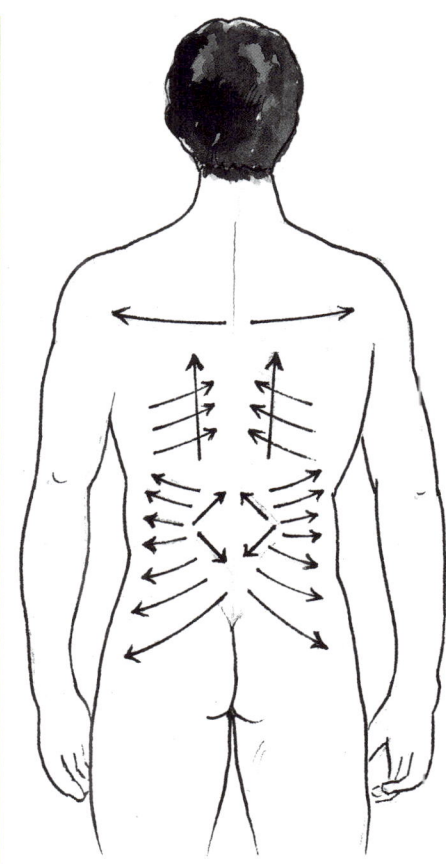

*Bindegewebsmassage
(nur durch den Fachmann)*

uneingeschränkt anerkannt. Aber gerade die einseitige Ernährung mit altbackenen Semmeln und Milch trägt mit zur milden ⇨ Umstimmung bei.

Man verzehrt täglich beliebig viele Semmeln (altes Weißbrot) mit einem Liter Butter- oder Sauermilch, außerdem reichlich Kräutertee ohne Zucker, Mineralwasser und etwas Obstsaft. Von entscheidender Bedeutung ist, daß jeweils 1 Bissen Semmel oder Brot so gründlich gekaut und eingespeichelt wird, bis er sich halb verflüssigt hat; dann nimmt man 1 Teelöffel

Es ist unmöglich, hier die verschiedenen Meditationstechniken ausführlich vorzustellen. Beispielhaft sei kurz die transzendentale Meditation (kurz TM) herausgegriffen, die im Westen schon Millionen Anhänger fand. Sie wurde Anfang der 60er Jahre von dem indischen Mönch MAHA-RISHI MAHESH YOGI bei uns eingeführt und zeichnet sich durch die einfache, leicht erlernbare Technik aus. Erlernt wird TM an einem der Zentren der Internationalen Gesellschaft für Meditation, die sich schon in vielen großen Städten befinden. Ein Kurs dauert meist 4 Tage und besteht aus der Aufnahmezeremonie, bei der man das persönliche Mantra (ein kurzes Wort ohne Bedeutung, das man beim Üben wiederholt, um Geist und Seele zu beruhigen) erhält, zwei Vorträgen und der persönlichen Unterweisung.

TM soll täglich 2mal je 20 Minuten lang geübt werden. Dazu setzt oder legt man sich entspannt nieder, schließt die Augen und atmet etwa 1 Minute ruhig und gelassen, um sich zu lösen. Bei der folgenden eigentlichen Meditation läßt man etwa 20 Minuten lang einfach die Gedanken kommen und gehen, wobei man immer wieder auf das Mantra zurückkommt, das monoton im Geist wiederholt wird. Nach 20 Minuten dehnt und streckt man sich kräftig, beugt und streckt energisch die Arme, öffnet die Augen und fühlt sich dann meist angenehm ruhig, gelassen und fit. Diese einfache Übung ist erstaunlich gut wirksam. Vor allem folgende Wirkungen sind hervorzuheben:

■ Beruhigung und Vertiefung der Atmung mit Verlangsamung des Pulses und Senkung des Blutdrucks.
■ Veränderung des elektrischen Hautwiderstands und des Milchsäurespiegels.
■ Verringerter Sauerstoffverbrauch als Zeichen der verminderten Stoffwechseltätigkeit.

Diese nachgewiesenen Wirkungen, die man durch beharrliches Üben immer besser erreicht, kennzeichnen eine besonders tiefe ⇨ Entspannung, die zur regelmäßigen Gesundheitsvorsorge, allgemein bei ⇨ Streß und zur ergänzenden Behandlung vieler Krankheiten zu empfehlen ist. Ähnliche Wirkungen erzielt man aber auch durch ⇨ autogenes Training oder ⇨ Yoga.

Middendorfsche Atemschulung
⇨ Atemtherapie

Migräne
Die heftigen, meist einseitig in der Stirn-Schläfen-Augenhöhlen-Region auftretenden Schmerzanfälle entstehen durch eine Regulationsstörung der Hirngefäße. Ausgelöst werden sie unter anderem durch körperliche und seelische Belastungen oder Wettereinflüsse (oft Föhn), aber die eigentlichen Ursachen sind noch nicht endgültig geklärt. Neben Veranlagung diskutiert man vor allem noch allergische, hormonelle und seelisch-nervöse Faktoren, bei Migräne cervicale bestehen Schäden an der Halswirbelsäule. Die Krankheit tritt bei Frauen häufiger auf und beginnt meist mit Müdigkeit, Reizbarkeit oder Euphorie und Flimmern vor den Augen. Die bohrenden Kopfschmerzen werden von Übelkeit, Brechreiz, Rötung oder Blässe des Gesichts, Lichtscheu und Überempfindlichkeit gegen äußere Reize (wie Geräusche) begleitet.

Die Behandlung wird vom Therapeuten individuell je nach Ursachen verordnet, sofern diese im Einzelfall genau festzustellen sind. Als Basistherapie ist eine geregelte Lebensführung mit ausreichend Erholung, Schlaf, regelmäßiger ⇨ Entspannung und gesunder Ernährung

(⇨ Diät) erforderlich. Damit läßt sich Häufigkeit und Schwere der Anfälle meist vermindern.

Bei akuten Anfällen eignen sich die bei ⇨ Kopfschmerzen genannten Maßnahmen, insbesondere ⇨ Homöopathie und Ruhe im abgedunkelten Raum. Gut bewährt haben sich auch ⇨ Neuraltherapie, ⇨ Akupunktur, bei Halswirbelschäden ⇨ Chirotherapie, ableitende (⇨ Ableitung) Wasseranwendungen und ⇨ Saftkuren. Allerdings können die heftigen akuten Schmerzen oft nur durch spezielle Mittel ausreichend gelindert werden.

Mittelohrentzündung
⇨ Ohrenkrankheiten

Moortherapie
Durch Verwesung organischer Reste von Pflanzen und Tieren unter Luftabschluß im Wasser entstehen durch chemische Prozesse die therapeutisch wichtigen Bestandteile des Moors, hauptsächlich östrogenähnliche pflanzliche Hormone, Huminsäuren, Schwefel, Mineralstoffe und Spurenelemente. Auf Grund dieser Wirkstoffe wird Heilmoor seit langem zu medizinischen Zwecken gebraucht.

Im Vordergrund der Wirkungen steht die milde Anregung, Durchblutungs- und Kreislaufförderung; ferner wirkt Moor ähnlich wie ⇨ Heilerde im Magen-Darm-Kanal aufsaugend, fördert die Entschlackung und Entgiftung (insbesondere durch den Schwefelgehalt) und versorgt den Körper mit anorganischen Vitalstoffen. Folgende Heilanzeigen stehen im Vordergrund:

■ Äußerliche Anwendung zur besseren Durchblutung, Kreislaufaktivierung, bei ⇨ Rheumatismus, ⇨ Ischias, ⇨ Nervenschmerzen, ⇨ Gelenkabnutzung, Menstruationsbeschwerden und anderen gynäkologischen Erkrankungen.

■ Innerliche Anwendung bei ⇨ Verdauungsstörungen mit ⇨ Blähungen, Nei-

Moorbad

gung zur ⇨ Stuhlverstopfung, ⇨ Magenleiden, ⇨ Darmkatarrhen, ⇨ Leber-Gal-
lenblasenleiden, zur ⇨ Blutreinigung
vor allem bei ⇨ Rheumatismus sowie
zur allgemeinen Kräftigung.

Man gebraucht Moor stets in fertiger Zubereitung. Zur äußerlichen Anwendung eignet es sich als Zusatz zu ⇨ Bädern und
⇨ Wickeln besonders gut. Innerlich verwendet man Trinkmoor oder Moortablet-
ten. Die Einnahme oder äußerliche Behandlung ergibt sich aus der Gebrauchsanweisung und soll kurmäßig erfolgen.
Wegen der deutlichen Herz-Kreislauf-Wir-
kung empfiehlt es sich, vorher den Therapeuten zu befragen; bei Herz-Kreislauf-
Krankheiten kann die Moortherapie nicht
angezeigt sein. Anfangs kommt es durch
Heilmoor manchmal zur vorübergehenden Verschlimmerung von Symptomen,
die aber als Zeichen für die erwünschte
Reaktion des Körpers nicht unterdrückt
werden darf.

Moxibustion
⇨ Akupressur – Akupunktur

Mundgeruch
Der unangenehme Geruch aus dem
Mund entsteht oft durch ungenügende
Zahn-Mund-Pflege oder bei Entzündungen der Mundschleimhaut und des Zahnfleischs, teilweise auch bei Rachen-, Kehl-
kopf-, Mandel-, Bronchial- und Nasen-
krankheiten. In unklaren Fällen ist an innere Krankheiten zu denken, vor allem Ma-
gen-, Leber- und Stoffwechselleiden (wie
⇨ Zuckerkrankheit).
Die Therapie richtet sich nach den Ursachen, die bei chronischem unklarem
Mundgeruch nur der Fachmann feststellen kann. In einfachen Fällen genügt

⇨ Gurgeln mit fertiger Kamillen-Salbei-Lösung oder ⇨ Heilerdewasser mehrmals
täglich. Außerdem muß auf regelmäßige
sorgfältige Mund-Zahn-Hygiene geachtet
werden.

Mundschleimhautentzündung
Ungenügende Zahn-Mund-Hygiene und
chemische, mechanische oder thermi-
sche Reize (vor allem kranke Zähne, Rauchen) sind häufige Ursachen dieser Erkrankung. Ferner entsteht sie durch Infektionen, bei Mangelkrankheiten, manchen
Vergiftungen und Stoffwechselstörungen.
Die Schleimhaut ist gerötet, geschwollen
und blutet leicht, Bläschen und Geschwü-

*Salbeilösung mit Kamillenzusatz hilft bei
Mundschleimhautentzündung*

Auch Eichenrindentee wirkt bei Mundschleimhautentzündung lindernd

re können hinzukommen und die Halslymphknoten anschwellen, Fieber muß nicht immer bestehen.

Zur örtlichen Behandlung eignen sich ⇨ Gurgeln und Pinselungen mit Kamillen-Salbei-Lösung oder Eichenrindentee, ergänzt durch Lutschtabletten mit Echinacea (⇨ Heilpflanzen) zur örtlichen und allgemeinen Abwehrsteigerung, teilweise auch Lutschtabletten mit ⇨ Enzymen und Desinfektionsmitteln.

Zur Umstimmung ist außerdem rohkcstreiche ⇨ Diät zu empfehlen. Alle Reizungen, vor allem Rauchen und kranke Zähne, sind unbedingt auszuschalten. Genügt das nicht, wird der Therapeut ⇨ Homöopathie und andere Naturheilverfahren gegen die Ursachen verordnen, unter anderem Vitamin B bei Mangelzuständen, bei schweren Infektionen auch vorübergehend Antibiotika.

Muskelrheuma

Rheumatische Erscheinungen an den Weichteilen betreffen die Muskeln, Sehnen, Sehnenscheiden und Schleimbeutel, im weiteren Sinn können auch bestimmte Formen der Rippenfell- und ⇨ Nervenentzündung zu dieser Form der Rheumakrankheiten gehören.

Teils entsteht die Krankheit durch entzündliche, teils durch degenerative Prozesse, die noch nicht endgültig geklärt sind. Auslösend wirken oft Zugluft, Fehl- und Überbelastungen, außerdem ist an chronische Verschlackung der Gewebe zu denken. Symptomatisch sind unterschiedlich starke Schmerzen, meist in der Nähe von Gelenken, die schubweise auftreten, mit schmerzhaften Verspannungen und Einschränkung der Beweglichkeit. In der Muskulatur sind teilweise knötchenartige Anschwellungen tastbar.

In leichten Fällen helfen Rheumasalben mit pflanzlichen und/oder homöopathischen Wirkstoffen, oft ergänzt durch Azetylsalizylsäure gegen die Schmerzen. Außerdem sollen heiße ⇨ Wickel mit Heublumen, nach Besserung kalte ⇨ Güsse angewendet werden. Zur Entschlackung kommen überdies rohkostreiche ⇨ Diät und ⇨ Blutreinigung in Frage. Fachlicher Verordnung bleiben alle weiteren Maßnahmen vorbehalten, wie ⇨ Homöopathie, ⇨ Blutegel, ⇨ Schröpfen, ⇨ Baunscheidtismus, ⇨ Eigenbluttherapie, ⇨ Neuraltherapie und ⇨ Akupunktur.

Die Behandlung der oft chronisch wiederkehrenden Krankheit erfordert einige Geduld und Konsequenz, dann ist jedoch bleibende Besserung oder Heilung fast immer zu erreichen.

Nasenbluten

Die Blutungen treten oft durch örtliche Verletzungen oder Fremdkörper in der Nase (vor allem bei Kindern) auf, bei trockener Nasenschleimhaut auch schon bei kräftigem Schneuzen. Kommt Nasenbluten häufiger ohne örtliche Ursache vor, muß an Allgemeinkrankheiten gedacht werden, vor allem ⇨ Arteriosklerose, ⇨ Bluthochdruck, Störungen der Blutgerinnung, Leber-, Nieren- und Herzleiden. Außerdem können gut- und bösartige Nasengeschwülste als erstes Symptom zu Nasenbluten führen. Deshalb ist in unklaren Fällen baldige Untersuchung notwendig.

Zur Soforthilfe beugt man den Kopf leicht vor und preßt den Nasenflügel mit dem Finger fest gegen die Nasenscheidewand. Außerdem legt man ein naßkaltes Tuch in den Nacken. Reicht das nicht, kann Eichenrindentee in die Nase aufgeschnupft werden. Die Homöopathie gibt unter anderem Hamamelis D 2 oder Natrium nitricum D 3 alle 10 bis 15 Minuten. Unstillbares akutes Nasenbluten muß rasch fachlich behandelt werden.

Nebenhöhlenentzündung

Entzündungen und Eiterungen der Nebenhöhlen der Nase, hauptsächlich der Stirn- und Kieferhöhlen, entstehen meist durch einen unsachgemäß behandelten ⇨ Schnupfen, wenn sich die Infektion ausbreitet, seltener bei Mandelentzündungen, Zahnwurzeleiterungen im Oberkiefer oder allergischen Reaktionen (⇨ Allergie). Symptomatisch sind ein Klopfen sowie Schmerzen über der Nasenwurzel oder den Wangenknochen, Kopfschmerzen, Fieber, verstopfte Nase, bei Stirnhöhlenentzündung zum Teil auch Lichtempfindlichkeit der Augen.

Geht die Entzündung ins chronische Stadium über, lassen die Symptome deutlich nach, aber die chronische ⇨ Eiterung kann zum Krankheitsherd mit Fernwirkungen auf andere Organe werden. Als Komplikation droht der Durchbruch in die Augen oder ins Gehirn.

Die Therapie bleibt dem Fachmann vorbehalten und richtet sich nach den Ursachen. Meist werden homöopathische Medikamente wie Hepar sulfuris D 4 oder Luffa D 6, bei schweren Infektionen auch Antibiotika oder Operation verordnet. Gut bewährt haben sich im Einzelfall ⇨ Baunscheidtismus am oberen Rücken oder ⇨ Cantharidenpflaster hinter den Ohren. Für eine allgemeine Abwehrsteigerung kommt vor allem Echinacea (⇨ Heilpflanzen) in Frage. Ergänzt wird die Behandlung durch ⇨ Inhalationen mit Kamillen-Thymian-Lösung, Auflagen (⇨ Wickel) mit

Heublumen oder Bockshornklee und
⇨ Güsse der Beine zur ⇨ Ableitung. Die
Krankheit verläuft oft hartnäckig.

Nervenentzündung

Zur Entzündung eines oder mehrerer Nerven kommt es oft durch örtliche Schädigung (Druck, Verletzung), Vitamin-B-Mangel, ⇨ Zuckerkrankheit und andere Stoffwechselstörungen, Schwermetallvergiftungen, Alkohol-, Arzneimittelmißbrauch oder Infektionen (wie Grippe). Im Versorgungsgebiet der betroffenen Nerven treten Kribbeln, Taubheit, Brennen, Schmerzen und Muskelschwäche bis zur Lähmung auf.
Um bleibende Schäden zu vermeiden, muß jede Nervenentzündung rasch fachlich je nach Ursachen behandelt werden. Örtliche ⇨ Güsse, ⇨ Wickel und Einreibungen mit pflanzlichen Rheumasalben und -ölen (vor allem Pfefferminze) lindern meist nur lokale Symptome. Der Therapeut wird individuell ⇨ Homöopathie, ⇨ Baunscheidtismus, ⇨ Neuraltherapie, ⇨ Akupunktur, ⇨ Elektrotherapie, bei Bedarf auch B-Vitamine verordnen. Alkohol muß gemieden werden, zur Ausscheidung von Giftstoffen ist ⇨ Blutreinigung erforderlich.

Nervenschmerzen

Schmerzen ohne ⇨ Nervenentzündung treten anfallsweise oder dauernd auf, die Ursachen lassen sich oft nicht genau klären. Möglich sind mechanischer Druck, Infektions- und Stoffwechselkrankheiten, chronische ⇨ Eiterungen, hormonelle und rheumatische Ursachen, Alkoholmißbrauch und Gifte. Am häufigsten treten die Schmerzen im Gesicht (Trigeminusneuralgie), zwischen den Rippen und am ⇨ Ischiasnerv auf. Sie sind oft sehr heftig,

an- und abschwellend, bohrend, stechend oder ziehend.
Da die Ursachen häufig nicht festzustellen sind, fällt die Therapie schwer. Sie wird fachlich verordnet und entspricht weitgehend der bei Nervenentzündung. Teilweise sind für einige Zeit starke Schmerzmittel erforderlich. Bei chronischen unheilbaren Schmerzzuständen kann chirurgisch behandelt werden. Da das Schmerzgefühl auch von der Psyche abhängt, trägt ⇨ Autosuggestion viel mit zur Schmerzbewältigung bei.

Nervosität

Diese heute weit verbreitete Störung wird vor allem durch Unruhe, Gereiztheit, abnorme Erregtheit, Überreaktionen auf geringfügige Anlässe, rasche Ermüdung, Schlafstörungen, nervöses Schwitzen und Funktionsstörungen innerer Organe (vor allem Herz, Magen, Darm) gekennzeichnet. Sie kann besonders bei sensiblen Menschen anlagebedingt sein. Oft stehen dahinter aber negative Kindheitserfahrungen, spätere psychische Fehlentwicklungen oder akut belastende Lebenssituationen. Weitere Ursachen können hormonelle Störungen (vor allem in der Pubertät und in den Wechseljahren), Mißbrauch aufputschender Genußmittel (vor allem Kaffee), beginnende oder überstandene körperliche oder seelische Krankheiten sein. Es empfiehlt sich immer eine gründliche Untersuchung, um körperliche Ursachen festzustellen oder auszuschließen.
Zur Grundbehandlung der Nervosität ist eine ruhige, geordnete Lebensführung mit vollwertiger Ernährung (⇨ Diät), regelmäßiger ⇨ Bewegung, ⇨ Abhärtung, ⇨ Entspannung und ⇨ Autosuggestion erforderlich. Dadurch kann Nervosität oft dauerhaft gebessert werden. Zusätzlich empfehlen sich warme ⇨ Bäder mit Baldrian,

Baldrian wirkt gegen Nervosität

Fichtennadeln, Hopfen und Melisse 3- bis 4mal wöchentlich, Einnahme pflanzlicher und homöopathischer ⇨ Beruhigungsmittel, bei seelischen Ursachen auch ⇨ Psychotherapie. Funktionelle Organstörungen werden bei Bedarf zusätzlich nach Verordnung behandelt. Die Einnahme chemischer Psychopharmaka über längere Zeit ist grundsätzlich verboten, denn sie lösen das Problem nicht und können rasch abhängig machen.

Nesselsucht
Die roten, heftig juckenden Hautflecken entwickeln sich rasch, oft nach dem Verzehr von Erdbeeren, Meerestieren, Milch oder anderen Nahrungs- und ⇨ Genußmitteln, die individuell unverträglich sind (⇨ auch Allergie). Häufig sind sie linienförmig entlang eines Nervs angeordnet und verschwinden bald wieder. Es kann aber auch zu großflächigen Schwellungen kommen, die unter Umständen im Rachen die Atmung behindern und sofort ärztlich behandelt werden müssen. Zur Therapie eignen sich alle bei ⇨ Ausschlag genannten Maßnahmen.

Neural-, Segment- und Störfeldtherapie
Diese eng miteinander verwandten Naturheilverfahren beruhen alle auf der Tatsache, daß bestimmte Hautzonen durch Nervenbahnen mit anderen Körperregionen und inneren Organen in Verbindung stehen. Die Erforschung dieser Segmente geht hauptsächlich auf den englischen Nervenarzt HEAD zurück, nach dem sie als Headsche Zonen bezeichnet werden. Der deutsche Arzt HUNEKE beobachtete zufällig, daß die Injektion des örtlichen Betäubungsmittels Procain nicht nur lokale Beschwerden lindert, sondern durch Fernwirkung über das Nervensystem auch andere Symptome schlagartig beseitigen kann. Endgültig geklärt ist die Wirkungsweise dieser Therapie noch nicht; man diskutiert neben der Wirkung auf das Nervensystem vor allem noch Veränderungen an der Zellmembran und – ähnlich wie bei ⇨ Akupunktur – eine Harmonisierung der Energieströmungen im Körper.
Die schlagartig einsetzende Wirkung wird als Sekundenphänomen bezeichnet und dauert ungefähr 20 Stunden; manchmal ist der Krankheitszustand danach völlig verschwunden, oft müssen aber mehrere Behandlungen durchgeführt und zusätzlich andere Heilverfahren eingesetzt werden, ehe man dauernde Heilung erzielt.

Das Sekundenphänomen tritt auch nicht immer ein, es kann auch allmählich zur Besserung der Beschwerden kommen. Heute wendet man nicht mehr nur Injektionen mit Procain, sondern auch mit homöopathischen Mitteln und Koffein, ⇨ Massagen, ⇨ Pustulantien und andere ⇨ Reiztherapien zur Beeinflussung der Hautzonen an.

Neuraltherapie bedeutet einfach gesagt, daß man die Injektion oder andere Maßnahmen möglichst nahe bei schmerzenden Körperpunkten anwendet; sie bewährt sich vor allem bei ⇨ Rheumatismus, ⇨ Bandscheibenschäden, ⇨ Nervenschmerzen und anderen Schmerzzuständen, die meist rasch gelindert werden.

Segmenttherapie behandelt hauptsächlich über die Headschen Zonen der Haut, um durch Fernwirkung Störungen innerer Organe von außen zu beeinflussen; unter anderem kommt sie bei Herz-Kreislauf-, Bronchial-, Magen- und Darmleiden in Frage.

Störfeldtherapie erfolgt an krankhaft veränderten Körperregionen, insbesondere chronischen ⇨ Entzündungsherden, die bevorzugt an den Zahnwurzeln und Mandeln bestehen, oder an alten Impf-, Operations-, Verletzungs- und Knochenbruchnarben; sie verursachen selbst zwar kaum Beschwerden, durch Fernwirkung über das Nervensystem oder durch Streuung von Erregern kann es aber in anderen Regionen zu Funktionsstörungen und Krankheiten (zum Beispiel ⇨ Rheumatismus) kommen, die erst nach der gründlichen Sanierung der Störfelder richtig ausheilen können.
Alle drei Heilverfahren bleiben fachlicher Verordnung vorbehalten. Selbsthilfe ist nur nach Anweisung möglich, vor allem durch Massagen der Zonen oder Auftragen von Pustulantien (⇨ auch Reflexzonen-, Reizkörpertherapie).

Nierenleiden
Alle Krankheiten dieser lebenswichtigen Ausscheidungsorgane sind zu ernst, als daß sie selbständig behandelt werden dürften. Deshalb sollen hier nur kurz die wichtigsten vorgestellt werden. Die Naturmedizin kennt für alle Nierenleiden bewährte Heilverfahren, insbesondere ⇨ Homöopathie und ⇨ Heilpflanzen, bei schweren Infektionen auch Antibiotika.

Die Goldrute wirkt desinfizierend und entzündungshemmend; sie wird daher auch gegen Nierenbeckenentzündung eingesetzt

Nierenbeckenentzündung tritt hauptsächlich auf, wenn sich bei einer nicht frühzeitig behandelten ⇨ Blasenentzündung die Infektion über die Harnleiter nach oben ausbreitet. Symptome sind Schüttelfrost, Fieber, allgemeines Krankheitsgefühl, Kreuzschmerzen und trüber bis blutiger Harn. Zur Basistherapie ist rohkostreiche ⇨ Diät erforderlich, außerdem reichlich Flüssigkeit, ⇨ Homöopathie, desinfizierende und entzündungshemmende ⇨ Heilpflanzen (Bärentraube, Goldrute) und ⇨ Eigenbluttherapie.

Nierenentzündung entsteht oft als Komplikation anderer Infektionskrankheiten (wie Grippe, Mandelentzündung, Scharlach), aber auch unabhängig davon durch Infektionen; zum Teil spielen Erreger aus chronischen ⇨ Entzündungsherden eine Rolle. Die akut oder chronisch verlaufende Krankheit beginnt plötzlich oder schleichend mit Abgespanntheit, Kopfschmerzen, Fieber, Kreuzschmerzen, Schwellungen im Gesicht (vor allem an den Lidern), trüb-blutigem Harn, oft auch Bluthochdruck; in schweren Fällen treten Atemnot, Schmerzen und Schwellungen der Glieder hinzu.
Als Komplikation droht bei längerem Verlauf Nierenschrumpfung und schließlich Nierenversagen mit tödlicher Harnvergiftung. Neben den bei Nierenbeckenentzündung genannten Maßnahmen sind oft Antibiotika, manchmal auch Corticosteroide erforderlich. Unter Umständen helfen auch ⇨ Fiebertherapie und mehrfacher ⇨ Aderlaß.

Nierensteine bestehen unter anderem aus Kalzium und Phosphat; diese und andere Stoffe können zum Beispiel bei Entzündungen aus dem Urin ausgefällt werden und Nierengrieß oder unterschiedlich große Steine bilden. Lange Zeit besteht oft nur dumpfer Druck in der Nierengegend, gelegentlich auch blutiger Urin; zu heftigen Koliken kommt es, wenn ein Stein im Harnleiter eingeklemmt wird. Größere Steine verdrängen das Nierengewebe und stauen Urin zurück, so daß die Nieren wie ein Ballon aufgetrieben und schwer geschädigt werden.
Nierengrieß und kleine Steinchen lassen sich durch verordnete harntreibende Mittel oft ausschwemmen, teilweise gelingt es auch, die Steine medikamentös aufzulösen. Nicht selten müssen sie aber durch Schallwellen von außen zertrümmert oder chirurgisch entfernt werden. Die Koliken erfordern meist starke Schmerzmittel.

Ohrdampf
⇨ Dampfanwendungen

Ohrenkrankheiten
Auch für diese Krankheiten gilt, daß sie fachlich behandelt werden müssen, um bleibende Hörschäden bis zur Taubheit oder andere ernste Komplikationen zu verhüten. Daher genügt es, hier die häufigsten kurz vorzustellen, damit bei entsprechender Symptomatik rasch der Therapeut zugezogen wird.

Gehörgangentzündung kann durch Infektion von außen (oft beim Schwimmen), teilweise aber auch durch ⇨ Allergie, Verletzung beim Reinigen der Ohren oder Fremdkörper entstehen. Es kommt zu Jukken, Brennen, Schmerzen und eitriger Absonderung aus dem Ohr, die Entzündung kann auf das Mittelohr übergreifen. Der Fachmann behandelt vor allem durch ⇨ Homöopathie, ⇨ Neuraltherapie, ⇨ Heilerde auf das Ohr und ⇨ Pustulantien, in hartnäckigen Fällen auch mit Antibiotika.

Mittelohrentzündung entsteht akut durch Infektion, die meist aus dem Nasen-Rachen-Raum (oft bei ⇨ Erkältung, ⇨ Grippe) aufsteigt, seltener durch Erreger, die mit dem Blut verschleppt wurden, oder durch

ein Loch im Trommelfell. Symptomatisch sind Ohrenschmerzen, Schwerhörigkeit, Fieber, häufig Übelkeit und Brechreiz. Wird die Entzündung nicht ausgeheilt, geht sie ins chronische Stadium über; dann kommt es immer wieder zu geruchlosem oder aasartig riechendem Ausfluß aus dem Ohr. Häufig wird Mittelohrentzündung von einer Warzenfortsatzentzündung mit Druckschmerz hinter dem Ohr und Schwellungen begleitet. Als Komplikationen drohen vor allem bleibende Hörstörungen, seltener Durchbruch ins Innenohr oder Gehirn und Lähmungen des Gesichtsnervs.
Neben ⇨ Homöopathie und ⇨ Neuraltherapie werden noch ⇨ Blutegel, ⇨ Eigenblutinjektionen, zum Teil auch antibiotische und chirurgische Heilverfahren angewendet. Warme Auflagen (⇨ Wickel) mit Heublumen oder Ohrdämpfe (⇨ Dampfanwendungen) dürfen nur nach Verordnung zusätzlich durchgeführt werden.

Innenohrentzündung ist meist Folge einer verschleppten Mittelohrentzündung und führt zu Schwerhörigkeit, Gleichgewichtsstörungen, oft auch Erbrechen und Augenzittern. Sie kann ins Gehirn fortschreiten und Taubheit hinterlassen; sofortige (teils chirurgische) Behandlung ist dringend notwendig.

181

Mit Ohrdämpfen kann man leichte Ohrtrompetenentzündungen behandeln

Ohrtrompetenentzündung betrifft die Eustachi-Röhren (Tuben), die den Nasen-Rachen-Raum mit dem Mittelohr verbinden, und entsteht meist bei verschleppten Nasen-Rachen-Infektionen (⇨ Erkältung), oft durch zu heftiges Schneuzen, das entzündliches Sekret in die Tuben preßt. Symptomatisch sind Hörstörungen, dumpfer Druck oder leichter Schmerz, als Komplikation droht Mittelohrentzündung.
Leichte Fälle behandelt man wie einen ⇨ Schnupfen, zusätzlich durch Auflagen (⇨ Wickel) auf die Ohren und Ohrdämpfe (⇨ Dampfanwendungen). Hilft das nicht bald, muß zur Vermeidung der Mittelohrentzündung der Therapeut die Behandlung übernehmen.

Ohrgeräusche, wie Brummen, Sausen, Zischen oder Klingeln, kommen heute gehäuft chronisch vor und belasten psychisch oft sehr stark. Die Ursachen lassen sich häufig nicht genau ermitteln; unter anderem diskutiert man ⇨ Arteriosklerose, Nasen-, Rachen-, Ohrenkrankheiten, Schäden an der Halswirbelsäule, vor allem aber auch ⇨ Streß und andere seelisch-nervöse Faktoren. Die fachmännische Behandlung besteht hauptsächlich aus durchblutungsfördernden Medikamenten, Entspannungs-, Autosuggestions-, Neural-, Ozon-, Reizkörpertherapie (⇨ jeweils dort), ⇨ Schröpfen, bei Halswirbelschäden auch ⇨ Chirotherapie. Bei hartnäckigen Ohrgeräuschen hilft meist nur ein Tinnitus-Masker, das ist ein Gerät mit Kopfhörern, dessen Geräuschkulisse die Ohrgeräusche überlagert.

Hörsturz mit plötzlichem, meist einseitigem Hörverlust kommt heute ebenfalls gehäuft vor. Als Ursachen diskutiert man unter anderem Arterienschäden, Embolien, Blutungen und Infektionen im Ohr, allergische und seelisch-nervöse Faktoren oder Halswirbelschäden, oft läßt sich das aber nicht genau feststellen. Sofortige fachliche Behandlung ist dringend notwendig, damit das Hörvermögen wieder hergestellt werden kann.

Ohrguß
⇨ Güsse

Osteopathie
⇨ Chirotherapie

Ozontherapie
Im Gegensatz zum normalen Sauerstoff (O_2) besteht Ozon (O_3) aus 3 Atomen; deshalb ist es besonders reaktionsfreudig. In der Atmosphäre entsteht Ozon in Spuren ständig durch elektrische Entladungen aus O_2. Unter anderem bildet es in großer Höhe den Ozonschutzschirm gegen schädliche UV-Strahlung, der heute infolge der Umweltverschmutzung immer leer dünner wird (⇨ auch Heliotherapie). Medi-

zinisch nutzt man Ozon seit 1920. Die Therapie wurde von Professor BIER begründet und durch die Professoren WEHRLI und PAYR und andere weiterentwickelt. Grundsätzlich unterscheidet man die folgenden Formen:

■ Ozonerzeugung aus Sauerstoff durch elektrische Entladungen in einem Spezialgerät; das Ozon-Sauerstoff-Gemisch wird dann eingespritzt, als ⇨ Einlauf zugeführt oder zur Hautbegasung von außen verwendet.

■ Hämatogene Oxidationstherapie (kurz HOT) nach WEHRLI, wobei man dem Patienten Blut abnimmt, das mit Sauerstoff vermischt und UV-bestrahlt wird, wobei Ozon entsteht; dann injiziert man das ozonangereicherte Blut wieder.

Der »Super-Sauerstoff« Ozon regt vor allem die Sauerstoffatmung und den Stoffwechsel der Zellen sowie die Durchblutung an. Daraus ergeben sich folgende Hauptindikationen:

■ ⇨ Arteriosklerose, ⇨ Krampfadern und andere Störungen der Durchblutung sowie Vorbeugung und Nachbehandlung ihrer Folgekrankheiten (wie Infarkt, Schlaganfall, Krampfadergeschwür).

■ Erkrankungen der Atemwege mit anfallsweiser Atemnot, zum Beispiel bei ⇨ Asthma.

■ Verdauungs- und Stoffwechselstörungen, wie Fettstoffwechselstörungen mit hohen Blutfettwerten, Magen-, Darm-, Leberleiden.

■ ⇨ Ekzeme, schlecht heilende Wunden und andere ⇨ Hautleiden.

■ Störungen des vegetativen Nervensystems mit ⇨ Nervosität, ⇨ Schlafstörungen und Funktionsstörungen innerer Organe.

■ Allgemein zur besseren Sauerstoffversorgung und -verwertung und zur Leistungssteigerung.

Ozontherapie bleibt dem erfahrenen Fachmann vorbehalten. Gerade bei den heute häufigsten Zivilisationskrankheiten leistet sie (häufig kombiniert mit anderen Naturheilverfahren) meist gute Dienste.

Passive Atemtherapie
⇨ Atemtherapie

Physikalische (Physio-)Therapie
Unter diesem Oberbegriff faßt man alle Heilverfahren zusammen, die physikalische Mittel verwenden, hauptsächlich Licht, Luft, Wasser, Wärme, Kälte, Elektrizität, Bestrahlungen und Massagen. Dabei handelt es sich zwar überwiegend um Naturheilmittel, aber trotzdem ist die Physiotherapie nicht unbedingt gleichbedeutend mit Naturmedizin. Das hängt vor allem davon ab, ob sie nach schulmedizinischen oder biologisch-ganzheitsmedizinischen Prinzipien angewendet wird.

Phytotherapie
⇨ Heilpflanzen-(Phyto-)therapie

Pollen
⇨ Apitherapie

Polyarthritis
⇨ Rheumatismus

Prellung
Sie tritt nach stumpfer Gewalteinwirkung (wie Stoß, Schlag) ein und führt ohne offene Verletzung zu Blutungen in Gelenke, Gewebe und Körperhöhlen, die Schmerzen, Schwellung und ⇨ Blutergüsse verursachen. Kleine Prellungen behandelt man wie den Bluterguß und stellt das betroffene Körpergebiet möglichst ruhig, bei größeren Prellungen, vor allem mit Blutungen in Körperhöhlen und Gelenke, muß fachmännisch behandelt werden.

Progressive Relaxation
⇨ Entspannungstherapie

Propolis
⇨ Apitherapie

Psychotherapie
Da Körper und Psyche in enger Wechselbeziehung stehen, bedeutet auch die rein körperliche Behandlung schon eine Art Psychotherapie im weitesten Sinn; insbesondere das Vertrauen in den Therapeuten und die verordneten Heilverfahren nimmt immer Einfluß auf die Psyche und kann von großer Bedeutung für die Heilung werden. Natürliche Ganzheitsmedi-

zin besteht deshalb immer auch aus mehr oder minder deutlich angewendeter Psychotherapie.

Im eigentlichen Sinn bezeichnet man jene Heilverfahren als Psychotherapie, die gezielt Einfluß auf das Seelenleben nehmen, um psychische oder psychisch verursachte körperliche Beschwerden zu heilen. Vereinfachend unterscheidet man:

■ Zudeckende kleine Psychotherapie, bei der psychische Störungen nicht langwierig aufgearbeitet, sondern möglichst bald durch Lernprozesse überwunden werden; dazu gehören autogenes Training, andere Entspannungs- und Autosuggestionstherapien, Hypnose, teilweise auch Gesprächs-, Gruppen- und Verhaltenstherapie (⇨ jeweils dort).

■ Aufdeckende große Psychotherapie, bei der man die verdrängten Ursachen seelischer Störungen wieder bewußt macht und nachträglich verarbeitet, um sie endgültig zu überwinden; klassische Form ist die Psychoanalyse nach SIGMUND FREUD, ferner die tiefenanalytische ⇨ Gesprächs- und Gruppentherapie, im weiteren Sinn auch die durch körperliche Manipulationen ergänzte ⇨ Bioenergetik.

Da psychische und psychosomatische Störungen heute weit verbreitet sind (bis zu 70 % aller organischen Beschwerden lassen sich allein oder mit darauf zurückführen), gewinnt die Psychotherapie immer mehr an Bedeutung. Allerdings bestehen noch erhebliche Vorurteile gegen diese Behandlung, weil seelisch Kranke oft als »verrückt« abgestempelt werden und deshalb eine Psychotherapie scheuen. Dabei ist es ebenso selbstverständlich, bei seelischen Problemen einen Psychotherapeuten aufzusuchen, wie man bei körperlichen Krankheiten zum Arzt oder Heilpraktiker geht.

Pustulantien
Dazu gehören alle hautreizenden Mittel, die einen künstlichen ⇨ Ausschlag erzeugen. Er stellt keine Krankheit dar, sondern übt einen umstimmenden (⇨ Umstimmung) Reiz aus und leitet Krankheitsstoffe aus (⇨ Ableitung). Deshalb darf er auch nicht medikamentös unterdrückt werden, sonst verhindert man die erwünschte Wirkung. Pustulantien werden im Rahmen der ⇨ Reizkörpertherapie vor allem bei chronisch-entzündlichen Erkrankungen (wie Gelenkrheuma) nur nach Verordnung angewendet. Im allgemeinen soll das Pustulantium für 5 bis 12 Stunden auf die Haut gebracht werden, der Ausschlag heilt dann in einigen Tagen von selbst ab. Zu den häufig verwendeten Pustulantien gehören ⇨ Cantharidenpflaster und Baunscheidtöl (⇨ Baunscheidtismus).

Quetschung
Dabei wird das Unterhautgewebe durch stumpfe Gewalteinwirkung (wie Schlag, Stoß) zermalmt, oft auch die Muskulatur darunter mit betroffen. Die Quetschung kann ohne offene Verletzung bleiben oder zur Quetschwunde führen. Durch Zerstörung von Blutgefäßen und Nerven kommt es zu Schmerzen und ⇨ Blutergüssen. Kleine Quetschungen können selbst durch kalte ⇨ Wickel mit ⇨ Heilerde, Einreibungen mit verdünnter Arnikatinktur oder Enzymsalbe (⇨ Enzymtherapie) behandelt werden, größere muß der Fachmann behandeln (⇨ auch Wunden).

Rachenkatarrh

Akute Entzündungen der Rachenschleimhaut treten meist durch Infektion (vor allem bei ⇨ Erkältung, ⇨ Grippe) oder nach Alkoholmißbrauch (-kater) auf. Sie führen zu Brennen, Kratzen, Trockenheit und Wundgefühl im Hals, Schluckschmerzen und ⇨ Husten.

Bei chronischen Rachenkatarrhen, die oft bei Rauchern oder bei Patienten mit ständig behinderter Nasenatmung auftreten, bestehen diese Symptome in abgeschwächter Form.

Akute Rachenkatarrhe werden durch ⇨ Wickel um den Hals mit ⇨ Heilerde, ⇨ Gurgeln mit Kamillen-Salbei- oder in schweren Fällen Desinfektionslösungen, teils auch durch Lutschtabletten mit Echinacea zur Abwehrsteigerung und ⇨ Enzymen mit entzündungshemmender Wirkung behandelt.

Ergänzend können als Behandlung zur ⇨ Ableitung ⇨ Güsse der Unterschenkel, Fuß-Unterschenkel-Bäder (⇨ Bäder) oder Fußdämpfe (⇨ Dampfanwendungen) durchgeführt werden.

Auf Nikotin und Alkohol muß in jedem Fall vollständig verzichtet werden. Die homöopathische Behandlung bleibt einer individuellen Verordnung durch den Therapeuten vorbehalten, ebenso die Therapie chronischer Rachenkatarrhe.

Reflexzonentherapie

Zwischen jedem Wirbel geht rechts und links ein Nerv vom Rückenmark ab, der eine bestimmte Hautzone (Segment) versorgt. Empfindungen aus inneren Organen (vor allem Schmerzen) werden zu Nervenknoten im Rückenmark geleitet, die mit den zu Hautsegmenten führenden Nerven in Beziehung stehen, so daß Schmerzen innerer Organe in die entsprechenden Hautzonen ausstrahlen, die man nach dem englischen Nervenarzt HENRY HEAD (1861–1940) als Headsche Zonen bezeichnet. Typisch ist zum Beispiel die Ausstrahlung von Herzschmerzen in den linken Arm oder von Magenschmerzen in den Rücken.

Die Reflexzonentherapie, die schon seit der Antike nach praktischer Erfahrung angewendet wird, besteht in der Beeinflussung der Hautzonen, die mit den erkrankten Organen in Beziehung stehen, durch ⇨ Neural- und Segmenttherapie. Dazu wendet man örtlich unter anderem ⇨ Pustulantien, ⇨ Massagen oder Injektionen nervenwirksamer Arzneimittel (wie Procain, Koffein) an, um über die Nervenbahnen eine Fernwirkung auf kranke innere Organe auszuüben. Dadurch werden nicht nur Schmerzen gelindert, sondern auch die Funktionsstörungen der betroffenen Organe normalisiert.

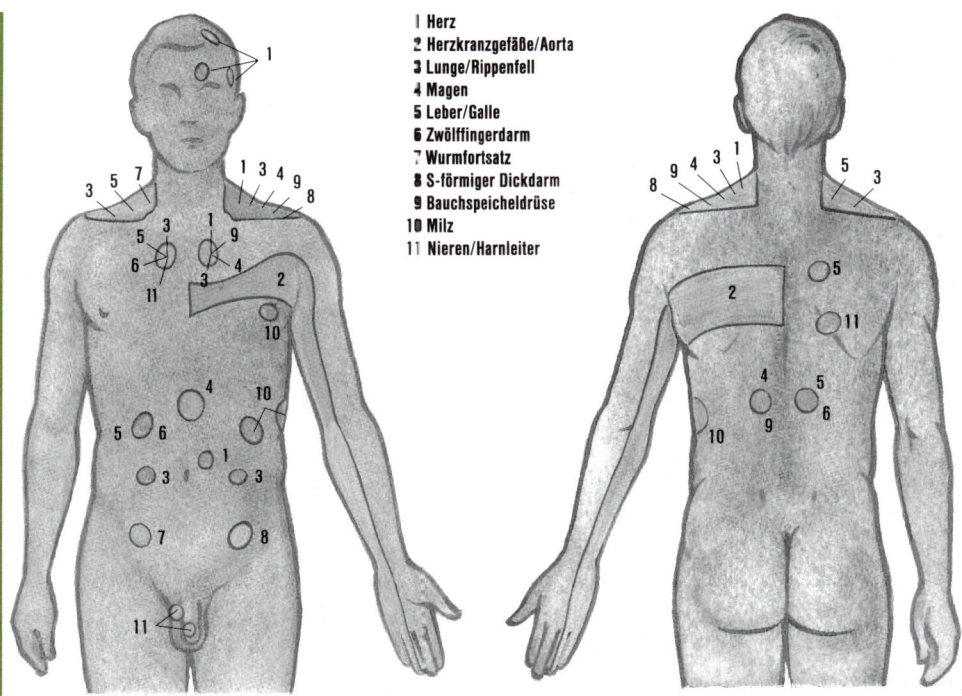

1 Herz
2 Herzkranzgefäße/Aorta
3 Lunge/Rippenfell
4 Magen
5 Leber/Galle
6 Zwölffingerdarm
7 Wurmfortsatz
8 S-förmiger Dickdarm
9 Bauchspeicheldrüse
10 Milz
11 Nieren/Harnleiter

Schmerzen innerer Organe strahlen in Hautzonen, die sogenannten Headschen Zonen, aus und können darüber behandelt werden

Die Behandlung muß grundsätzlich vom Fachmann durchgeführt werden. Selbsttherapie empfiehlt sich nur vorübergehend zur Soforthilfe durch Reflexzonenmassage. Die zu behandelnden Hautzonen erkennt man meist daran, daß sie beim Betasten druck- und schmerzempfindlich sind; ein entsprechendes Fachbuch erleichtert das Auffinden der jeweiligen Reflexzonen.

Fußreflexzonenmassage: Eine Sonderform dieser Therapie, die Fußreflexzonenmassage, wurde von der Amerikanerin EUNICE INGHAM begründet und durch andere Therapeuten weiterentwickelt. Sie geht von der (wissenschaftlich nicht bewiesenen) Vorstellung aus, daß der Fuß eine zentrale Schaltstelle des Körpers darstellt und bestimmte Fußzonen mit entsprechenden inneren Organen in Beziehung stehen. Durch Betasten der Fußzonen kann man Rückschlüsse auf Erkrankungen der zugehörigen inneren Organe ziehen und diese durch Massage der Fußzonen beeinflussen. Vor allem der Energiestrom zu den Organen wird dadurch wieder normalisiert, eine wichtige Voraussetzung für die Heilung.

Die Fußreflexzonenmassage kann zur ergänzenden Behandlung auch selbständig nach einem guten Fachbuch angewendet werden. Die bei Krankheiten zu massierenden Reflexzonen am Fuß er-

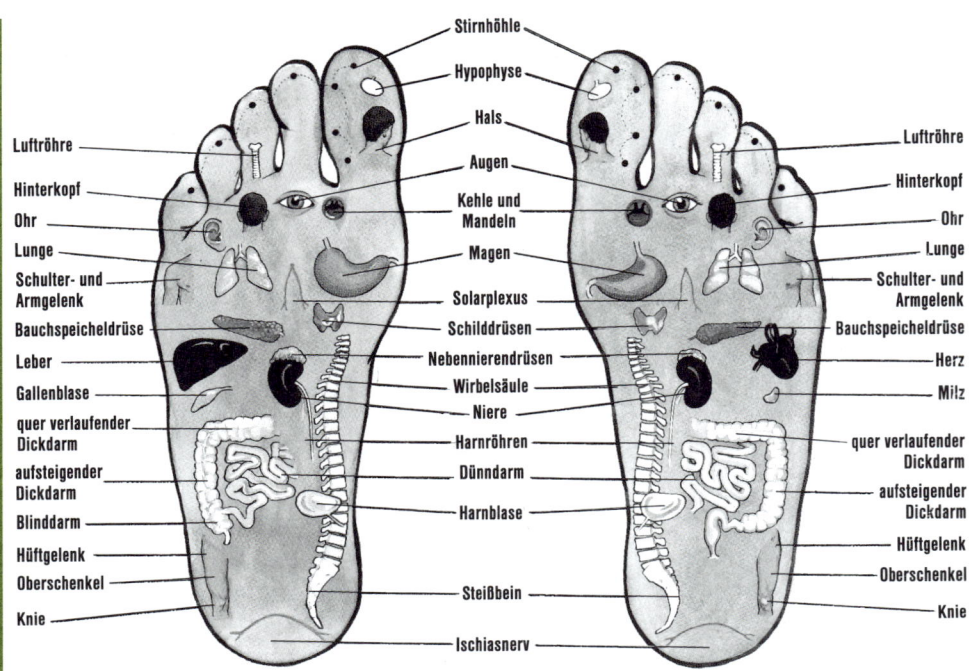

Stirnhöhle
Hypophyse
Hals
Augen
Kehle und Mandeln
Magen
Solarplexus
Schilddrüsen
Nebennierendrüsen
Wirbelsäule
Niere
Harnröhren
Dünndarm
Harnblase

Steißbein

Ischiasnerv

Luftröhre
Hinterkopf
Ohr
Lunge
Schulter- und Armgelenk
Bauchspeicheldrüse
Leber
Gallenblase
quer verlaufender Dickdarm
aufsteigender Dickdarm
Blinddarm
Hüftgelenk
Oberschenkel
Knie

Luftröhre
Hinterkopf
Ohr
Lunge
Schulter- und Armgelenk
Bauchspeicheldrüse
Herz
Milz
quer verlaufender Dickdarm
aufsteigender Dickdarm
Hüftgelenk
Oberschenkel
Knie

Die Reflexzonen der verschiedenen Körperteile und inneren Organe auf der linken und der rechten Fußsohle

kennt man beim Betasten an der Druckempfindlichkeit und Schmerzen; in unklaren Fällen und zur allgemeinen Vorsorge können alle Fußzonen mit einem Reflexzonenroller (aus dem Reformhaus) behandelt werden.

Reizkörpertherapie

Dieses Naturheilverfahren wirkt in erster Linie durch ⇨ Umstimmung auf den gesamten Organismus. Das kann objektiv an der deutlichen Zunahme der für die Abwehr wichtigen weißen Blutkörperchen nachgewiesen werden. Vor allem bei chronischen Krankheiten sorgt die Reizkörpertherapie dafür, daß sie wieder in die akute Phase übergehen und dann von den Selbstheilungskräften ausgeheilt werden können. Zu den wichtigsten Heilanzeigen gehören chronisch-entzündliche (auch rheumatische) und allergische (⇨ Allergie) Krankheiten.

Es gibt verschiedene Möglichkeiten, um durch Reizkörper Heilreaktionen des Körpers auszulösen. Zu den einfachsten, auch zur Selbsthilfe geeigneten gehören ⇨ Bäder und ⇨ Massagen mit einer kräftigen Bürste, ferner UV-Bestrahlungen (⇨ Heliotherapie); dabei zerfallen Eiweißstoffe in der Haut, und das Nervensystem wird beeinflußt, eine umstimmende Reaktion kommt in Gang. Der Therapeut wird außerdem noch ⇨ Cantharidenpflaster, ⇨ Pustulantien und ⇨ Eigenbluttherapie zur Reizkörperbehandlung anwenden.

Rheumatismus

Zum rheumatischen Formenkreis gehören verschiedene akute und chronische Krankheitsbilder, vor allem Gelenkabnutzung, -entzündung, Gicht, Muskel- und Weichteilrheuma (⇨ jeweils dort). Im engeren Sinn versteht man vor allem die folgenden beiden Formen der Polyarthritis darunter:

■ Akute Polyarthritis mit starken Gelenkschmerzen, -schwellungen und Fieber, die oft 1 bis 3 Wochen nach einer Infektion mit der Bakterienart Streptokokkus als Komplikation auftritt; die Erreger können aber auch aus chronischen ⇨ Eiterungen vor allem an Mandeln und Zahnwurzeln mit dem Blut zu den Gelenken gelangen.

■ Primär (von Anfang an) chronische Polyarthritis, die manchmal aber akut mit Fieber beginnen kann und zu heftigen Gelenkschmerzen, -schwellungen, später Versteifung der Gelenke führt; ihre Ursachen sind noch nicht endgültig geklärt, neben chronischen Eiterungen und Verschlackung der Gewebe diskutiert man vor allem Autoimmunvorgänge, bei denen der Körper Abwehrstoffe gegen sein eigenes Gewebe bildet.

Als Komplikationen drohen bei Rheuma neben Versteifung der Gelenke bis zur Gebrauchsunfähigkeit auch Herz- und Nierenentzündungen; deshalb ist fachliche Hilfe erforderlich, bei ernsteren Infektionen auch durch Antibiotika.

Die naturmedizinische Basistherapie besteht aus einigen Tagen ⇨ Heilfasten, danach rohkostreiche ⇨ Diät, individuell verordneter ⇨ Homöopathie, ⇨ Blutreinigung und ⇨ Umstimmung durch ⇨ Baunscheidtismus, ⇨ Eigenbluttherapie und ⇨ Thymustherapie. Ferner eignen sich ⇨ Neural-, Segment- und Störfeldtherapie vor allem zur raschen Schmerzlinderung, Blutegel, Schröpfen, Massagen, warme Wickel mit Heilerde, Fango oder Moor, Bäder mit Heublumen und Schwefel, Fiebertherapie (⇨ jeweiliges Stichwort) sowie Rheumasalben vor allem mit Arnika, Lavendel, Rosmarin und Azetylsalizylsäure. Nach Besserung ist außerdem ⇨ Bewegungstherapie zur Erhaltung der Beweglichkeit angezeigt, anfangs oft in Form von Krankengymnastik.

Alle diese Maßnahmen können Rheumatismus nicht sicher heilen, aber wenigstens dauerhaft bessern. Die Chancen dafür stehen bei umfassender naturmedizinischer Behandlung wesentlich günstiger, als wenn nur schulmedizinisch durch Antibiotika, entzündungs- und schmerzlindernde Mittel behandelt wird.

Rückenschmerzen

Bei Schmerzen im Rücken muß vor allem an ⇨ Bandscheibenschäden als Ursache gedacht werden. Ferner können Unterkühlung, Überanstrengung, Fehlhaltungen, rheumatische Einflüsse, Stauchungen, Prellungen und Brüche von Wirbeln, Tuberkulose und Geschwulstkrankheiten dazu führen. Lassen sich keine örtlichen Ursachen nachweisen, muß an ausstrahlende Schmerzen bei Herz-, Lungen-, Rippenfell-, Gallenblasen- oder Nierenleiden gedacht werden.

Zur Selbsthilfe bei akuten leichten Rückenschmerzen behandelt man sinngemäß wie bei ⇨ Bandscheibenschäden und ⇨ Kreuzschmerzen. Stärkere, häufig wiederkehrende oder ständige Rückenschmerzen und Verdacht auf ausstrahlende Schmerzen von inneren Organen machen fachliche Hilfe notwendig. Ständige Schmerzmitteleinnahme, die nur Symptome unterdrückt, aber die Ursachen nicht beseitigt, ist wegen der erheblichen Nebenwirkungen sehr bedenklich.

Saftkuren

Bei dieser gemäßigten Form des ⇨ Heilfastens verzichtet man zwar auf feste Nahrung, nimmt aber mit Obst- und Gemüsesäften doch Kalorien zu sich. Deshalb fällt die Wirkung nicht ganz so tiefgreifend wie beim strengen Fasten aus, genügt aber in vielen Fällen doch zur allgemeinen ⇨ Umstimmung und gründlichen ⇨ Blutreinigung. Hinzu kommt, daß der Körper durch die Säfte reichlich mit Vitalstoffen versorgt wird, was für die Heilwirkung ebenfalls von Bedeutung sein kann (insbesondere bei bestehenden Mangelkrankheiten).

Die Heilanzeigen des Saftfastens entsprechen weitgehend denen strenger Fastenkuren, die Dauer der Kur muß mit dem Therapeuten abgesprochen werden, sofern

Saftkuren wirken umstimmend und blutreinigend

man nicht nur 1 bis 3 Tage Saftfasten bei akut fieberhaften Erkrankungen selbständig durchführt. Nicht angezeigt sind Saftkuren im allgemeinen bei akuten Magen-Darm-Katarrhen, Zuckerkrankheit und zehrenden Krankheiten (wie Tuberkulose, Krebs).

Der Kurplan ist einfach einzuhalten: Nach 1 Vorfastentag, an dem man nicht mehr als 1000 Kalorien (keine tierischen Produkte) zu sich nimmt, fastet man im allgemeinen (je nach Verordnung) 3 bis 10 Tage lang, wobei täglich 750 Milliliter Saft eingenommen werden. Am besten verwendet man je 300 Milliliter Obst- und Gemüsesaft und 150 Milliliter Kräutersaft fertig aus dem Reformhaus, auf 5 Portionen über den Tag verteilt. Die Säfte können nach Geschmack miteinander vermischt werden. Jede Saftportion nimmt man in kleinen Schlucken ein und »kaut« jeden Schluck gründlich (wie guten Wein).

Zusätzlich muß zur gründlichen Durchspülung der Gewebe (Entschlackung) reichlich kochsalz- und nitratarmes Mineralwasser getrunken werden, mindestens 2 Liter am Tag. Nach Abschluß der Kur geht man innerhalb von 2 bis 5 Tagen vorsichtig zur gewohnten Kost über.

Ergänzt wird die Saftkur durch die bei Heilfasten genannten anderen Maßnahmen, insbesondere gründliche Darmreinigung. Die Kuren können zur Gesundheitsvorsorge regelmäßig 2mal jährlich durchgeführt werden, wenn der Therapeut zustimmt

Sauerstofftherapie

Einfachste und natürlichste Möglichkeit, die Zellen ausreichend mit Sauerstoff für all ihre Funktionen zu versorgen, ist ausreichend ⇨ Bewegung an der frischen Luft. Zur Gesundheitsvorsorge genügt diese aktive Sauerstoffzufuhr vollauf, wenn man sich regelmäßig ausreichend bewegt. Bei

Krankheiten dagegen kann Sauerstoff (teils kombiniert mit ⇨ Ozon) passiv verabreicht werden. Zu den wichtigsten Heilanzeigen dieser Therapie gehören:

■ Vorzeitige ⇨ Alterserscheinungen, die oft mit einem Sauerstoffdefizit in Beziehung stehen.
■ Durchblutungsstörungen (vor allem bei ⇨ Arteriosklerose) innerer Organe, wie Gehirn, Herz und Leber, oder der Gliedmaßen (auch beim Raucherbein).
■ Störungen des Fettstoffwechsels mit zu hohen Blutfettwerten als Risikofaktoren für Arteriosklerose und Infarkt.
■ Chronisch-entzündliche Erkrankungen vor allem der Atemwege.
■ Versuchsweise bei ⇨ Allergien und chronischen ⇨ Hautleiden.

Die Wirkung der Sauerstofftherapie beruht hauptsächlich auf der Sättigung des Bluts mit Sauerstoff. Dadurch erhalten die Zellen viel lebenswichtigen Sauerstoff, der ihre Stoffwechselfunktionen normalisiert. Man unterscheidet die folgenden Formen der Sauerstoffanwendung:

■ Sauerstoffinsufflation (nach DR. REGELSBERGER), bei der gasförmiger Sauerstoff direkt langsam in die Venen gegeben wird (ähnlich wie bei einer Infusion), ein bei sachgemäßer Anwendung völlig ungefährliches Verfahren.
■ Sauerstoff-Mehrschritt-Therapie (nach Professor V. ARDENNE), wobei Sauerstoff reichlich eingeatmet wird; zusätzlich gibt man Vitamine und Spurenelemente, damit der Sauerstoff besser verwertet wird, und führt ⇨ Bewegungstherapie durch, um durch vermehrte Durchblutung den Sauerstoff besser im Körper zu verteilen.
■ Sauerstoff-Ozongas-Therapie (nach Professor PAYR und DR. WOLFF), bei der man im Sauerstoff durch elektrische Entladungen eine geringe Menge Ozon

Regelmäßige Saunabesuche sorgen für Abhärtung

erzeugt; dieses Sauerstoff-Ozon-Ge-
misch kann in die Venen oder Arterien
und unter die Haut gespritzt oder in den
Darm eingeblasen werden.

Alle drei Formen der Sauerstofftherapie
haben sich in der Praxis gut bewährt.

Sauna
Das Heißluftbad in extrem trockener Luft
kennt man in nordischen Ländern (vor allem Finnland) schon lange. Früher wurde
es in Erdgruben oder einfachen Holzhüt-
ten durchgeführt, heute geht man dazu in
das komfortable Saunabad, wenn man

über keine eigene Heimsauna verfügt (für
Heimwerker gibt es dazu spezielle Bau-
sätze). Seit den 30er Jahren kennt man die
Sauna auch bei uns, heute gibt es in jeder
größeren Stadt öffentliche Saunabäder.
Regelmäßige Saunabesuche empfehlen
sich vor allem zur Gesundheitsvorsorge.
Man trainiert dadurch die Gefäßregulation
besonders gut, fördert die Entschlackung
und Entgiftung mit dem Schweiß über die
Haut, regt den Stoffwechsel an und erzielt
eine gute ➪ Abhärtung. Diese umfassende Wirkung kommt durch den Wechsel
zwischen bis 95 Grad heißer Luft (die wegen der extremen Trockenheit gut vertragen wird) und kalter Luft oder kaltem Was-

ser zustande. Im allgemeinen belastet das nicht so stark wie die geringere, aber feuchte Hitze im Dampfbad (⇨ Dampfanwendungen). Trotzdem sollte man vor dem ersten Saunabesuch den Therapeuten befragen, insbesondere bei Herz-, Gefäß- und Kreislaufstörungen, denn in solchen Fällen kann Saunen verboten sein. Grundsätzlich nicht angezeigt sind Saunabesuche bei Lungentuberkulose und fieberhaften Erkrankungen. Bei Menschen mit hohen Blutfettwerten kann es durch Verdickung des Bluts zu Thrombosen und Embolien, bei anderen, die zu Nierensteinen neigen, durch übermäßige Konzentration des Urins zur Ausfällung von Steinen kommen; deshalb ist auch in solchen Fällen Vorsicht geboten, wenn der Therapeut nicht ausdrücklich vom Saunabesuch abrät.

Übergewicht läßt sich durch Saunen übrigens nicht bequem »einschmelzen«, wie oft gehofft wird; zwar kommt es zum Gewichtsverlust um bis zu 1 Kilogramm, aber das ist auf den Flüssigkeitsverlust zurückzuführen und wird durch vermehrtes Trinken bald wieder ausgeglichen.

Anfänger gehen nur 1- bis 2mal je 5 bis 8 Minuten in die Heißluft, dazwischen und danach kurz zum Wassertreten an die kühlere Außenluft oder ins kalte Tauchbad. Beendet wird mit einer mindestens halbstündigen Ruhepause. Nach Gewöhnung bleibt man 2- bis 3mal je 12 bis 15 Minuten in der heißen Luft, jeweils unterbrochen durch die kalte Anwendung, beendet immer kalt und ruht noch mindestens eine halbe Stunde aus.

Verstärkt wird die Wirkung, wenn man die Haut in der heißen Luft mit Birkenreisern schlägt. Das Verdampfen ätherischer Öle wirkt sich besonders günstig auf die Atemwege aus. Auch Geübte sollten die Sauna nicht häufiger als alle 10 bis 14 Tage aufsuchen, das genügt zur Vorsorge.

Schenkelguß
⇨ Güsse

Schlafstörungen
Sie gehören heute zu den seelisch-nervösen »Zivilisationsseuchen«, an denen rund 30 % der Bewohner der westlichen Industriestaaten häufig oder chronisch leiden. Man unterscheidet Einschlafstörungen, bei denen man lange nicht in den Schlaf findet, Durchschlafstörungen mit Erwachen in der Nacht, nach dem man nur schwer wieder in den Schlaf findet, Aufwachstörungen mit zu frühem Erwachen am Morgen und verminderte Schlaftiefe mit oberflächlich-unruhigem, wenig erholsamem Schlaf.

Folgen vorübergehender Schlafstörungen sind Nervosität, Gereiztheit, Leistungs- und Konzentrationsschwäche, die nach 1 bis 2 gut durchgeschlafenen Nächten wieder verschwinden. Häufige oder chronische Schlafstörungen verstärken diese Beschwerden, der Schlafmangel kann am Tag durch kurze Tagträume teilweise ausgeglichen werden, was am Arbeitsplatz oder Steuer eines Fahrzeugs besonders gefährlich ist; außerdem können Magen-, Herz-Kreislauf-Störungen und Persönlichkeitsveränderungen eintreten.

In den meisten Fällen stehen Schlafstörungen mit Streß, Hektik und Reizüberflutung des modernen Alltags, Sorgen, Konflikten und anderen Problemen, Bewegungsmangel, Mißbrauch von anregenden ⇨ Genußmitteln und Medikamenten, schlecht gelüfteten oder zu lauten Schlafräumen und falsch ausgestatteten Betten in Beziehung. Es gibt aber auch krankhafte Ursachen bei Schlafstörungen, zu denen vor allem Fieber, Schmerzen, Kreislaufstörungen und ⇨ Arteriosklerose des Gehirns gehören.

Schließlich können vermeintliche Schlafstörungen dadurch entstehen, daß man länger zu schlafen versucht, als dem persönlichen Schlaf-Wach-Rhythmus entspricht (die meist empfohlenen 7 bis 8 Stunden sind nur ein Durchschnittswert), oder einen Teil des Schlafs bereits beim Nickerchen am Mittag erhält.

Wegen der vielfältigen möglichen Ursachen gibt es keine Therapie, die bei allen Schlafstörungen angezeigt wäre. Es geht immer darum, die individuellen Ursachen herauszufinden und abzustellen. Zunächst muß man den persönlichen Schlafbedarf ermitteln, um rhythmusgerecht zu Bett zu gehen und aufzustehen, die Ausstattung des Schlafzimmers (vor allem Matratzen, Röste) prüfen und bei Bedarf erneuern, laute Schlafräume verlegen, für ausreichend Belüftung sorgen und anregende Genußmittel vermeiden. Außerdem ist regelmäßige Bewegung an der frischen Luft, ⇨ Entspannungs- und ⇨ Autosuggestionstherapie oft hilfreich. Diese einfachen Maßnahmen führen bei vielen Menschen bereits wieder zu besserem Schlaf.

Genügt das nicht, können pflanzliche ⇨ Beruhigungsmittel und kalte Wadenwickel (⇨ Wickel) oder Fuß-Unterschenkelbäder (⇨ Bäder) für guten Schlaf sorgen. Auch ⇨ Akupressur, ⇨ Atemtherapie und individuell verordnete ⇨ Homöopathie bewähren sich gut. Chemische Schlafmittel sollten allenfalls vorübergehend einmal nach Verordnung verwendet werden, denn sie verlieren rasch an Wirkung und machen leicht abhängig. Bei ernsteren psychischen Störungen kann eine fachliche ⇨ Psychotherapie angezeigt sein.

Ab und zu leiden die meisten Menschen einmal an Schlafstörungen. Das ist zwar unangenehm, aber nicht weiter schlimm. Anstatt sich stundenlang unruhig im Bett zu wälzen und wieder einschlafen zu wollen, steht man besser auf und beschäftigt sich mit angenehmen Dingen, dann kommt der Schlaf oft bald von ganz allein wieder.

Schluckauf

Die Ursachen dieser anfallsweise auftretenden rhythmischen Verkrampfungen des Zwerchfells, die wohl jeder gelegentlich einmal erlebt, lassen sich häufig nicht feststellen; nicht selten spielen zu kalte Getränke oder Alkohol eine Rolle. Meist hört der Schluckauf bald von selbst wieder auf. Man kann aber versuchen, ihn durch kurzes Anhalten der Atmung, leichte Schläge auf den Rücken zwischen die Schulterblätter, warme ⇨ Wickel um den Leib oder Pfefferminztee zu unterbrechen; homöopathisch hilft oft Magnesium phosphoricum D 6, nach Bedarf mehrmals in kurzen Abständen eingenommen.

Wenn Schluckauf länger dauert, kann das durch Behinderung der Atmung und Kreislauferschöpfung sogar lebensbedrohlich werden. In solchen Fällen muß an ernste Erkrankungen im Bauchraum (wie Bauchfellentzündung, Zwerchfellbruch) gedacht und der Therapeut zugezogen werden.

Schneetreten
⇨ Barfußlaufen

Schnupfen

Der akute Katarrh der Nasenschleimhaut tritt meist als Symptom einer ⇨ Erkältung oder ⇨ Grippe auf und wird dann häufig von Rachen-, Kehlkopf- und Bronchialentzündung (⇨ jeweils dort) begleitet. Kribbeln in der Nase, Niesreiz, starke Schleimabsonderung, behinderte Nasenatmung

Majoran hilft bei chronischem Schnupfen

und leichtes Fieber sind typische Symptome dieser meist banalen Krankheit, die nach etwa 1 Woche ausheilt. Man darf den Schnupfen nicht massiv durch chemische Arzneimittel unterdrücken, denn er ist Ausdruck der Infektabwehr.

Die Behandlung entspricht der bei Erkältungen, im Vordergrund stehen ⇨ Inhalationen mit Kamillen-Thymian-Lösung, innerlich Holunder-, Lindenblütentee und Echinacea (⇨ Heilpflanzen) zur Abwehrsteigerung.

Weitere Maßnahmen sind beim einfachen Schnupfen nicht erforderlich.

Wenn akuter Schnupfen nicht spätestens nach 10 Tagen völlig geheilt ist, kann als Komplikation eine ⇨ Nebenhöhlenentzündung hinzugekommen sein, die fachlich behandelt werden muß.

Auch wenn die Nasenatmung dauernd behindert ist und zwischendurch immer wieder starke Schleimabsonderung auftritt, sucht man den Therapeuten auf, weil dann chronischer Schnupfen besteht. Er entwickelt sich aus einem verschleppten akuten Nasenkatarrh, aber auch durch chronische Reizung der Schleimhaut (zum Beispiel bei Rauchern), Mißbrauch von Nasensprays und -tropfen oder als ⇨ Allergie; es besteht die Gefahr, daß die Nasenschleimhaut allmählich schwindet, das Geruchsvermögen mit der Zeit eingeschränkt wird und sich Wucherungen (Polypen) bilden.

Neben der oft angezeigten individuellen ⇨ Homöopathie hat sich bei chronischem Schnupfen als altes Hausmittel die ⇨ Inhalation mit Majorantee gut bewährt. Alle schleimhautabschwellenden Nasenmittel sind strikt zu meiden.

Schröpfen

Dieses Heilverfahren gehört zu den ausleitenden (⇨ Ableitung) Therapien, wirkt aber auch umstimmend im Sinn der ⇨ Reizkörpertherapie. Früher wurde es häufig angewendet, heute ignoriert man es in der Schulmedizin weitgehend. Unterschieden werden die folgenden beiden Techniken:

■ Unblutiges Schröpfen, bei dem man Schröpfköpfe auf die Haut setzt und luftpumpt; dadurch entstehen in der Haut, die sich wie bei einem Bluterguß verfärbt, umstimmende Reizstoffe, außerdem wirkt die Anwendung krampflösend und beeinflußt über ⇨ Reflexzonen innere Organe. Heilanzeigen sind vor allem entzündliche und rheumatische Erkrankungen sowie Verspannungen der Rückenmuskulatur.

■ Blutiges Schröpfen erfolgt in gleicher Weise, nur ritzt man vorher die Haut oberflächlich an, so daß es zu einem milden ⇨ »Aderlaß« kommt; das wirkt ebenfalls umstimmend, leitet Krankheitsstoffe aus, beseitigt Blutstauungen, regt Stoffwechsel und Lymphstrom an und kann über ⇨ Reflexzonen ebenfalls auf innere Organe wirken. Wichtigste Heilanzeigen sind Bluthochdruck, Kopfschmerzen, Schwindel, Rheuma und Muskelverspannungen.

Wenn die luftleer gepumpten Schröpfköpfe auf der Haut verschoben werden, erzielt man noch eine massageähnliche Wirkung, die Muskelverspannungen lockert und den Lymphstrom gut anregt.

Schrothkur

Diese relativ lang dauernde Kur schuf der Laientherapeut JOHANN SCHROTH (1798 bis 1856). Sie führt vor allem zur tiefgreifenden ⇨ Umstimmung bei chronischen Krankheiten. In vereinfachter Form wird sie nach Verordnung auch ambulant durchgeführt, besser sucht man aber eine spezielle Kurklinik auf. Zu den wichtigsten Heilanzeigen gehören vorzeitige ⇨ Alterserscheinungen, ⇨ Gicht und ⇨ Rheuma, ⇨ Schwindel und andere Durchblutungsstörungen, chronische ⇨ Verdauungsbeschwerden, Gedächtnis-, Konzentrations-, Leistungs- und Nervenschwäche, versuchsweise auch ⇨ Angst und ⇨ Depressionen. Nicht angezeigt ist die Kur bei ⇨ Zuckerkrankheit, ⇨ Herzleiden, ⇨ Tuberkulose und ⇨ Krebs.
Die Schrothkur besteht aus folgenden drei Phasen, die hier nur kurz beschrieben werden sollen:
■ Vorkur (3 Wochen), in der man die Ernährung radikal umstellen muß, wobei wie bei der ⇨ Mayrkur altbackene Semmeln eine wichtige Rolle spielen; ab der 2. Woche schränkt man auch die Flüssigkeitszufuhr deutlich ein. Ergänzt wird die Diät durch kalte Auflagen und ⇨ Wickel um den Leib.
■ Hauptkur (5 bis 8 Wochen) mit ähnlicher Beschränkung der Ernährung wie bei der Vorkur (vorwiegend alte Semmeln), außerdem mehrmals pro Woche Wechsel zwischen Trink- und Dursttagen, Auflagen und Wickel um den Leib.
■ Kurpause (1 bis 2 Wochen), sobald sich während der Hauptkur guter Appetit einstellt; die Ernährung wird dabei vor allem noch durch Obst und Gemüse angereichert.

Wenn nach der Kurpause keine Beschwerden mehr bestehen, kann die Kur beendet werden. Andernfalls wird sie nach dem gleichen Schema ein- oder mehrmals wiederholt.

Schwindel

Diese Gleichgewichtsstörung tritt hauptsächlich als Symptom bei ⇨ Arteriosklerose, Bluthochdruck und niedrigem ⇨ Blutdruck auf. Ferner kann es bei Augen-, Ohren- und Nerven-Gehirn-Leiden, Mißbrauch von ⇨ Genußmitteln, Vergiftungen, Infektionen oder auch aus psychischen Ursachen dazu kommen. Eine weitere häufige Ursache sind Veränderungen an der Halswirbelsäule, die vor allem bei Kopfbewegungen zum Schwindel führen. Da die genauen Ursachen, nach denen sich die Therapie richtet, nur durch Untersuchung zu klären sind, muß stets der Fachmann aufgesucht werden.
Die notwendigen Maßnahmen werden bei den einzelnen Stichwörtern ausführlich erklärt. Als Hauptmittel bewährt sich in vielen Fällen der homöopathische Wirkstoff Cocculus D 6, der Schwindel unabhängig

von den Ursachen günstig beeinflussen kann. Oft ist auch mehr ⇨ Bewegung und eine Änderung der Ernährungsgewohnheiten zur Grundbehandlung angezeigt.

Schwitzen, übermäßiges
Vermehrtes Schwitzen an Hand-, Fußflächen, Achseln oder am ganzen Körper tritt vorwiegend durch seelisch-nervöse Einflüsse auf, zum Beispiel bei Nervosität, Angst, innerer Spannung und Dauerstreß. Als weitere Ursachen kommen Nervenkrankheiten, Überfunktion der Schilddrüse und andere hormonelle Störungen, chronische ⇨ Entzündungen, bei Nachtschweiß auch Lungenleiden in Betracht; das muß individuell geklärt werden.
Selbsthilfe ist beim verbreiteten nervösen Schwitzen möglich, wenn vorher krankhafte Ursachen sicher ausgeschlossen wurden. Besonders gut hilft in solchen Fällen Salbei, der in fertiger Zubereitung über längere Zeit zur Stabilisierung des Nervensystems eingenommen wird, ergänzt durch ⇨ Entspannungs- und ⇨ Autosuggestionstherapie. Örtlich können zusätzlich ⇨ Bäder und ⇨ Abwaschungen mit Eichenrindentee angewendet werden, dessen Gerbstoffgehalt die Schweißdrüsenfunktionen günstig beeinflußt.

Segmenttherapie
⇨ Neural-, Segment- und Störfeldtherapie

Sehenscheidenentzündung
Sie betrifft die langen Kanäle, in denen die Sehnen an Unterarmen und Unterschenkeln von der Muskulatur zu Händen und Füßen verlaufen. Durch Überanstrengung, mechanische Belastung, durch Rheuma (⇨ Muskelrheuma) oder Wundinfektionen in der Nähe dieser Sehnenscheiden

kommt es zur Entzündung mit schmerzhafter Schwellung und Rötung; wenn dabei die Gleitflüssigkeit eingedickt wird, entsteht ein knotiges, hartes Überbein. Voraussetzung für die Heilung ist die Ruhigstellung des betroffenen Glieds. Äußerlich wendet man Rheumasalben mit homöopathischen und pflanzlichen Wirkstoffen, innerlich vor allem das homöopathische Mittel Arnica D 3 an. Nach Besserung empfehlen sich kalte ⇨ Güsse und ⇨ Massagen. Hilft das nicht rasch, muß der Therapeut zugezogen werden. Bei Eiterungen muß manchmal chirurgisch behandelt werden. Überbeine lassen sich im allgemeinen nur operativ entfernen.

Sehtraining
Diese Methode wurde von dem amerikanischen Arzt und Dozent der Augenheilkunde WILLIAM H. BATES (1881–1931) erstmals 1919 der Öffentlichkeit vorgestellt. Er wollte sich nicht mit der offiziellen Lehrmeinung abfinden, daß sich das Sehvermögen etwa ab der Lebensmitte oft unaufhaltsam verschlechtert und nur durch eine Brille korrigiert werden kann, sondern entwickelte eine Reihe von Übungen, die er ausdrücklich zur Selbsthilfe bei allen Formen nicht krankhafter Sehschwäche empfahl. Trotzdem soll das Trainingsprogramm unter fachlicher Anleitung erlernt werden, damit man nicht falsch übt und keine Augenleiden übersehen werden. Deshalb hier nur beispielhaft einige Grundübungen.

Palmieren ist eine der wichtigsten Übungen zur Entspannung der Augen und ganz einfach durchzuführen: Lider schließen und die Handflächen so darüber legen, daß sie die Lider nicht berühren; diese Abschirmung gegen das Licht soll 2 bis 3mal täglich je 10 Minuten angewendet werden.

Zwinkern mit den Lidern sorgt für ausreichende Befeuchtung der Augen; man gewöhnt sich beim Sehtraining an, alle 5 bis 10 Sekunden einmal zu zwinkern, bis das nach einiger Zeit ganz automatisch ständig erfolgt.

Nah-Fern-Einstellung der Augen trainiert man mehrmals täglich je 10 Sekunden nacheinander; dazu nimmt man in jede Hand einen Bleistift oder ähnlichen Gegenstand und hält ihn mit einer Hand ungefähr 15 Zentimeter von den Augen entfernt, während man den anderen Arm ausstreckt. Abwechselnd fixiert man nun kurz den nahe vor die Augen gehaltenen Gegenstand und nach kurzem Zwinkern den entfernteren, dann wieder den nahen und so fort; das entspannt die Augenmuskeln und trainiert gut die Einstellung der Augen auf unterschiedliche Entfernungen, was eine wesentliche Voraussetzung für gutes Sehen bedeutet.

Umherschweifen der Augen bedeutet, daß man möglichst nie lange etwas mit starrem Blick fixiert, sondern die Augen ohne Anstrengung einfach wandern läßt, das entspannt gut.

Schwingen erfolgt, indem man sich mit leicht gegrätschten Beinen an ein Fenster stellt und den Körper etwa 100mal hin und her schwingen läßt, wobei die Augen durch das Fenster blicken; bei jedem Richtungswechsel zwinkert man einmal kurz.

Benetzen der geschlossenen Augen mit Wasser erfolgt morgens und abends; morgens verwendet man zunächst 20mal hintereinander warmes, dann 20mal kaltes Wasser, abends verfährt man in gleicher Weise umgekehrt: zunächst kaltes, dann warmes Wasser.

Diese und andere Augenübungen sorgen dafür, daß die Augen nie überanstrengt werden und das Sehvermögen so lange wie möglich gut erhalten bleibt.

Shiatsu
Diese Manipulationstherapie stammt aus Japan, wo sie seit Beginn des 20. Jahrhunderts häufiger angewendet wird. Inzwischen fand sie auch den Weg in den Westen, insbesondere speziell ausgebildete Masseure führen sie häufiger durch. Theoretisch beruht Shiatsu auf ähnlichen Vorstellungen vom Energiefluß in Meridianen wie die ⇨ Akupunktur, auch wenn die Vorstellungen von den Energieströmen nicht genau mit denen der chinesischen Medizin übereinstimmen.
Praktisch wird Shiatsu ähnlich wie die ⇨ Massage durchgeführt. Allerdings kommt es dabei weniger darauf an, die Muskulatur zu bearbeiten, im Vordergrund steht die Harmonisierung des Energiestroms durch den ganzen Körper. Dazu wird sowohl an Hautpunkten (wie bei Akupunktur) als auch an ganzen Energiemeridianen behandelt. Auf diese Weise lassen sich viele Krankheiten, die aus der Sicht der asiatischen Medizin letztlich immer mit Energiestörungen verbunden sind, günstig beeinflussen. Aber auch zur regelmäßigen Gesundheitsvorsorge kommt Shiatsu in Frage, denn die ständige Harmonisierung der Energieströme beugt vielen Krankheiten vor und wirkt sich auch günstig auf das Seelenleben aus.
Grundsätzlich soll Shiatsu vom Therapeuten angewendet werden. Selbsthilfe eignet sich vor allem zur Vorsorge, wobei man am besten alle Meridiane nacheinander jeden Tag behandelt.
Die Technik kann nach einem guten Buch, besser aber unter Anleitung eines Therapeuten erlernt werden.

Gegen Sodbrennen hilft Wermuttee...

... ebenso wie Pfefferminztee

Sodbrennen

Das unangenehme brennende Gefühl in der Speiseröhre, das im Zusammenhang mit der Nahrungsaufnahme (oft nach Süßigkeiten), aber auch unabhängig davon auftreten kann, entsteht dann, wenn saurer Mageninhalt in die Speiseröhre gelangt. Oft deutet das auf vermehrte Magensäureproduktion hin, aber auch bei normalen oder sogar zu geringen Säurewerten im Magen kann es durch Verdauungssäfte zu Sodbrennen kommen. Deshalb ist es falsch, einfach säurebindende Arzneimittel einzunehmen, wenn nicht durch Untersuchung geklärt wurde, ob tatsächlich Magenübersäuerung besteht. Ohnehin ist Sodbrennen nur Symptom einer anderen Störung (meist das Magens oder der Speiseröhre), die nach Untersuchung gezielt behandelt werden muß. Bei häufigerem Sodbrennen soll deshalb unbedingt der Therapeut aufgesucht werden.

Gelegentliches Sodbrennen, das vor allem durch schwere und süße Speisen, aber auch seelisch-nervös durch Aufregungen und ähnliche Belastungen ausgelöst werden kann, behandelt man rasch und zuverlässig durch Einnahme von in Wasser aufgeschwemmter ⇨ Heilerde oder durch Fertigarzneimittel mit Aluminium- und Magnesiumverbindungen, ferner auch durch ungesüßten Pfefferminz- oder Wermuttee. Das alte Hausmittel Natron hilft zwar auch gut, aber durch chemische

Reaktion entstehen dadurch Gase mit ⇨ Blähungen, bei Magengeschwüren kann es gelegentlich sogar zum Durchbruch in die Bauchhöhle kommen; außerdem wird wieder vermehrt Magensäure gebildet, sobald die Wirkung nachläßt. Deshalb verzichtet man besser darauf.

Sommersprossen

Diese örtliche Ansammlung von Farbstoffen in der Haut führt zu gelblichbraunen Flecken, die im Sommer deutlicher als im Winter sichtbar sind. Es handelt sich dabei um keine Krankheit, sondern um erbliche Veranlagung, die vor allem rothaarige Menschen mit heller Haut betrifft, die auch besonders sonnenempfindlich sind und kaum bräunen, aber rasch einen ⇨ Sonnenbrand bekommen (⇨ auch Heliotherapie). Mit zunehmendem Alter gehen die Sommersprossen meist deutlich zurück. Sommersprossen bilden ein kosmetisches Problem, das grundsätzlich keine Behandlung erfordert. Um zu vermeiden, daß sie im Sommer zu deutlich hervortreten, verwendet man Lichtschutzmittel mit hohem Schutzfaktor und hält sich nie lange in der vollen Sonne auf. Leidet man psychisch darunter, kann man versuchen, die Sommersprossen zum Beispiel durch Auftupfen von Zitronensaft zu bleichen oder nach Verordnung chemische Bleichmittel anwenden, aber der Erfolg ist nie sicher. Am besten findet man sich mit Sommersprossen ab, die einen Menschen ja nicht entstellen, sondern durchaus apart wirken können; in erster Linie kommt es auf die innere Einstellung dazu an.

Sonnenbrand

Über die Vorbeugung und Risiken des Sonnenbrands wurde bereits bei der ⇨ Heliotherapie ausführlich berichtet. Er soll durch entsprechende Vorsichtsmaßnahmen unbedingt vermieden werden, insbesondere bei heller, sonnenempfindlicher Haut, denn die Haut »vergißt« einen Sonnenbrand niemals, schlimmstenfalls kommt es bei häufigeren Sonnenbränden zu Hautkrebs als Spätfolge.

Gewöhnlich handelt es sich beim Sonnenbrand um eine unterschiedlich großflächige ⇨ Verbrennung 1. Grades mit schmerzhafter Rötung und Schälung der geschädigten Haut. In schweren Fällen besteht sogar eine Verbrennung 2. Grades mit Hautblasen und Eiterungen, die besonders beim Sonnenbaden über Wasser, Eis und Schnee (Gletscherbrand) wegen der zusätzlichen Reflexion der Sonnenstrahlen entsteht.

In der Apotheke erhält man spezielle Salben und Gels zur Behandlung von einfachem Sonnenbrand, die nach Gebrauchsanweisung angewendet werden, aber vor allem bei ⇨ Allergien nicht immer gut verträglich sind. Als natürliche Alternative dazu eignen sich Einreibungen mit Johanniskrautöl. Sonnenbrand 2. Grades muß stets von einem Fachmann behandelt werden.

Gelegentlich treten beim Sonnenbrand Kopfschmerzen, Zittern und Blutdruckabfall als Anzeichen eines Schocks auf. Dann besteht akute Lebensgefahr für den Betroffenen, der Notarzt muß unverzüglich gerufen werden.

Sport

Neben täglicher ⇨ Gymnastik bildet regelmäßiger Sport die 2. Säule der Gesundheitsvorsorge und Grundbehandlung von Krankheiten durch ⇨ Bewegungstherapie. Da er stärker als Gymnastik anstrengt, kommt es auch zur deutlicheren Wirkung; insbesondere die körperliche Ausdauer und Leistungsfähigkeit wird verbessert, die Durchblutung und der Stoffwechsel angeregt, das Immunsystem gefördert (durch Überanstrengung aber tagelang geschwächt), der Herzmuskel gekräftigt, die Beweglichkeit erhalten und allgemein das körperliche und seelische Wohlbefinden gehoben. Alle diese Wirkungen darf man jedoch nur dann erwarten, wenn man wirklich regelmäßig (zu jeder Jahreszeit) 3- bis 4mal wöchentlich an der frischen Luft trainiert.

Für Anfänger genügen je nach Leistungsvermögen 3mal 5 bis 15 Minuten Sport pro Woche, später steigert man allmählich auf 3- bis 4mal mindestens 30 Minuten zum Dauertraining.

Durch Sport darf der Körper nie zu Höchstleistungen gezwungen werden, wichtig ist das Training der Ausdauer. Dazu muß mindestens ein Fünftel der gesamten Körpermuskulatur beansprucht werden, was man durch alle Sportarten erreicht, zu denen man die Beinmuskulatur benötigt. Die Trainingszeiten werden maßgeblich vom persönlichen Tagesablauf bestimmt, am besten eignen sich aber meist die Morgen- oder frühen Abendstunden. In den ersten 2 Stunden nach dem Essen und spät am Abend darf nicht trainiert werden, das könnte zu Herz-Kreislauf-Beschwerden bzw. Einschlafstörungen führen. Vorsichtig muß man auch an schwülen, heißen Tagen sein, wenn das Herz-Kreislauf-System ohnehin bereits durch die Temperaturen erheblich belastet ist; dann übt man am besten in den kühleren Morgenstunden.

Welche Ausdauersportart betrieben wird, richtet sich mit nach den persönlichen Vorlieben, denn Sport soll ja nicht nur der Gesundheit dienen, sondern als Hobby auch Spaß machen. Außerdem kommt es darauf an, ob Erkrankungen im Einzelfall besondere Einschränkungen und Vorsichtsmaßnahmen erforderlich machen;

das sollen Untrainierte vorher durch fachliche Untersuchung klären lassen. Grundsätzlich kommen für die meisten Menschen besonders folgende Ausdauersportarten in Frage:

■ Flottes Gehen im Gelände mit wenig anstrengenden Steigungen, wobei das Anfangstempo von etwa 5 Kilometer pro Stunde allmählich auf 6,5 bis 7 Kilometer pro Stunde gesteigert werden soll (gemächliche Spaziergänge trainieren auf Dauer zu wenig); ein Teil der Sportmediziner hält dies für die gesündeste und risikoärmste Form des Trainings.

■ Dauerlauf (Jogging) mit anfangs etwa 6,5 bis 7 Kilometer pro Stunde, später 8 bis 9 Kilometer pro Stunde Lauftempo, wobei man nicht derart außer Atem kommen darf, daß man sich nicht mehr unterhalten könnte; im Vergleich zum Gehen bietet Joggen den Vorteil, daß man in der gleichen Trainingszeit mehr leistet, aber diese Sportart eignet sich nicht für alle Menschen und kann bei falscher Lauftechnik und/oder falschem Schuhwerk zu erheblichen Schäden führen.

■ Radfahren mit einer Geschwindigkeit von 15 bis 20 Kilometer pro Stunde, eine wegen der Entlastung der Gelenke vor allem für Menschen mit Übergewicht und Gelenkschäden besonders empfohlene Sportart.

■ Schwimmen im Freien oder im Hallenbad mit allmählicher Steigerung der Strecke auf 500 bis 1000 Meter zum Dauertraining, wobei die Gelenke ebenfalls gut entlastet werden.

Daneben eignen sich zum Beispiel noch Rasen-, Hallenspiele und Skilanglauf. Der Anschluß an einen Sportverein oder eine Laufgruppe empfiehlt sich grundsätzlich, weil man dort die Technik der einzelnen

Sportarten unter fachlicher Anleitung korrekt erlernt und überdies auch noch soziale Kontakte pflegen kann. Zumindest benötigt man aber gute Fachbücher über die ausgewählten Sportarten, aus denen man die Techniken Schritt für Schritt erlernen kann.

Störfeldtherapie
⇨ Neural-, Segment- und Störfeldtherapie

Streß
Der heute allgemein geläufige Begriff wurde von dem österreichischen Arzt HANS SELYE eingeführt. Grundsätzlich versteht man darunter zwar jede körperliche oder geistig-seelische Beanspruchung, der wir im Alltag ständig ausgesetzt sind, meist wird Streß heute aber im negativen Sinn als krankmachende Überforderung verstanden. So pauschal trifft das jedoch nicht zu, denn heute weiß man, daß ein völliger Streßmangel auf Dauer mindestens ebenso schädlich wirkt wie der anhaltend zu hohe Streß.

Es geht also nicht darum, dem heute so oft beklagten Streß ganz zu entgehen (was praktisch ohnehin kaum möglich ist), sondern das individuell richtige Maß zwischen Anspannung und Erholung zu finden. Dazu gibt es keine Patentrezepte, sondern nur Lösungen, die sich aus der persönlichen Lebenssituation und dem von Mensch zu Mensch sehr unterschiedlichen Maß an verträglichem Streß ableiten. Praktisch immer und für jeden Menschen angezeigt sind aber die folgenden Maßnahmen:

■ Ordnungstherapie, die einen geregelten Tagesablauf im Wechsel von Anspannung, Erholung und ausreichend Schlaf vorsieht; allerdings darf man sich daran nicht zu starr um jeden Preis halten, sondern muß genügend flexibel und spontan bleiben, damit das derart festgefahrene Leben nicht selbst zum hohen Streß wird.

■ ⇨ Bewegungstherapie und ⇨ Abhärtung, die dafür sorgen, daß auch höherer Streß noch ohne schädliche Folgen verkraftet wird, indem sie die körperlichen und seelisch-geistigen Widerstandskräfte trainieren.

■ ⇨ Entspannungs- und ⇨ Autosuggestionstherapie, damit man lernt, auf Kommando in kürzester Zeit von Streß auf Erholung umzuschalten und die unter dem Streßeinfluß aufgetretenen körperlichen Funktionsänderungen rasch zu normalisieren, ehe sie zu Krankheiten führen.

Unbegrenzt belastbar wird man natürlich auch dadurch nicht, aber man lernt allmählich, den unvermeidlichen Streß besser zu bewältigen und überflüssige Belastungen abzubauen.

Am besten sollte ein Kurs über Streßbewältigung absolviert werden, in dem man diese Techniken unter fachlicher Anleitung richtig lernt. Das wird heute zum Teil schon von Volkshochschulen und Krankenkassen angeboten.

Stuhlverstopfung
Dieses »Zivilisationsübel« ist heute weit verbreitet, weil die übliche Kost zu wenig Ballaststoffe für geregelten Stuhlgang enthält und der häufige Bewegungsmangel den Darm träge macht. Hinzu kommen nicht selten (vor allem bei Frauen) noch seelisch-nervöse Belastungen, die durch Verkrampfung des Darms zur chronischen Verstopfung beitragen. Nicht so häufig wird Verstopfung durch Krankheiten verursacht, die der Fachmann klären muß; in Betracht kommen Störungen der

nützlichen Darmkeime (Darmflora), oft ebenfalls Folge falscher Ernährung oder der Einnahme von Antibiotika, abnorme Länge des Dickdarms, Hämorrhoiden, andere Enddarm- und Afterkrankheiten, vor allem bei älteren Menschen auch Darmkrebs.

Es ist übrigens falsch, schon dann von Verstopfung zu sprechen, wenn der Stuhl nicht jeden Tag entleert wird; bei manchen Menschen genügt auch der Stuhlgang jeden 2. oder sogar nur jeden 3. Tag. Entscheidend kommt es darauf an, ob man bei seltenerer Stuhlentleerung unter irgendwelchen damit zusammenhängenden Beschwerden (zum Beispiel Völlegefühl, Blähungen, Kopfschmerzen, unreiner Haut) leidet oder sich wohl fühlt.

⇨ Abführmittel und ⇨ Einläufe können bei akuter Verstopfung, die häufig auf Reisen, bei längerer krankheitsbedingter Bettruhe oder nach Unterdrückung des Stuhldrangs aus Zeitmangel eintritt, vorübergehend angezeigt sein, um die gewohnte regelmäßige Darmentleerung wieder einzuleiten.

Bei häufiger oder chronischer Darmträgheit hingegen soll zunächst geklärt werden, ob eine Erkrankung vorliegt, die gezielt nach Verordnung behandelt werden muß. Bestehen dafür keine Anzeichen, bewährt sich in den meisten Fällen das folgende Therapieprogramm gut:

■ Erziehung des Darms zur Pünktlichkeit, indem man jeden Tag um die gleiche Zeit (am besten morgens) die Toilette aufsucht, auch wenn kein Stuhlgang spürbar ist.

■ Eine milde Anregung der Darmfunktionen, die zustande kommt, indem man gleich nach dem Aufstehen auf nüchternen Magen 2 Glas zimmerwarmes Mineralwasser trinkt.

■ Umstellung falscher Kost auf rohkostreiche Vollwerternährung (⇨ Diät), die bei

Zwei Glas Mineralwasser am Morgen regen die Darmfunktion an

Bedarf durch Leinsamen oder Weizenkleie angereichert werden kann; dabei ist auch noch wichtig, daß man jeden Tag genügend trinkt (1,5 bis 2 Liter), damit die Ballaststoffe im Darm aufquellen können.

■ Regelmäßige ⇨ Bewegungstherapie, die auch die Darmfunktionen anregt, insbesondere ⇨ Gymnastik für die Bauchmuskulatur, wobei der Darm durch die Muskeln massiert wird.

■ Bei Bedarf sollte man zusätzlich eine ⇨ Entspannungs- und ⇨ Autosuggestionstherapie durchführen, um Darmverkrampfungen zu lösen.

Auf diese Weise kann auch hartnäckige Darmträgheit allmählich auf natürliche Weise überwunden werden, selbst wenn vorher längere Zeit Abführmittel eingenommen wurden. Bessert sich der Zustand aber nicht bald, muß der Therapeut die gezielte Behandlung übernehmen. Unter anderem kommen dann noch Behandlungen mit ⇨ Homöopathie und

⇨ Symbioselenkung in Frage, außerdem müssen auch noch Darmschäden, die durch Abführmittel entstanden sind, ausgeheilt werden.

Symbioselenkung
Auf der Schleimhaut des unteren Dünndarms und Dickdarms, der Scheide, in der Mund-, Nasen- und Rachenhöhle leben Bakterien in Symbiose (zu gegenseitigem Nutzen) mit Tier und Mensch. Unter anderem spielen sie für die Verdauung, Abwehr von Krankheitserregern und Produktion mancher Vitamine eine wichtige Rolle. Bei Störungen dieser nützlichen Keimbesiedlung treten verschiedene Krankheiten auf, hauptsächlich Verdauungsstörungen, Infektionen der oberen Atemwege oder der Scheide, Mangelkrankheiten, wahrscheinlich auch allgemeine Abwehrschwäche, die unter anderem auch die Entstehung von ⇨ Krebskrankheiten zu begünstigen scheint.

In der Schulmedizin beachtet man Störungen der nützlichen Keime, die oft nach Antibiotikaeinnahme auftreten, aber auch durch dauernde Fehlernährung gefördert werden, viel zu wenig. Die Naturheilkunde dagegen versucht oft auch bei Erkrankungen, bei denen kein unmittelbarer Zusammenhang mit der Bakterienflora erkennbar ist, diese durch bakterielle Symbioselenkung wieder zu regenerieren. Das ist deshalb berechtigt, weil heute erfahrungsgemäß bei vielen Menschen unterschiedlich stark ausgeprägte Störungen der Keimflora bestehen, die bei genauerer Betrachtung die Grundursache vieler Krankheiten sein können.

Störungen der Darmflora, die vor allem zu Blähungen, Durchfall, Verstopfung und anderen Verdauungsstörungen (⇨ jeweils dort) führen, dürfen in leichten Fällen versuchsweise selbst durch Milchzucker oder Milchsäure (nach Gebrauchsanweisung) behandelt werden. Bei ausgeprägten Beschwerden oder Störungen der Keimflora anderer Organe wird die Symbioselenkung meist durch Arzneimittel mit entsprechenden Keimen nach Verordnung durchgeführt. Neben der Beseitigung örtlicher Beschwerden kommt es durch erfolgreiche Sanierung der Bakterienflora oftmals auch zur Besserung des Allgemeinbefindens und zur Aktivierung des Immunsystems.

Talgfluß

Die vermehrte Absonderung von Hautfett hat kaum etwas mit fettreicher Ernährung zu tun, wie man teilweise heute noch annimmt. Oft lassen sich keine Ursachen erkennen, die Seborrhoe ist dann anlagebedingt. Eine weitere häufigere Ursache sind hormonelle Veränderungen während der Pubertät (⇨ Akne), seltener kommt es durch Stoffwechsel- und Hirnkrankheiten dazu. Die fettig glänzende Haut neigt zu Ausschlägen, Entzündungen, Eiterungen, im Einzelfall zu stark schuppenden Ekzemen (⇨ jeweils dort), wirkt unrein und schlecht durchblutet.

Die Therapie entspricht weitgehend der bei Akne. Am wirksamsten ist oft Schwefel äußerlich und innerlich, der die Talgproduktion eindämmen kann. Die Behandlung wird vom Therapeuten verordnet, erfordert oft viel Geduld und führt nicht immer zu befriedigenden Ergebnissen. Keinesfalls darf man versuchen, die Haut durch zu häufige Reinigung übermäßig zu entfetten, denn damit erreicht man oft das Gegenteil des erwünschten Effekt: das reizt die Talgdrüsen nämlich meist zur vermehrten Produktion.

Tautreten

⇨ Barfußlaufen

Thrombose

Blutgerinnsel treten hauptsächlich in den Venen auf, können aber mit dem Blutstrom in Arterien verschleppt werden und dann zu Lungenembolie, zu Herzinfarkt oder Schlaganfall führen. Hauptursachen sind Schäden der Gefäßwand (oft ⇨ Venenentzündung) und abnorme Blutgerinnung. Dadurch bildet sich ein an der Gefäßwand festsitzender Blutpfropf, der das Gefäß teilweise oder völlig verschließt. Als Folgen entstehen Schmerzen und Schwellungen im betroffenen Bereich, zum Teil auch allgemeines Unwohlsein und Temperaturerhöhung. Besonders häufig treten Thrombosen nach Operationen und Entbindungen auf.

Wegen der drohenden Komplikationen ist fachliche Hilfe notwendig. Zur Sofortbehandlung stellt man das betroffene Glied ruhig, damit der Thrombus nicht von der Venenwand abgelöst wird, und behandelt örtlich durch kalte ⇨ Wickel mit ⇨ Heilerde, ⇨ Blutegeln und Enzymsalbe (⇨ Enzymtherapie).

Der Therapeut kann durch Injektion von Enzymen das Gerinnsel wieder auflösen, ferner Homöopathie, ⇨ Heilpflanzen (vor allem Roßkastanie), Neuraltherapie oder Akupunktur (⇨ jeweils dort) anwenden. Durch rohkostreiche ⇨ Diät, einleitend auch einige Tage ⇨ Heilfasten, läßt sich

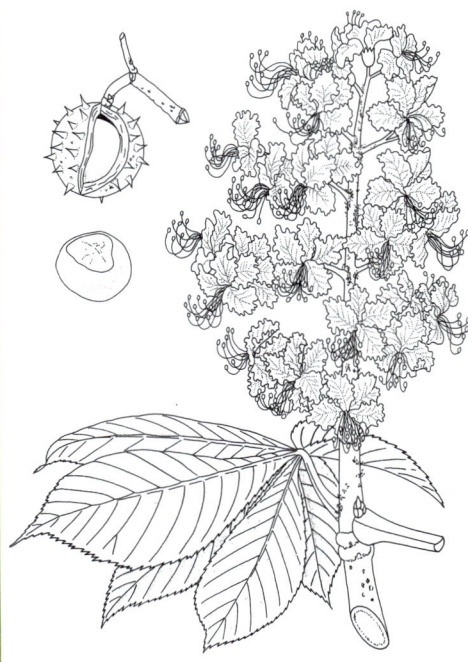

Arzneimittel, die Roßkastanie enthalten, helfen bei einer Thrombose

die Blutgerinnung wieder normalisieren (⇨ auch Krampfadern, Venenentzündung).

Thymustherapie

Die hinter dem Brustbein gelegene Thymusdrüse spielt eine wichtige Rolle für die körpereigenen Abwehr- und Selbstheilungsfunktionen. Diese Tatsache nutzt man bei der Thymustherapie, indem man Extrakte aus Kälberthymus, die teilweise homöopathisch zubereitet werden, zur Aktivierung des Immunsystems injiziert; mittlerweile gibt es auch Thymusmedikamente, die eingenommen werden können. Die Injektionskur besteht in der Regel aus 15 Injektionen in 3 Wochen, die Einnahme

soll kurmäßig mindestens 6 bis 8 Wochen lang durchgeführt werden. Da nicht alle Menschen die Behandlung vertragen, muß sie stets vom Therapeuten verordnet werden.

Heilanzeigen sind alle Krankheiten, bei denen die Körperabwehr versagte, zum Beispiel ⇨ Rheumatismus, rheumatische Herzentzündungen, chronische ⇨ Entzündungen als Herde in anderen Körpergebieten und ⇨ Krebskrankheiten. In solchen Fällen kann die Thymustherapie dafür sorgen, daß sich der Körper wieder aktiv mit der Krankheit auseinandersetzt und andere Heilverfahren besser ansprechen.

Transzendentale Meditation
⇨ Meditation

U

Übelkeit

Dieses unangenehme Gefühl läßt sich schwer beschreiben, aber es ist allgemein bekannt, was man darunter versteht. Oft wird es durch Ekel, schlechte Luft, Alkohol-, Nikotinmißbrauch, Gleichgewichtsstörungen (häufig auf Reisen) oder Fehlregulation des Kreislaufs ausgelöst, ferner auch durch schwere, zu reichliche oder verdorbene Mahlzeiten; zusätzlich kann Erbrechen bestehen.

Zur Soforthilfe genügen oft einige tiefe Atemzüge an der frischen Luft, Inhalation ätherischer Öle (⇨ Aromatherapie, vor allem Rosmarin), Kreislaufanregung durch Bewegung oder kalte Güsse auf die Pulsgegend, einige Tropfen Melissengeist oder Hoffmannstropfen und das homöopathische Mittel Cocculus D 6. Gegen Reisekrankheit gibt es in der Apotheke spezielle Mittel, die aber meist müde machen und deshalb von Fahrzeugführern nicht eingenommen werden dürfen.

Häufige oder chronische Übelkeit muß bald untersucht werden, denn sie deutet auf ⇨ Magenleiden, ⇨ Blutarmut, chronische ⇨ Entzündungen, Vergiftungen oder Hirnkrankheiten hin. Die Therapie richtet sich dann nach den Ursachen.

Übergewicht
⇨ Fettsucht

Überwärmungstherapie
⇨ Fieber- (Überwärmungs-)therapie

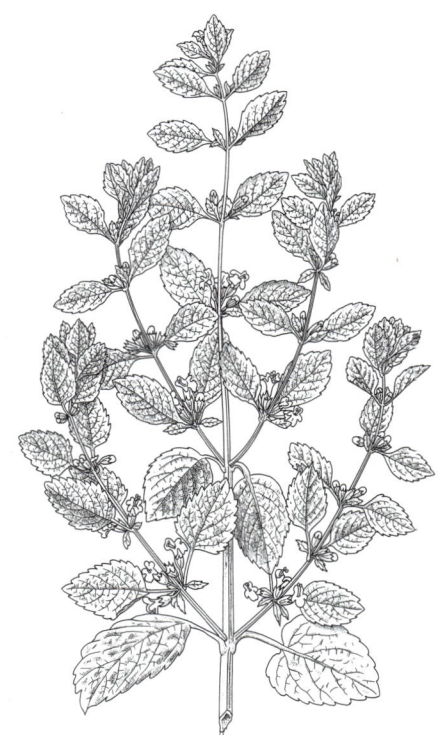

Melissengeist hilft bei Übelkeit

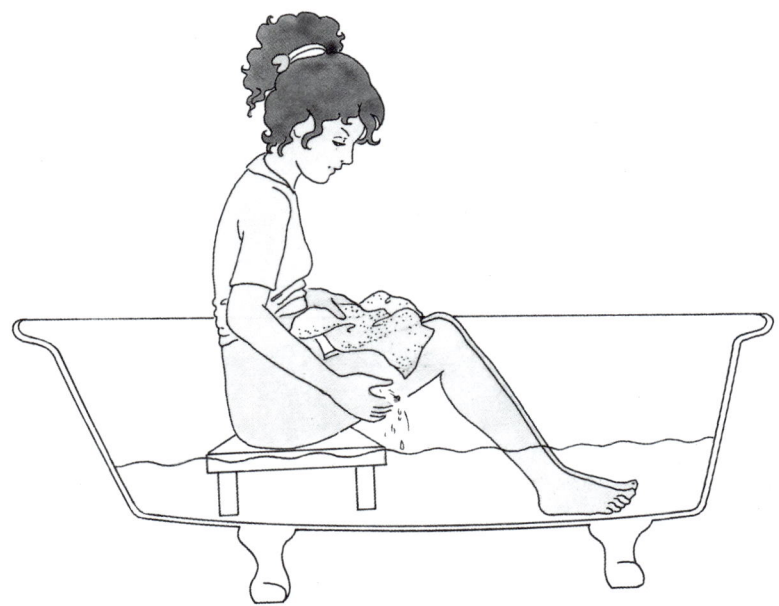

Umstimmend wirken verschiedene Wasseranwendungen, beispielsweise auch ein Reibesitzbad

Umstimmungstherapie

Dieses Heilverfahren spielt in der Naturmedizin eine hervorragende Rolle. Es gibt kaum eine Erkrankung, bei der man nicht in geeigneter Weise eine Umstimmung herbeiführt. Ihr Ziel besteht immer darin, die körperlichen und seelisch-geistigen Widerstands- und Selbstheilungskräfte anzuregen, damit Erkrankungen aus eigener Kraft überwunden, nicht nur die Symptome unterdrückt werden.

Zur Umstimmungstherapie gehören vor allem die verschiedenen Formen der Diät einschließlich Heilfasten, Saftkuren, Mayr- und Schrothkuren, Blutreinigung, Wasser-, Wärme- und Kältetherapien, Reflexzonen- und Reizkörpertherapie, außerdem Autosuggestion, Entspannung, Hypnose und Psychotherapie zur seelisch-geistigen Umstimmung (⇨ jeweils dort).

Oft werden mehrere dieser Umstimmungsverfahren miteinander und mit anderen Heilmethoden kombiniert, um eine umfassende, tiefgreifende Wirkung auf den gesamten Organismus zu erzielen. Die individuell richtige Auswahl bleibt aber grundsätzlich dem Fachmann vorbehalten.

Vegetarismus

Verzicht auf Schlachtviehprodukte, bei strengem Vegetarismus auf alle tierischen Nahrungsmittel, war schon im Altertum gebräuchlich, insbesondere im asiatischen Raum auch religiös begründet. Bei uns fand vegetarische Ernährung bis ins 19. Jahrhundert nur wenig Anhänger, bei den meisten Menschen kam Fleisch damals ohnehin nur selten auf den Tisch. Erst die veränderten Ernährungsgewohnheiten in der modernen Industriegesellschaft ließen auch bei uns die Vegetarierbewegung erstarken. Die bis heute gültigen entscheidenden Grundlagen einer vollwertigen vegetarischen Kost formulierten vor allem die Ernährungsreformer MAXIMILIAN BIRCHER-BENNER und WERNER KOLLATH durch ihre wissenschaftlichen Untersuchungen (⇨ auch Diät).

Heute findet Vegetarismus nicht nur aus gesundheitlichen Gründen immer mehr Anhänger, oft wird er auch noch weltanschaulich-ethisch begründet, vor allem aus dem Respekt vor allem Leben im Sinne ALBERT SCHWEITZERS oder aus Solidarität mit den hungernden Menschen in den unterentwickelten Regionen der Erde.

Am gesundheitlichen Nutzen vegetarischer Kost gibt es keinen Zweifel mehr, die

Salate und Rohkost sind grundlegend wichtig bei vegetarischer Ernährung

dazu vorliegenden wissenschaftlichen Untersuchungen bestätigen vor allem folgende Hauptwirkungen:

■ Vorbeugung von Übergewicht, denn vegetarische Kost bewirkt meist, daß man das gesunde Normalgewicht (⇨ auch Fettsucht) annähernd hält; damit wird ein wichtiger Risikofaktor, vor allem für die verbreiteten Herz-Gefäß- und Stoffwechselerkrankungen ausgeschaltet.

■ Verminderung des Krebsrisikos, was sich hauptsächlich aus der Wirkung vegetarischer Kost auf die Abwehr- und Stoffwechselfunktionen erklärt; vor allem das Brust-, Gebärmutter- und Dickdarmkrebsrisiko wird dadurch deutlich verringert.

■ Höhere Lebenserwartung und langsameres Altern, was sich einmal aus der allgemein revitalisierenden Wirkung vegetarischer Ernährung, aber natürlich auch aus der Verminderung von Herz-Gefäß- und Krebskrankheiten erklärt, die in den westlichen Industrienationen an 1. Stelle der Todesursachen stehen.

Ernste Mangelkrankheiten, unter denen Vegetarier früher oft litten, weil die Voraussetzungen der vegetarischen Vollwertkost noch nicht bekannt waren, sind nicht zu befürchten, wenn die Ernährung nach den Grundsätzen BIRCHER-BENNERS und KOLLATHS richtig zusammengestellt wird. Das heißt vor allem, daß jeden Tag verschiedene Obst-, Gemüse-, Salatsorten, Kartoffeln und Vollkornprodukte verzehrt werden müssen, die sich mit ihren unterschiedlichen Bestandteilen ergänzen. Ein Teil dieser abwechslungsreichen Kost wird als »lebendige« Nahrung roh verzehrt. Den Eiweißbedarf, der bei vegetarischer Ernährung ohnehin niedriger als bei üblicher Fleisch-Pflanzen-Mischkost liegt, decken insbesondere Kartoffeln, Hülsenfrüchte und Sojaprodukte; miteinander kombiniert sind die Aminosäuren dieser pflanzlichen Eiweißträger ähnlich hochwertig wie die tierischer Produkte. Bei laktovegetabiler Kost kommen außerdem noch Milchprodukte und Eier hinzu, strenge Vegetarier verzichten aber darauf.

Es führte zu weit, die vegetarische Ernährung hier ausführlich zu beschreiben. Dazu gibt es genügend Fach- und Kochbücher, deren Rezepte auch das verbreitete Vorurteil von der »faden« vegetarischen Kost widerlegen. In der modernen Naturmedizin gehört vegetarischer Kost jedenfalls zu den wichtigsten Möglichkeiten zur Gesundheitsvorsorge und Basistherapie, die oft erst die Voraussetzungen für die Heilung chronischer Krankheiten schafft. Andererseits muß man sich aber nicht unbedingt streng vegetarisch ernähren, um gesund zu bleiben, und allein Verzicht auf Fleisch macht noch lange keine gesunde Ernährung aus. Am besten bespricht man eine so tiefgreifende Veränderung der Ernährungsgewohnheiten mit dem erfahrenen Therapeuten.

Venenentzündung

Diese Entzündung der Gefäßinnenwand betrifft hauptsächlich vorgeschädigte Venen, vor allem ⇨ Krampfadern. Erreger können aber auch aus anderen Körperregionen (oft chronische ⇨ Entzündungen) oder ⇨ Eiterungen in der Umgebung der Venen stammen. Symptomatisch sind stechende Schmerzen in der geröteten, verdickten Vene; als Komplikation kann eine ⇨ Thrombose entstehen, deshalb ist fachliche Therapie rasch erforderlich.

Zur Soforthilfe stellt man das betroffene Glied ruhig, lagert es hoch und legt kalte ⇨ Wickel mit ⇨ Heilerde an. Um die übermäßige Blutgerinnung zu normalisieren, empfiehlt sich außerdem kurzes ⇨ Heil-

oder ⇨ Saftfasten, danach bis zur Heilung streng vegetarische, rohkostreiche ⇨ Diät. Der Therapeut wird vor allem Homöopathie, Blutegel, Aderlaß, Enzymtherapie, teilweise auch Sauerstofftherapie (⇨ jeweils dort) verordnen.

Verbrennung

Durch heiße Gegenstände, Flüssigkeiten oder Dämpfe kommt es zu dieser Hautschädigung. Verbrennung 1. Grades erzeugt schmerzhafte Rötung, beim 2. Grad kommen Brandblasen dazu, beim 3. Grad ist das Gewebe abgestorben und verkohlt. Zur Soforthilfe hat es sich bewährt, fließendes kaltes Wasser über die Verbrennung laufen zu lassen, bis der Schmerz deutlich nachläßt. Kleine Verbrennungen 1. Grades bedeckt man dann mit einem sterilen Verband, weitere Maßnahmen sind nicht erforderlich. Bei größeren Verbrennungen – in jedem Fall ab dem 2. Grad – muß nach der Soforthilfe der Therapeut zugezogen werden. Keinesfalls dürfen alte Hausmittel, etwa Auftragen von Butter oder Mehl, angewendet werden. Medikamentöse und/oder chirurgische Maßnahmen bleiben stets dem Therapeuten vorbehalten.

Verdauungsstörungen

Dieser unklare Oberbegriff umfaßt verschiedene akute oder chronische Symptome einer »schwachen Verdauung«. Insbesondere gehören dazu Aufstoßen, Völlegefühl, Magendrücken, ⇨ Übelkeit, ⇨ Blähungen, Appetitmangel, Neigung zu ⇨ Erbrechen, ⇨ Durchfall und ⇨ Verstopfung. Akut werden sie meist durch zu schwere, fette oder verdorbene Speisen, Infektionen, teilweise auch durch seelisch-nervöse Belastungen hervorgerufen. Die chronische Verdauungsschwäche deutet oft auf dauernde Fehlernährung, chroni-

sche Magen-, Darm-, Leber-, Gallenblasen- oder Bauchspeicheldrüsenerkrankungen, Mißbrauch von ⇨ Genußmitteln oder auch auf anhaltende psychische Störungen hin.

Leichte akute Verdauungsstörungen behandelt man wie den akuten ⇨ Darmkatarrh durch 1 bis 3 Tage Teefasten, sofern höheres Fieber und stärker beeinträchtigtes Allgemeinbefinden nicht sofort fachliche Hilfe erfordern. Bei chronischen Beschwerden müssen die Ursachen geklärt und gezielt behandelt werden (⇨ entsprechende Stichwörter). Die Umstellung falscher Ernährung auf gesunde Vollwertkost (⇨ Diät) ist zur völligen Heilung oft unentbehrlich.

Verhaltenstherapie

Diese Form der ⇨ Psychotherapie zeichnet sich dadurch aus, daß man nicht lange nach verdrängten Ursachen seelischer Störungen sucht, die dann mühsam verarbeitet werden müssen (das kann Jahre dauern), sondern durch einfache Lernprozesse rasch die gewünschte Verhaltensänderung herbeizuführen versucht.

Theoretische Grundlage dieser Therapie bilden vor allem die bekannten Versuche des russischen Neurophysiologen IWAN P. PAWLOW (1849–1936) mit konditionierten Reflexen, die bei Hunden zu neurotischem Verhalten führten. Durch erneutes Konditionieren lassen sich die erlernten neurotischen Symptome auslöschen und neue Verhaltensweisen erlernen. Dazu werden verschiedene Techniken angewendet, insbesondere Aversions-, Desensitivierungs-, Reizüberflutungs- und Übersättigungstherapie. Sie können hier nicht weiter beschrieben werden, die Therapie führt ohnehin immer der Fachmann durch.

Manchmal wird an der Verhaltenstherapie kritisiert, daß sie mit »menschenunwürdiger Dressur« arbeite, aber dieser Einwand ist nicht stichhaltig. Zwar unterscheidet sich der Mensch vom Tier schon durch Geist, Selbstbewußtsein und Selbsteinsicht, aber mit den Tieren verbinden uns weit mehr Verhaltensweisen und Verhaltensmotive, als manche Kritiker wahrhaben wollen. Deshalb ist es moralisch durchaus gerechtfertigt, in Tierversuchen gewonnene Erkenntnisse beim Menschen anzuwenden, selbst wenn das an »Dressur« erinnert. Schließlich schränkt eine psychische Störung die freie Selbstbestimmung weit mehr ein als einfaches Lernen durch »Dressur«, das ja letztlich gerade dafür gedacht ist, die Selbstbestimmung wieder herzustellen.

Verrenkung – Verstauchung

Beide Verletzungen entstehen meist durch Stürze und ähnliche Unfälle. Dadurch verschieben sich die beiden Gelenkteile, Gelenkkapseln und -bänder werden überdehnt oder reißen ein. Das führt zu Schmerzen, Schwellungen, Bluterguß, eingeschränkter Beweglichkeit und abnormer Gelenkstellung (⇨ auch Zerrung).

Zur Behandlung muß das betroffene Glied sofort ruhiggestellt (unter Umständen sogar geschient) werden. Kalte ⇨ Wickel mit ⇨ Heilerde, Salben mit Arnika oder ⇨ Enzymen lindern die Schmerzen und sonstige Beschwerden bald.

Trotzdem muß bei einer Verrenkung oder einer Verstauchung der Therapeut aufgesucht werden, damit kein Knochenbruch übersehen wird und das verrenkte Gelenk wieder eingerenkt werden kann (⇨ auch Bluterguß).

Verstopfung

⇨ Stuhlverstopfung

Vitalstofftherapie

Als Vitalstoffe bezeichnet man Ergänzungsstoffe der Nahrung, die im Gegensatz zu den Nährstoffen keine Kalorien liefern, sondern teils als Baustoffe der körpereigenen Substanz, überwiegend aber für die Steuerung biochemischer Lebensfunktionen benötigt werden. Dazu gehören die verschiedenen Vitamine, Mineralstoffe, die ebenfalls anorganischen, jedoch nur in winzigen Mengen benötigten Spurenelemente, im weiteren Sinn auch ⇨ Enzyme und Ballaststoffe.

Die vielfältigen Funktionen dieser lebenswichtigen Ergänzungsstoffe können hier nicht näher erklärt werden, dazu gibt es genügend einschlägige Literatur. Sie sind an fast allen Vorgängen im lebenden Organismus beteiligt, zum Beispiel Blutbildung und -gerinnung, Abwehr-, Stoffwechsel- und Nervenfunktionen, Wachstum, Zellerneuerung, Hormonbildung, Aufbau von Knochensubstanz und vielen anderen. Bei diesen Aufgaben werden die Vitalstoffe verbraucht und müssen deshalb ständig neu mit der Nahrung zugeführt werden, sonst entstehen Mangelzustände.

Durch vollwertige Ernährung (⇨ Diät) kann der normale Bedarf an Vitaminen, Mineralstoffen, Spurenelementen, Enzymen und Ballaststoffen stets gedeckt werden. Naturbelassene Rohkost und nicht erhitzte Vollkornprodukte (wie Müsli) spielen dabei die Hauptrolle, denn bei der Erhitzung der Nahrung gehen Vitalstoffe zum Teil verloren, manche werden sogar zerstört (vor allem Vitamin C). Zusätzliche Vitalstoffzufuhr ist bei gesunden Menschen, die sich ständig vollwertig ernähren, also nicht erforderlich.

Verschiedene Faktoren können allerdings den Vitalstoffbedarf derart erhöhen, daß er durch gesunde Kost nicht mehr gedeckt werden kann. Das gilt insbesondere bei

Vollkornbrot, Knäckebrot und Müsli erthalten viele Vitalstoffe

dauernder hoher körperlicher oder seelisch-geistiger Belastung (⇨ Streß), Erkrankungen, in der Genesungszeit, während des Wachstums, in der Schwangerschaft und teilweise auch im Alter. Dann ist
die Ergänzung der Nahrung durch entsprechende Arzneimittel mit einzelnen
oder mehreren Vitalstoffen angezeigt, um
Mangelzustände zu verhüten. Diese Sub-
stitutionstherapie soll aber – zumincest
bei längerer Dauer – fachlich verordnet
werden, damit man sichergestellt hat, daß
man tatsächlich auch die richtigen Vitalstoffe, und die darüber hinaus in der notwendigen Dosis erhält.
Abgesehen davon kommt verschiedenen
Vitalstoffen auch noch eine therapeutische Wirkung bei Krankheiten zu, unabhängig davon, ob Mangelzustände bestehen. So kann zum Beispiel Vitamin A bei
Haut- und Augenleiden, Vitamin C zur Abwehrsteigerung, Kalzium und Magnesium
bei Allergien und Knochenleiden als Heil-

mittel angewendet werden. Diese Vital-
stoffbehandlung wird je nach Einzelfall
vom Therapeuten verordnet, von Selbsthilfe ist wegen möglicher Risiken unbedingt abzuraten.

Vollwertkost
⇨ Diät

W

Wadenkrampf

Die schmerzhafte Verkrampfung der Wadenmuskulatur tritt in Ruhe (oft nachts) oder bei Bewegung auf. In einfachen Fällen liegt lediglich eine Überanstrengung zugrunde. Treten Wadenkrämpfe aber ohne erkennbare Ursache und/oder häufiger auf, muß an Mangelzustände (oft an Kalzium, Magnesium), Nervenleiden, Durchblutungsstörungen bei ➪ Arteriosklerose und ➪ Krampfadern und Elektrolyt-Flüssigkeits-Verluste bei ➪ Durchfall und/oder ➪ Erbrechen gedacht und fachlich untersucht werden.

Zur Soforthilfe bei plötzlichen Wadenkrämpfen tritt man mehrmals kräftig mit dem Fuß auf den Boden und beugt die Fußspitzen nach oben. Außerdem helfen Einreibungen mit verdünnter Arnikatinktur, ➪ Massagen und warme ➪ Wickel an den Waden. Die Homöopathie behandelt häufig mit Cuprum D 6.

Arnikatinktur nützt bei Wadenkrämpfen

Warmbad

➪ Bäder – Badezusätze

Warzen

Sie entstehen häufig durch Virusinfektion, im Alter auch bei Störungen der Talgproduktion, werden linsen- bis münzgroß und weisen eine glatte oder höckrige Oberfläche auf. Teils stören sie nur optisch, aber vor allem die Dornwarzen an den Füßen, die oft an schwieligen Druckstellen entstehen, führen auch zu erheblichen Schmerzen.

Die Therapie der Warzen erweist sich nicht selten als schwierig und langwierig. Aber vor allem flache Warzen bei Jugendlichen verschwinden nach einiger Zeit oft von selbst. Auf noch nicht geklärte Weise kann auch ⇨ Autosuggestion Warzen innerhalb kurzer Zeit allein durch entsprechende Vorstellungen abheilen lassen. Zu den alten Hausmitteln gehört das Betupfen mit Speichel oder dem Milchsaft des Löwenzahns, in der Apotheke gibt es spezielle Lösungen gegen Warzen zu kaufen die meist Salizylsäure als Hauptbestandteil enthalten.

Homöopathisch kann die Therapie von innen oft durch Thuja D6 ergänzt werden. Hartnäckige, störende und schmerzende Warzen werden vom Therapeuten verätzt, vereist oder chirurgisch entfernt.

Wassertherapie

Das natürliche Heilmittel Wasser verwendeten die Menschen instinktiv schon lange bevor es eine Medizin im eigentlichen Sinne gab. In der Antike wurde es dann bereits systematisch erforscht und zu Heilzwecken verordnet, unter anderem auch von HIPPOKRATES. Aber im »wasserscheuen« Mittelalter geriet die Hydrotherapie fast in Vergessenheit.

Erst im 18. Jahrhundert begann der Schweidnitzer Stadtarzt SIGMUND HAHN auf Grund alter Überlieferungen wieder mit einfachen Wasserkuren, konnte sich damit aber ebensowenig wie sein Sohn JOHANN SIGMUND HAHN und der Laientherapeut VINCENZ PRIESSNITZ durchsetzen. Erst Pfarrer SEBASTIAN KNEIPP (⇨ Kneipptherapie) gelang es im 19. Jahrhundert endlich, die moderne Hydrotherapie zu begründen, indem er weit über 100 verschiedene, genau dosierbare Anwendungen schuf, die praktisch jedem Menschen individuell gerecht werden können. Nach seinen grundlegenden Erkenntnissen wird die Wasserbehandlung bis heute erfolgreich praktiziert.

Das Wasser wirkt hauptsächlich durch den Temperaturunterschied zwischen Haut und Wasser; deshalb müssen immer Wassertemperaturen unter oder über der Hauttemperatur (Indifferenzpunkt) verwendet werden, sonst tritt keine Wirkung ein. Bei vielen Anwendungen kommen noch mechanische Einflüsse hinzu, insbesondere Reibung und der Aufprall des Wassers, bei Bädern außerdem der Auftrieb und hydrostatische Druck. Schließlich übt Wasser durch die ihm enthaltenen Stoffe und durch Zusätze eine chemische Wirkung aus. Der Organismus reagiert darauf je nach Art und Dauer der Anwendung vor allem wie folgt:

- Reaktionen des Herz-Gefäß-Systems mit Beschleunigung oder Verlangsamung der Herzfrequenz, vermehrter oder verminderter Durchblutung durch Erweiterung oder Verengung der Gefäße und Umverteilung des Bluts.
- Anregung des Stoffwechsels und der Schweißabsonderung sowohl durch kalte als auch durch warme bis heiße Anwendungen, was vor allem für die Ausscheidung von Schlacken und Giftstoffen wichtig ist.
- Reaktionen der Muskulatur einschließlich der glatten, nicht dem Willen unterworfenen Muskeln innerer Organe, deren Spannungszustand erhöht oder vermindert wird.
- Nervenreaktionen, die bei Kälte und intensiver Wärme zur Anregung, bei milder Wärme zur Entspannung und Beruhigung führen; indirekt wird dadurch auch das Seelenleben beeinflußt.
- Hormonelle Reaktionen, insbesondere vermehrte Ausschüttung von Corticosteroiden aus der Nebennierenrinde, die eine Rolle bei der Heilung von Entzündungen spielen.
- Immunsteigerung, die auf die allgemeine ⇨ Abhärtung zurückzuführen ist und

vor allem am Anstieg der zur Abwehr wichtigen weißen Blutkörperchen erkennbar wird.

Wasser wirkt also umfassend auf den gesamten Organismus, nicht nur am Ort der Anwendung. Deshalb kann es bei nahezu allen Erkrankungen zur Basistherapie, insbesondere aber auch zur regelmäßigen Gesundheitsvorsorge verwendet werden. Kranke Menschen reagieren allerdings nicht immer in der obigen Weise auf die Wasserreize; sie besprechen die Therapie deshalb vorher mit dem erfahrenen Fachmann, damit keine ernsten Nebenwirkungen eintreten.

Die wichtigsten Anwendungsformen des Wassers werden bei den entsprechenden Stichwörtern ausführlich vorgestellt (⇨ Abreibung – Abwaschung, ⇨ Bäder – Badezusätze, ⇨ Dampfanwendungen, ⇨ Duschen, ⇨ Gurgeln, ⇨ Inhalationen, ⇨ Wickel – Auflagen).

Wechselbad
⇨ Bäder – Badezusätze

Wechseljahre
Das Klimakterium ist keine Krankheit, sondern ein natürlicher Vorgang. Er beginnt bei Frauen in den westlichen Industrienationen ungefähr zwischen dem 46. und 52. Lebensjahr und dauert rund 10 Jahre. Die ersten 5 Jahre (Prämenopause) werden gekennzeichnet durch allmählich nachlassende Keimdrüsenfunktionen mit verminderter Hormonproduktion, bis schließlich die immer unregelmäßigere und schwächere Monatsblutung ganz ausbleibt (Menopause) und die Gebärfähigkeit erlischt; die folgenden 5 Jahre werden als Postmenopause bezeichnet. Bei Männern gibt es kein Klimakterium in diesem Sinn (sofern keine Keimdrüsenkrankheiten vorliegen), ihre Hormonproduktion läßt nur langsam nach, die Zeugungsfähigkeit kann bis ins hohe Alter erhalten bleiben.

Typische klimakterische Beschwerden der Frau sind Blutwallungen, Schwindel, Herz-Kreislauf- und Verdauungsstörungen, oft auch Gewichtsveränderungen, außerdem Neigung zu Gereiztheit, Nervosität, Launenhaftigkeit, Depressionen, Angstzuständen und Schlafstörungen. In leichter Form sind diese Beschwerden natürliche Folge der hormonellen Veränderungen, über die man meist desto rascher hinwegkommt, je weniger Beachtung man ihnen schenkt und je positiver man sich auf den bevorstehenden neuen Lebensabschnitt vorbereitet.

Erfahrungsgemäß leiden jene Frauen, die mit dem Klimakterium negative Vorstellungen verbinden, sich nicht mehr als vollwertige, attraktive und sexuell erlebnisfähige Frau sehen und Angst vor dem Altern haben, besonders stark unter klimakterischen Störungen. Im Einzelfall können hinter starken Beschwerden in den Wechseljahren aber auch organische Krankheiten stehen, so daß fachärztliche Untersuchung immer zu empfehlen ist.

Bei Männern in der Lebensmitte können ähnliche Beschwerden wie bei Frauen auftreten, die manchen zu unüberlegten Kurzschlußhandlungen veranlassen (Midlife-crisis). Da hormonelle Veränderungen beim Mann kaum eine Rolle spielen, stehen dahinter praktisch immer negative Erwartungen und Ängste; durch fachliche Untersuchung sollte bei stärkeren Beschwerden aber auch bei Männern geklärt werden, ob keine organische Krankheit vorliegt.

Es gibt zahlreiche Möglichkeiten zur Linderung klimakterischer Beschwerden. Sie werden individuell vom Fachmann verordnet, vor allem ⇨ Homöopathie, die so-wohl die verschiedenen Symptome lin-dert als auch die hormonellen Verände-rungen günstig beeinflußt. In schweren Fällen können Hormone angezeigt sein, die aber im Grunde einen schwerwiegen-den Eingriff in natürliche Vorgänge dar-stellen und deshalb nicht routinemäßig (wie heute oft üblich) angewendet werden sollten.

Breiten Raum nehmen bei Frau und Mann ⇨ Entspannungs- und ⇨ Autosuggesti-onstherapie ein, um die psychische Krise der Lebensmitte leichter zu bewältigen und positive Vorstellungen von der Zu-kunft zu entwickeln. Allein dadurch wer-den oft viele Symptome deutlich gelindert. Bei schweren seelischen Krisen kann auch ⇨ Psychotherapie angezeigt sein. Zur Allgemeintherapie soll schließlich auf geregelte Lebensführung ohne über má-ßigen ⇨ Streß, ausreichend ⇨ Bewegung und vollwertige Ernährung (⇨ Diät) geach-tet werden.

Zeiten des Umbruchs im Leben, wie sie die Wechseljahre immer darstellen, bedeuten stets eine kritische Phase. Aber wenn man sie richtig bewältigt, geht man gereift und gut auf die neue Lebensphase vorbereitet daraus hervor, die trotz des beginnenden Alters viele neue Chancen und Möglich-keiten bietet.

Wetterfühligkeit

Temperatur, Luftdruck, -feuchtigkeit und -elektrizität, Sonnenschein und andere at-mosphärische Zustände nehmen wahr-scheinlich auf jeden Menschen einen ge-wissen Einfluß, der hauptsächlich über das vegetative Nervensystem und die eng mit ihm zusammenarbeitenden Hormon-drüsen entsteht. Normalerweise treten da-durch aber keine nennenswerten spürba-ren körperlichen oder seelisch-geistigen

Reaktionen auf. Dazu kommt es nur bei Menschen, die vegetativ labil, geschwächt oder krank sind (die Krankheit kann auch symptomarm verlaufen) und deshalb übersteigert auf die atmosphärischen Ein-flüsse reagieren. Die Beschwerden sind vielfältiger Art, angefangen bei Nervo-sität, Gereiztheit, depressiver Verstim-mung, Angst und Leistungsschwäche über Kopfschmerzen, Blutdruckstörungen und Herzfunktionsstörungen bis hin zu rheumatischen Schmerzen, Herzanfällen oder Selbstmordversuchen. Da das Wetter sich immer wieder ändert, wird durch die ständig wiederkehrenden Symptome auch in leichten Fällen die Lebensqualität deutlich eingeschränkt.

Bei abnormer Wetterempfindlichkeit muß immer fachlich geklärt werden, welche Ur-sachen dahinter stehen, damit man sie ge-zielt behandeln kann. Das bleibt stets dem Fachmann vorbehalten. Zur Allgemeinbe-handlung, die den Patienten in die Lage versetzt, die atmosphärischen Einflüsse leichter zu verkraften, gehören vor allem ⇨ Abhärtung, ⇨ Entspannungs- und ⇨ Au-tosuggestionstherapie. Weitere therapeu-tische Maßnahmen werden bei den ver-schiedenen Symptomen angegeben (⇨ jeweiliges Stichwort).

Wickel – Auflagen

Diese beiden Formen der ⇨ Wassserthera-pie ähneln sich weitgehend. Kalt wendet man sie vor allem bei Fieber, zur Abhär-tung, Anregung, Stoffwechsel- und Durch-blutungssteigerung an, teils mit ⇨ Heiler-de. Warm sind sie vorwiegend zur Krampf- und Koliklinderung angezeigt. Beide Tem-peraturbereiche helfen auch bei Schmer-zen (⇨ auch Kältetherapie) und regen die Schlackenausscheidung durch vermehr-tes Schwitzen an. In der Regel bleiben sie anderthalb bis zwei Stunden angelegt, zur

Fiebersenkung (stets kalt) nur eine drei- viertel bis eine Stunde. Danach soll noch eine halbe bis eine Stunde im Bett geruht werden. Durch pflanzliche und andere Zu- sätze (⇨ Bäder) läßt sich die Wirkung von Wickeln und Auflagen verbessern.

Auflagen (Aufschläger, Kompressen) be- stehen aus dem inneren Leintuch, das man entsprechend der zu behandelnden Körperzone 2- bis 6fach passend zusam- menfaltet, anfeuchtet und auf den Körper legt. Darüber kommt ein etwas größeres trockenes Leintuch, das ganz um das be- handelte Körperteil herumgeführt wird, und als äußerer Abschluß ein noch etwas größeres Wolltuch, das man ebenfalls ganz um den Körper herumführt.

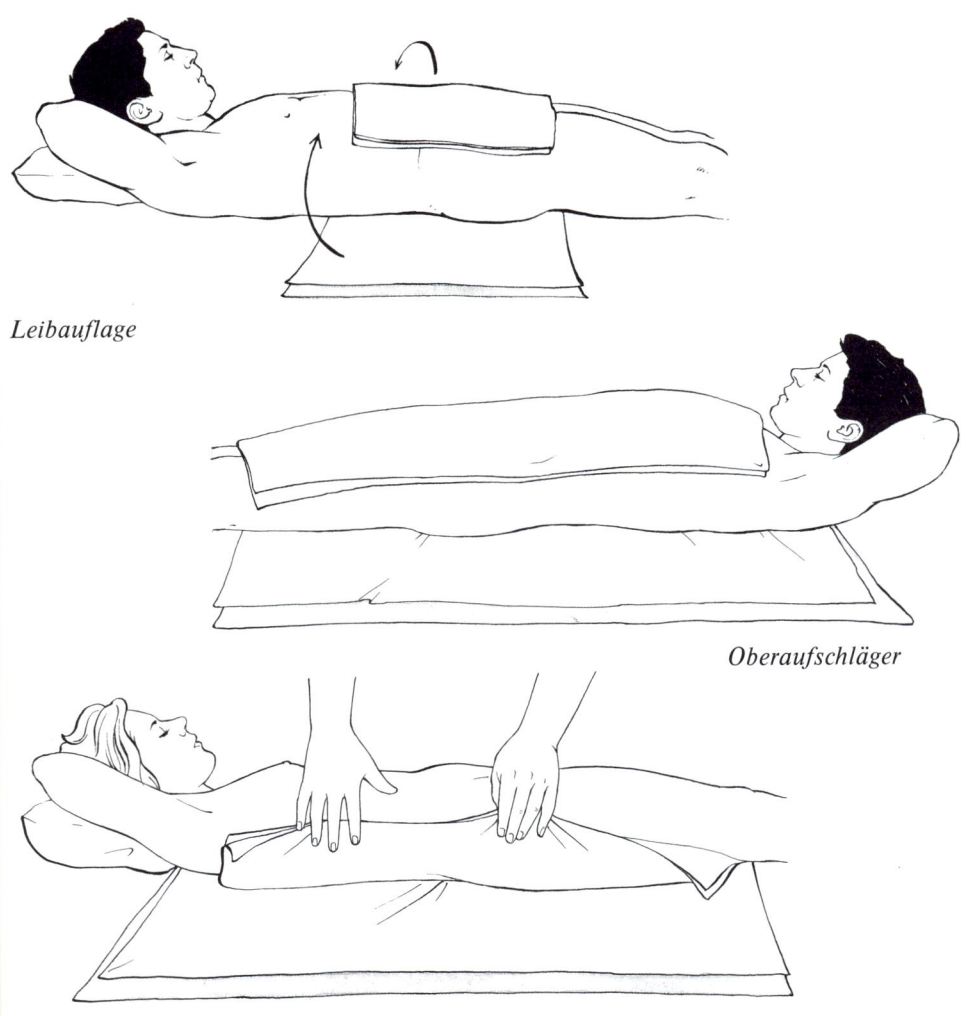

Leibauflage

Oberaufschläger

Unteraufschläger

218

Wickel bestehen gleichfalls aus den genannten drei Tüchern. Im Gegensatz zur Auflage wird beim Wickel aber auch das feuchte innere Leintuch ganz um die Körperregion herumgeführt, deshalb erzielt man mit einem Wickel auch eine etwas stärkere Wirkung.

Auflagen und Wickel an größeren Körperregionen oder am ganzen Körper strengen an und werden nicht immer gut vertragen. Sie bleiben deshalb fachlicher Verordnung vorbehalten. Für den Hausgebrauch eignen sich vor allem die folgenden kleineren Anwendungen.

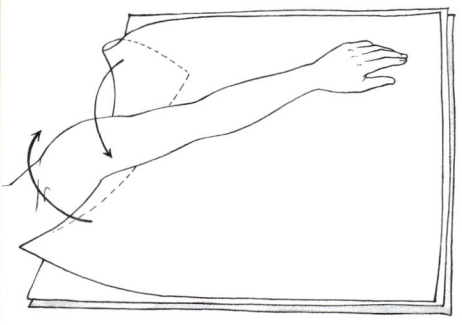

Armwickel

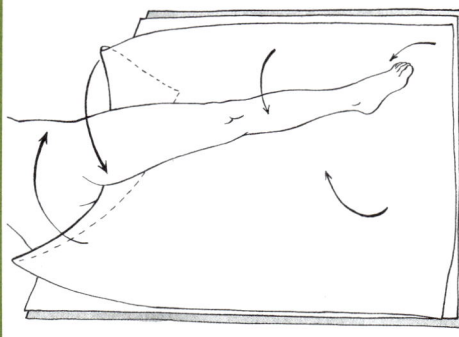

Beinwickel

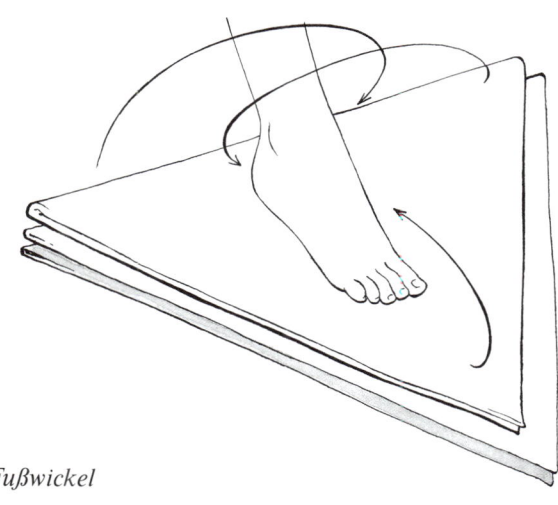

Fußwickel

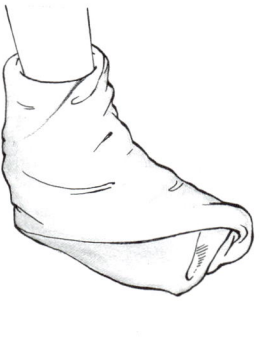

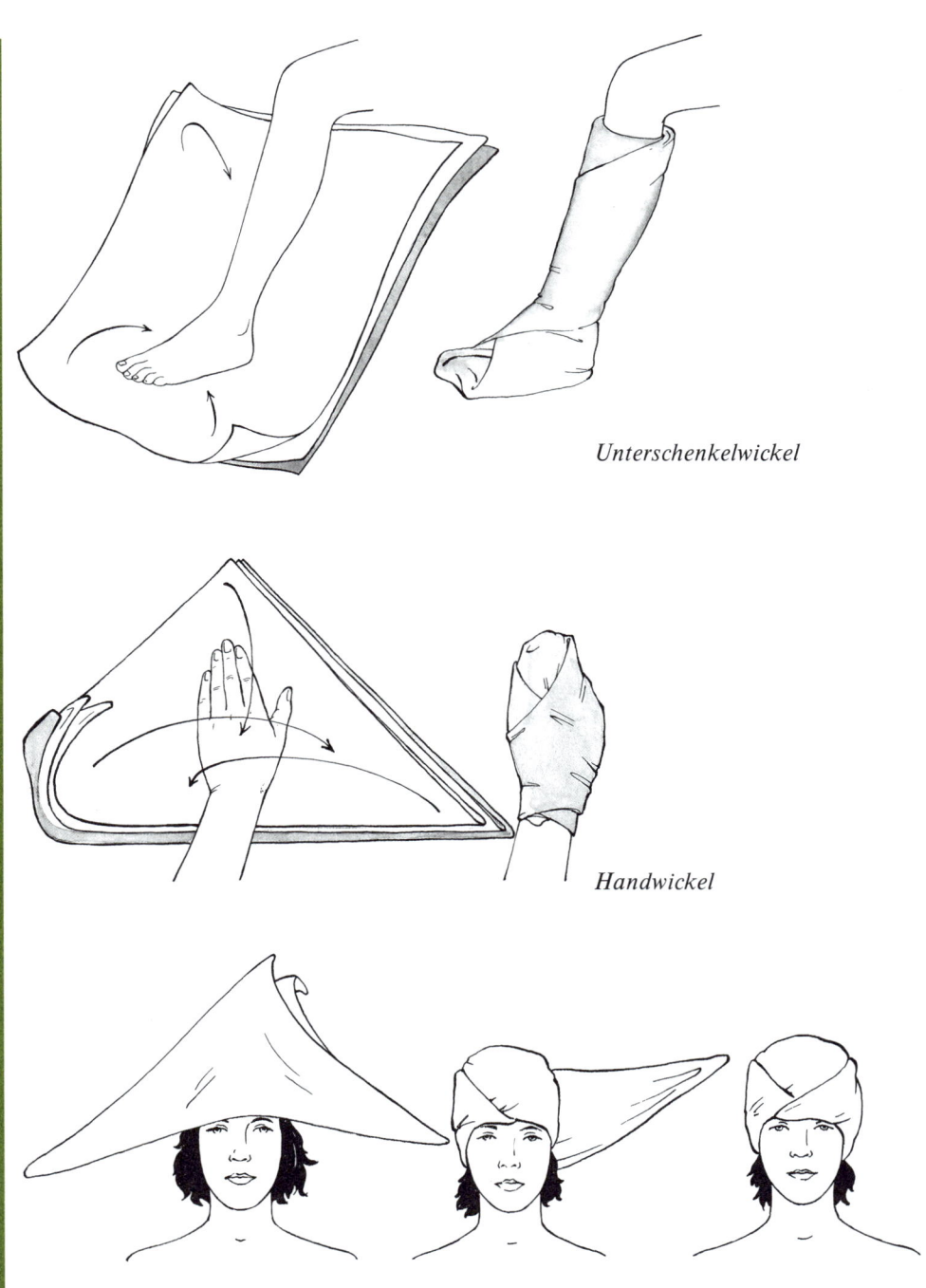

Unterschenkelwickel

Handwickel

Kopfwickel

220

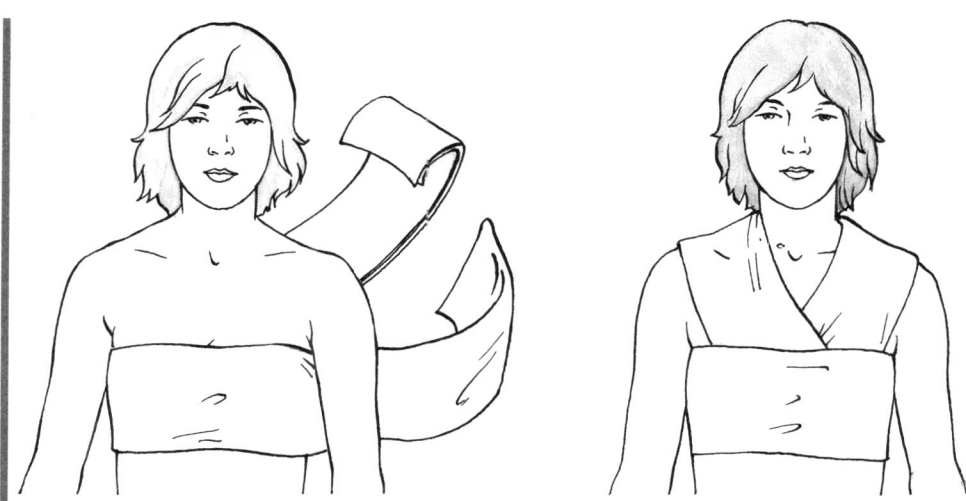

Kreuzwickel

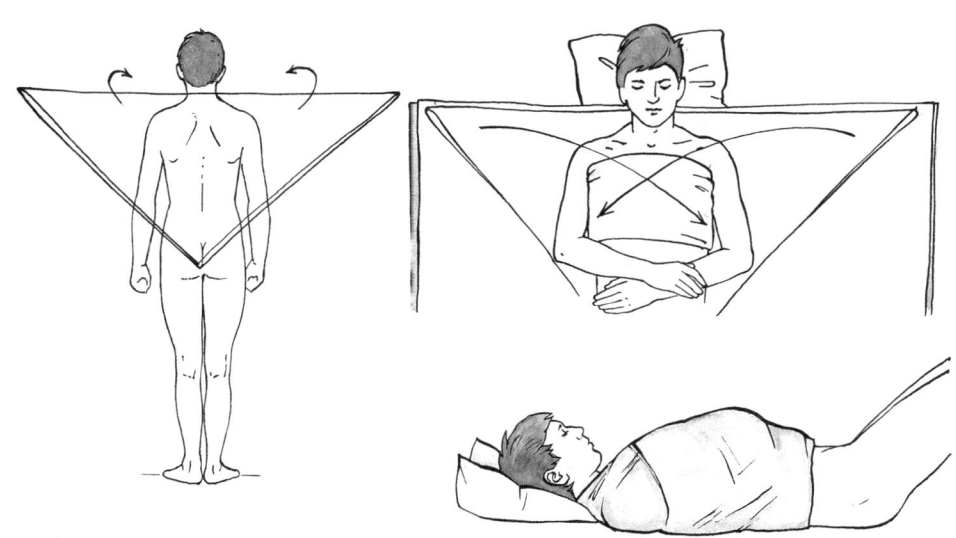

Schal

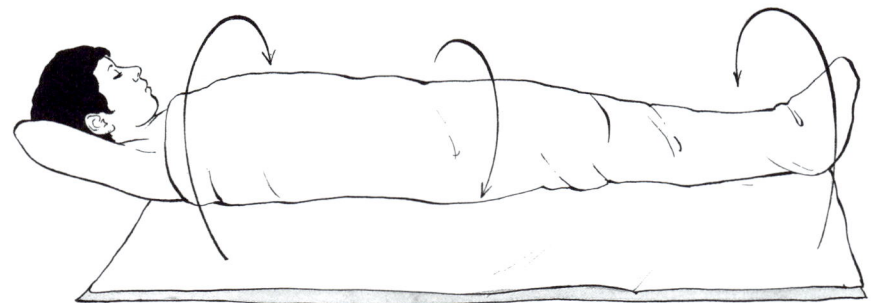

Unterwickel

Brustwickel

Leibauflage – das feuchte Innentuch so auf den Leib legen, daß es vom unteren Rippenbogen bis zu den Oberschenkeln reicht, die beiden Trockentücher ganz um den Leib herumführen.

Heilanzeigen bei Leibauflagen sind vor allem Blähungen, Koliken, Magenbeschwerden und andere Verdauungsstörungen, Krämpfen im Leib und Unterleib sowie Blasenentzündungen.

Brustwickel – zunächst das trockene Wolltuch, darauf das trockene Leintuch und obenauf das feuchte Leintuch quer über das Bett legen; man legt sich so darauf, daß der Wickel von den Achseln bis zum unteren Rippenbogen reicht, und führt die drei Tücher nacheinander (nicht zu straff, sonst wird die Atmung behindert) um den Brustkorb. Heilanzeigen sind alle Erkrankungen der Atmungsorgane.

222

Lendenwickel – zuerst das trockene Wolltuch, darauf das trockene Leintuch und
obenauf das feuchte Leintuch quer über
das Bett legen; darauf läßt man sich so
nieder, daß der Wickel vom unteren Rippenbogen bis zur Mitte der Oberschenkel
reicht. Heilanzeigen sind Magen-Darm-
Erkrankungen, insbesondere Koliken und
Blähungen (dann stets warm), ferner
Krankheiten anderer Bauch- und Unterleibsorgane.

Wadenwickel – um beide Unterschenkel
wickelt man je ein feuchtes Leintuch, das
von den Knöcheln bis zu den Kniekehlen
reicht, darüber kommen die üblichen beiden Trockentücher. Heilanzeigen kalter
Wadenwickel sind vor allem Fieber, außerdem wird das Einschlafen erleichtert;
warm werden sie bei ⇨ Wadenkrämpfen
angewendet.

Halswickel – das innere Leintuch längs
passend falten und 2mal um den Hals führen, darüber kommen die beiden Trocken-

Halswickel

tücher. Heilanzeigen sind Rachen- und
Kehlkopfentzündungen, die bei akutem
Verlauf kalt, bei chronischem Verlauf meist
besser warm behandelt werden.

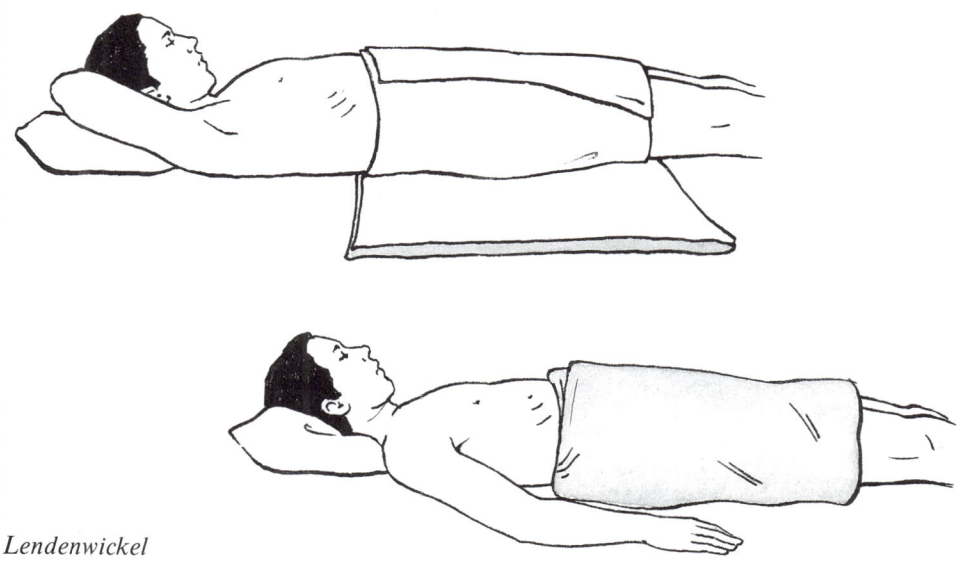

Lendenwickel

Breiumschlag

Breiumschläge: Als Sonderformen gibt es noch die Breiumschläge, von denen sich die folgenden besonders gut bewährt haben:

- Bockshornklee- oder Leinsamenumschlag, zu dem man einige Eßlöffel Samen in Wasser gibt und unter ständigem Rühren zum zähen Brei einkocht; er wird fingerdick auf ein Leintuch gestrichen, das man oben passend zusammenfaltet und mit der faltenfreien Unterseite auflegt; darüber kommen die beiden Trockentücher. Diese Anwendung hilft vor allem bei oberflächlichen Entzündungen.
- Kartoffelbreisack, zu dem man einen Leinensack passender Größe mit gekochten heißen Kartoffeln füllt, zubindet und die Kartoffeln dann mit einem Stempel von außen zerquetscht; dann wird der Sack, der besonders gut bei Gicht, Gelenk- und Muskelrheuma hilft, aufgelegt und mit den beiden Trockentüchern umwickelt.
- Heublumenkompressen, die man am besten fertig in der Apotheke kauft und nach Gebrauchsanweisung anwendet; sie wirken nicht allein durch die Wärme gut bei Rheuma, Asthma und Koliken, die Heublumen selbst üben auch einen heilsamen Reiz aus, der vor allem Schmerzen und Entzündungen rasch lindert und die Ausleitung von Krankheitsstoffen fördert.

Im allgemeinen wendet man Auflagen und Wickel nach Bedarf 1- bis 4mal täglich an, meist ergänzt durch andere Naturheilverfahren.

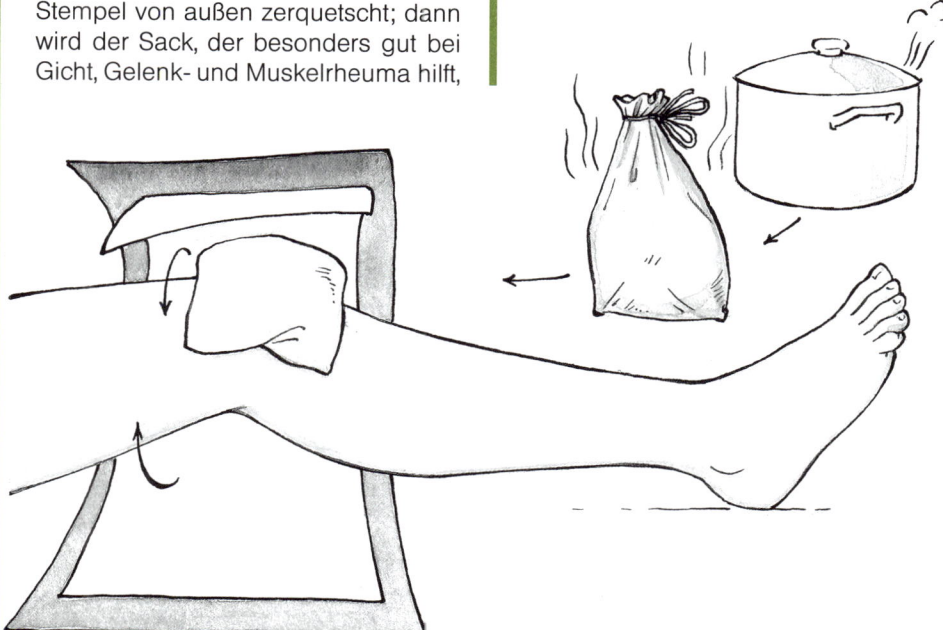

Heublumensack

Yoga

Seit Jahrtausenden wird diese Form der ⇨ Meditation in Indien praktiziert. Das Wort Yoga (auch Joga) aus der altindischen Literatursprache Sanskrit wird teils mit Anschirrung, teils mit Vereinigung übersetzt. Dahinter stehen weltanschaulich-religiöse Vorstellungen, die im abendländlichen Kulturkreis fremdartig anmuten.

Trotzdem fand Yoga in den letzten Jahrzehnten auch bei uns viele Anhänger, die mit seiner Hilfe nicht nur tiefe Entspannung, bessere Selbsterkenntnis und Selbstbeherrschung erlernen, sondern auch das einseitig rationalistische Denken überwinden und ihr Bewußtsein durch transzendentale Erfahrungen erweitern wollen. Wenn das nicht zur Flucht aus der Realität führt, kann diese Erweiterung der Wahrnehmungs- und Lebensmöglichkeiten sehr heilsam sein und zu einem glücklicheren, erfüllteren Leben führen. Dazu bedarf es aber der Anleitung eines erfahrenen, seriösen Lehrers. Mittlerweile werden Yogakurse auch von den meisten Volkshochschulen und einigen Krankenkassen angeboten.

Es gibt verschiedene Yogatechniken, die hier nicht weiter vorgestellt werden müssen (dazu gibt es genügend Fachliteratur). Im Grunde lehrt Yoga immer den »Heilsweg«, den man in mehreren Schritten bis zur höchsten Bewußtseinsstufe durchläuft. Unter anderem gehören dazu konzentrationsfördernde Körperhaltungen, der Gymnastik ähnelnde Körperübungen, Beherrschung der Atmung und Abkehr der Sinne von der Außenwelt. Bis hierher

In dieser Haltung, die Konzentration und Ausbalancieren des Gleichgewichts erfordert, wird das vegetative Nervensystem beruhigt, was die Meditation begünstigt

können auch Europäer Yoga gut üben, ohne sich näher mit den weltanschaulich-religiösen Grundlagen zu befassen; die Wirkungen auf Körper, Geist und Seelenleben entsprechen etwa denen durch ⇨ autogenes Training und andere ⇨ Entspannungstherapien.

Nach dieser Vorbereitung kann man zu den höchsten Stufen des »königlichen« Yogas weitergehen, die in Konzentration des Denkens in bestimmte Richtung für lange Zeit, Meditation und schließlich völlige Versenkung mit Einswerden im Göttlichen bestehen. Diese »höheren Weihen« sind jedoch nicht notwendig, wenn Yoga lediglich zur Gesundheitspflege durchgeführt wird. Da die zugrundeliegenden Vorstellungen unserem Denken zunächst teilweise sehr fremd sind, fällt es ohnehin vielen Europäern sehr schwer, so weit zu

Schneidersitz

Halber Lotossitz

Burmesischer Sitz

Lotossitz

gelangen. Wenn man sich aber darauf ein-
läßt, kann es zur entscheidenden Wende
für das ganze weitere Leben mit tiefgreifenden Veränderungen zum Beispiel der
Einstellungen, Erwartungen und Ziele
kommen. Sie ist zwar positiv, aber man
muß sich vorher gründlich überlegen, ob
man das überhaupt will.

Auch nach langem Training wird man Yoga niemals völlig beherrschen, sondern
kann immer nur nach noch mehr Vervoll-
kommnung streben. Der Weg dahin ist das
Ziel, dem viele Yogaanhänger ein Leben
lang folgen. Sie erhalten dadurch in einer
unruhigen, friedlosen Zeit, in der immer
mehr Werte ins Wanken geraten, einen festen Orientierungspunkt, der Gelassen-
heit, innere Ruhe und Geborgenheit vermittelt – von den günstigen Wirkungen auf
den gesamten Körper (⇨ besonders Meditation) ganz abgesehen.

Zahnkrankheiten

Erkrankungen am Zahnfleisch und an den Zähnen sind stets ein Fall für den Zahnarzt, damit die Ursachen gezielt behandelt werden. Im Einzelfall wird der Zahnarzt aber auch den Allgemeinmediziner zuziehen, denn zum Teil sind Zahnkrankheiten Ausdruck einer anderen Erkrankung. Wir beschränken uns hier darauf, kurz einige häufige Zahn- und Zahnfleischerkrankungen mit Warnzeichen und Soforthilfe vorzustellen, um der individuell notwendigen Verordnung durch den Therapeuten nicht vorzugreifen.

Zahnfleischbluten – akute Blutungen können bei Entzündungen und Verletzungen des Zahnfleisches auftreten; sie werden meist rasch durch ⇨ Gurgeln oder Pinselungen mit Eichenrinden-Salbei-Tee/-Lösung zum Stillstand gebracht; Fremdkörper (wie Knochensplitter) muß oft der Zahnarzt entfernen.

Häufigeres Zahnfleischbluten kann auf chronische Entzündungen und einem allgemeinen Schwund des Zahnfleischs, dauernde Reizungen (oft bei Rauchern auftretend), Zahnstein, Vitamin-C- und andere Mangelzustände, Blutkrankheiten, Hormon- und Stoffwechselstörungen zurückzuführen sein, das muß fachlich untersucht werden.

Zahnfleischentzündung – sie verläuft akut oder chronisch mit schmerzhafter Schwellung und Rötung des Zahnfleisches, das oft auch zum Bluten neigt. Als Ursache kommen vor allem Zahnstein, Zahnfleischschwund, dauernde Reizungen (oft kranke oder schlecht plombierte Zähne, Rauchen), Infektionen, Vergiftungen, allergische Reaktionen, Vitamin-C- und andere Mangelerkrankungen, Hormon-, Stoffwechsel- und Nervenstörungen in Frage, die nur der Zahnarzt oder Allgemeinmediziner diagnostizieren kann. Die Therapie richtet sich nach den Ursachen des Einzelfalls, zur örtlichen Behandlung eignen sich die bei Zahnfleischbluten genannten Maßnahmen.

Zahnschmerzen – manchmal sind sie auf rheumatische Ursachen, meist aber auf Zahnkaries zurückzuführen, die in enger Beziehung mit der heute üblichen falschen Ernährung steht. Anfangs treten die Schmerzen nur bei Reizung durch Wärme, Kälte oder Süßigkeiten auf, dann besteht ein oberflächlicher Defekt, der leicht zu behandeln ist.

Spontane Schmerzen ohne solche Reize deuten an, daß das Zahnmark mit betroffen ist, bei dauerndem Schmerz ist es völlig entzündet. Wenn der Zahn auch noch berührungsempfindlich wird, liegt zusätz-

Bei Zahnschmerzen helfen Kamille . . .   *. . . und Majoran*

lich eine Zahnwurzelentzündung vor, der Eiter aus der Wurzelspitze kann durchbrechen und zur »dicken Backe« führen, manchmal sogar ins Gehirn einbrechen. Sofortige zahnärztliche Hilfe ist notwendig, um den Zahn möglichst noch zu retten und zu verhindern, daß chronische ⇨ Eiterungen zu Krankheitsherden mit Fernwirkung werden. Zur Soforthilfe eignen sich Pinselungen mit Kamille, Melisse, Majoran, Nelkenöl oder Pfefferminze, die aber nur die Schmerzen lindern.

Zahnfleischschwund – er kann akut mit Entzündung auftreten, sehr rasch fortschreiten und unbehandelt bald zum Ausfallen von Zähnen führen; Ursachen sind

unter anderem Zahnstein, schlecht sitzende Zahnprothesen und Plomben sowie die anderen Ursachen, die bei Zahnfleischentzündung genannt wurden. Nur durch rasche Behandlung kann das »galoppierende« Fortschreiten aufgehalten werden.
Weit verbreitet ist der chronisch-schleichende Zahnfleischschwund, durch den ab dem 35. Lebensjahr mehr Zähne als durch Karies verlorengehen. Teilweise stehen dahinter natürliche Alterungsvorgänge, die allein aber nicht zum Ausfallen der Zähne führen; erst durch weitere Ursachen (ähnlich denen der Zahnfleischentzündung) schwindet das Zahnfleisch übermäßig.

Vorbeugung ist vor allem durch Vollwertkost, die das Gebiß genügend beansprucht, und regelmäßige sorgfältige Zahn- und Zahnfleischpflege möglich, bei Bedarf außerdem Entfernung von Zahnstein. Mundwässer dürfen keine chemischen Bestandteile enthalten, weil diese die nützliche Mundflora (⇨ Symbioselenkung) zerstören; bevorzugt verwendet man Mundwässer mit Heilpflanzen (vor allem Pfefferminze, Salbei) und Kieselsäure. Ist das Zahnfleisch schon stärker geschwunden oder haben sich gar die Zähne gelockert, muß zahnärztlich behandelt werden. Rauchen sollte man unterlassen, da die ständige Reizung chronischen Zahnfleischschwund fördert.

Zelltherapie

Diese umstrittene Behandlung wurde im 19. Jahrhundert von den russischen Ärzten FILATOW und WORONOFF begründet, aber erst der Schweizer Professor PAUL NIEHANS sorgte durch aufsehenerregende Erfolge bei Prominenten dafür, daß die Therapie in den letzten Jahrzehnten vermehrt angewendet wird. Vor einigen Jahren geriet sie allerdings ins Zwielicht, weil gelegentlich schwere Nebenwirkungen auftraten. Heute versucht man, diese Risiken durch immer bessere Herstellungsverfahren so gut wie möglich auszuschalten, ein Restrisiko bleibt jedoch bestehen. Deshalb muß die Anwendung sorgfältig gegen mögliche Gefahren abgewogen werden. Ohne Gefährdung und mit ähnlich guter Wirkung können homöopathische Zellextrakte verwendet werden, denen man deshalb vor allem bei ambulanten Kuren oft den Vorzug geben sollte.

Vereinfacht gesagt geht Zelltherapie davon aus, daß Zellextrakte aus Drüsen und Organen junger Tiere, die eingespritzt werden, die entsprechenden Zellen und Drüsen im menschlichen Organismus regenerieren und zur allgemeinen Anregung, Leistungs- und Abwehrsteigerung führen. Endgültig bewiesen ist diese Vorstellung zwar noch nicht, aber praktische Erfahrungen bestätigen sie. Heilanzeigen sind vor allem chronisch degenerative Krankheiten (wie Rheuma), vorzeitige Alterserscheinungen, Leistungsschwäche ab dem mittleren Lebensalter, Immunschwäche, teilweise auch allergische Krankheiten und Krebs.

Die Behandlung darf nur vom erfahrenen Therapeuten durchgeführt werden und erfolgt kurmäßig durch Injektionen; Einnahme von Zellextrakten ist nicht möglich, weil sie im Verdauungstrakt zerstört würden (⇨ auch Thymustherapie).

Zerrung

Überbelastung und mechanische Schädigung von außen bei Unfällen führt zu dieser Überdehnung von Muskeln, Sehnen und Gelenkkapseln mit eingeschränkter Beweglichkeit, Schmerzen und teilweise auch ⇨ Bluterguß. Das betroffene Glied wird sofort ruhiggestellt, die Behandlung entspricht der bei ⇨ Verstauchung und ⇨ Bluterguß. Wenn die Symptome nicht innerhalb weniger Tage abgeklungen sind, muß der Therapeut zugezogen werden.

Zuckerkrankheit

Diese seit der Antike bekannte Stoffwechselstörung gehört heute in den westlichen Industrienationen zu den großen Zivilisationskrankheiten, an der Millionen Menschen leiden. Sie entsteht, weil die Bauchspeicheldrüse nicht mehr genügend Insulin (ein Hormon) zur Regulierung des Kohlenhydratstoffwechsels zur Verfügung stellt. Deshalb kommt es nach Verzehr von Kohlenhydraten zum abnormen Anstieg des Blutzuckers, der sich nur langsam und nicht bis zur Norm (80120 mg-%) zurückbildet, und zur Zuckerausscheidung mit dem Urin. Da Zucker hauptsächlich zur Energiegewinnung benötigt wird, ist dieser Zustand mit Einschränkung der Leistungsfähigkeit und Organfunktionen verbunden, außerdem wird der Eiweiß- und Fettstoffwechsel gestört. Diabetes ist also eine schwere Allgemeinkrankheit, die in zwei Formen unterteilt wird:

Typ-I-Diabetes betrifft vorwiegend Kinder und Jugendliche, unabhängig vom Körpergewicht; er macht ungefähr 20 % aller Diabetesfälle aus und wird gekennzeichnet durch völligen Insulinmangel, der nur durch regelmäßige Insulininjektionen ausgeglichen werden kann. Die Ursachen sind noch nicht endgültig geklärt; Vererbung spielt nur selten eine Rolle, hauptsächlich wird Typ I durch Virusinfektionen hervorgerufen, die zu Fehlern der Abwehrfunktionen mit Zerstörung der insulinproduzierenden Zellen führen. Dieser Typ kommt meist innerhalb von Wochen bis wenigen Monaten voll zum Ausbruch.

Typ-II-Diabetes (rund 80 % aller Fälle) entsteht meist nach dem 40. Lebensjahr vor allem bei übergewichtigen Menschen; es besteht kein völliger Insulinmangel, sondern eine »periphere Insulinresistenz«, die dazu führt, daß die Zellen den Zucker nicht schnell genug aufnehmen; die Bauchspeicheldrüse erschöpft sich nur langsam, die Krankheit wird deshalb oft lange nicht erkannt. Neben Übergewicht gelten Erbanlagen bei diesem Typ als wichtigste Ursachen.

Beide Formen der Zuckerkrankheit können nur vom Therapeuten sicher diagnostiziert werden. Hauptsächlich folgende Warnzeichen müssen zur sofortigen Untersuchung veranlassen: allgemeine Müdigkeit, Abgespanntheit und Leistungsschwäche, abnormer Durst mit vermehrter Harnausscheidung, Gewichtsverlust, Appetitmangel, Übelkeit, Sehstörungen und Benommenheit.

Die Krankheit kann zu zahlreichen Komplikationen und Spätfolgen führen, und zwar:

- Diabetisches Koma durch extremen Insulinmangel mit sehr hohem Blutzucker und Säurevergiftung, die allmählich zur Bewußtlosigkeit und schließlich ohne Behandlung zum Tod führt.
- Hypoglykämisches Koma, das sich rasch durch Zuckermangel im Blut entwickelt; dazu kommt es vor allem, wenn die Diät nicht strikt eingehalten, zuviel Insulin gespritzt oder durch ungewohnte körperliche Belastung der Blutzucker zu stark gesenkt wird; der Zustand beginnt mit Hunger, Blässe, Zittern, Herzklopfen und Kopfschmerzen, schließlich Bewußtseinsverlust; sofortige Zufuhr von Zucker (am besten Würfelzucker in die Backentaschen schieben) beendet dieses Koma meist rasch.
- Außerdem drohen bei längerer Dauer der Zuckerkrankheit vor allem noch Gefäßschäden, die hauptsächlich zu Arteriosklerose, Nieren- und Augenkrankheiten führen, und Nervenleiden; dadurch werden Lebensqualität und -erwartung erheblich eingeschränkt; ständige gute Einstellung des Blutzuckers beugt diesen Spätschäden aber recht zuverlässig vor.

Die Behandlung des Diabetes erfolgt individuell stets durch den Therapeuten. Beim Typ-I-Diabetes kommt man ohne Insulin nicht aus, ergänzt durch entsprechende Diät und Bewegung. Der Typ-II-Diabetes muß zunächst durch Normalisierung des (meist) bestehenden Übergewichts und anschließend durch Dauerdiät und ausreichend Bewegung behandelt werden, bei Bedarf zusätzlich Tabletten; Insulin ist nur erforderlich, wenn diese Behandlung versagt. Für die Einhaltung dieser Maßnahmen, die lebenslang beibehalten werden müssen, ist größtenteils der Patient selbst zuständig. Durch seine Zuverlässigkeit oder Unzuverlässigkeit entscheidet er maßgeblich mit, ob er ein weitgehend normales, beschwerdefreies Leben führen kann oder häufer unter Komplikationen leidet.

Heilbar ist Diabetes heute auch durch Naturheilverfahren noch nicht. Individuell verordnete ⇨ Homöopathie, die bei ⇨ Arteriosklerose und ⇨ Herzleiden genannten Maßnahmen, teilweise auch noch ⇨ Sauerstofftherapie und ⇨ Aderlaß können die Behandlung im Einzelfall ergänzen. Immer wieder werden Heilpflanzen genannt, die den Blutzucker günstig beeinflussen sollen, aber das trifft objektiv nicht zu; keinesfalls darf man versuchen, sich damit selbst zu behandeln.

Zwölffingerdarmgeschwür

Dieses Geschwür sitzt fast immer am Anfang des Zwölffingerdarms gleich hinter dem Magenausgang. Verursacht wird es vor allem durch vermehrte Magensäureproduktion, weil der Speisebrei dann zu sauer in den Zwölffingerdarm gelangt; dafür sind oft seelisch-nervöse Faktoren Ernährungsfehler und die anderen beim Magengeschwür genannten Einflüsse (⇨ Magenleiden) verantwortlich. Bei Rauchern kommt hinzu, daß die Durchblutung der Schleimhaut vermindert wird. Männer leiden wesentlich häufiger darunter, Rückfälle und chronischer Verlauf kommen oft vor. Symptomatisch sind die heftigen bohrenden Schmerzen im Nüchternzustand und (im Gegensatz zum Magenge-

schwür) erst 2 bis 4 Stunden nach dem Essen, wenn der Speisebrei aus dem Magen in den Zwölffingerdarm gelangt.

Die Behandlung, die stets fachlich verordnet wird, entspricht weitgehend der beim Magengeschwür. Wichtig sind unter anderem ⇨ Diät, Verzicht auf Rauchen, ⇨ Entspannungs- und ⇨ Autosuggestionstherapie sowie individuell richtige Mittel der ⇨ Homöopathie.

Verzeichnis der Leitsymptome

Das folgende alphabetische Symptomenverzeichnis erleichtert die erste Verdachtsdiagnose, nach der sich das weitere Verhalten im Krankheitsfall richtet. Es enthält typische und auffällige Symptome häufig auftretender Krankheiten.

Die gründliche fachmännische Diagnose kann dieses Verzeichnis natürlich in keiner Weise ersetzen, deshalb sollte man bei Verdacht auf eine ernstere Erkrankung so bald wie möglich den Therapeuten aufsuchen.

Leitsymptom	Krankheiten
Afterjucken	Hämorrhoiden, Wurmkrankheiten
Angst	Angstzustände, Depressionen, Herzinfarkt, Herzneurose, Neurose, Streß, Wechseljahre
Atemnot	Bronchialasthma, Funktionsstörungen innerer Organe, Herzasthma, Herzschwäche, Husten, Lungenemphysem, Lungenentzündung, Rippenfellerkrankungen
Aufstoßen	Leberverfettung, Magenerweiterung, Magensenkung, Magengeschwür, Magenschleimhautentzündung, Sodbrennen
Augenbrennen	Bindehautentzündung, Heuschnupfen
Bewußtlosigkeit	Hitzschlag, Schlaganfall, Sonnenstich
Blähungen	Leberentzündung, Leberverfettung, Leberzirrhose
Blasenschmerzen	Blasenentzündung, Reizblase
Blässe	Blutarmut, Herzinfarkt
Blaufärbung der Glieder	Altersbrand, Arterienverkalkung, Bronchialasthma, Durchblutungsstörungen, Krampfadern, Thrombose
Bluterguß	Prellung, Quetschung
Blutwallungen	Wechseljahre
Brustschmerzen	Menstruationsstörungen
Bruststechen	Bronchitis, Lungenentzündung, Rippenfellerkrankungen
Darmträgheit	Verstopfung
Depressionen	Menstruationsstörungen, Neurosen, Streß
Druck unter dem rechten Rippenbogen	Gallenblasenentzündung, Gallensteine, Leberentzündung, Leberschwellung, Leberverfettung, Leberzirrhose
Durchfall	Darmkatarrh, Dickdarmkatarrh, Grippe
Durst, abnormer	Zuckerkrankheit
Eiterpusteln	Akne, Bartflechte, Ekzeme, Furunkel, Karbunkel, Mitesser
Erbrechen	Darmkatarrh, Dickdarmkatarrh, Grippe, Magenerweiterung, Magenschleimhautentzündung, Magensenkung
Eßlust, aufgehobene	Appetitmangel, Leberentzündung, Leberschwäche, Leberzirrhose
Fettige Haare	Talgfluß

Leitsymptom	Krankheiten
Fettige Haut	Talgfluß
Fettunverträglichkeit	Leberentzündung, Leberschwäche, Leberzirrhose
Flimmern vor den Augen	Migräne, Sonnenstich, vegetative Dystonie
Gelbfärbung der Augen	Gelbsucht, Leberentzündung
Gelbsucht	Gallenblasenentzündung, Gallensteine, Leberentzündung, Leberschwäche
Gelenkschmerzen	Gelenkabnutzung, Gelenkentzündung, Gicht, Grippe, Polyarthritis, Verrenkung, Verstauchung
Gelenksteifigkeit	Gelenkabnutzung, Polyarthritis
Gesichtsschwellungen	Nierenentzündung, Wassersucht
Gewichtsabnahme	Zuckerkrankheit
Glatze	Haarausfall
Harnabgang, unkontrollierter	Bettnässen, Blasenentzündung, multiple Sklerose
Harndrang, abnormer	Blasenentzündung, Herzschwäche, Prostataerkrankungen, Reizblase, Zuckerkrankheit
Harnentleerungsstörungen	Prostataerkrankungen, Reizblase, Zuckerkrankheit
Hautblasen	Erfrierung, Gürtelrose, Herpes-Infektionen
Hautknoten	Akne, Flechten, Kupferrose
Hautrötung	Arzneiexanthem, Ausschlag, Ekzem, Erfrierung, Fingerentzündung, Hautwolf, Nesselsucht, Sonnenbrand, Venenentzündung, Verbrennung, Wundliegen, Wundrose
Hautschwellung	Abszeß, Ausschlag, Balggeschwulst, Bartflechte, Erfrierung, Fingerentzündung, Frostbeulen, Furunkel, Haarbalgentzündung, Insektenstich, Karbunkel, Nesselsucht, Wundrose
Hautverdickung	Flechten
Heiserkeit	Erkältung, Grippe, Kehlkopfkatarrh, Schnupfen
Heißhunger	Leberschwäche
Herzschmerzen	Angina pectoris, Angstzustände, Arterienverkalkung, Blutarmut, Bluthochdruck, Durchblutungsstörungen, Funktionsstörungen innerer Organe, Herzinfarkt, Herzneurose
Hüftschmerzen	Ischias
Husten	Bronchialasthma, Bronchialkatarrh, Bronchitis, Erkältung, Grippe, Herzasthma, Lungenentzündung, Rachenkatarrh, Rippenfellerkrankungen, Schnupfen
Ischias	Bandscheibenvorfall, Kreuzschmerzen
Juckreiz	Ausschlag, Ekzem, Gelbsucht, Insektenstich, Krampfadern, Kupferrose, Leberentzündung, Nesselsucht
Juckreiz im After	Hämorrhoiden, Wurmkrankheiten
Kälte der Glieder	Altersbrand, Arterienverkalkung, Polyarthritis

Leitsymptom	Krankheiten
Klopfgefühl am Nagelfalz	Umlauf
Kloßgefühl im Hals	Funktionsstörungen innerer Organe
Knochenbrüche	Knochenentkalkung, Knochenerweichung
Knochenschmerzen	Knochenentkalkung, Knochenerweichung, Knochenhautentzündung
Knochenverkrümmung	Rachitis
Koliken	Blähungen, Durchfall, Erbrechen, Gallenblasenentzündung, Gallensteine, Nierensteine
Kopfschmerzen	Arterienverkalkung, Bluthochdruck, Blutunterdruck, Grippe, Grüner Star, Herzschwäche, Heuschnupfen, Hitzschlag, Menstruationsstörungen, Migräne, Sonnenstich, Streß
Kreuzschmerzen	Bandscheibenvorfall, Bechterew-Krankheit, Hexenschuß, Ischias, Menstruationsstörungen, Nierenbeckenentzündung, Nierenentzündung, Nierensteine, Spondylose
Lähmungen	Schlaganfall
Lichtscheu	Bindehautentzündung, Heuschnupfen, Migräne
Lidschwellung	Bindehautentzündung, Gerstenkorn, Hagelkorn
Magenschmerzen	Brechdurchfall, Magenerweiterung, Magengeschwür, Magenschleimhautentzündung, Magensenkung, Zwölffingerdarmgeschwür
Mattigkeit	Leberentzündung, Leberschwäche, Leberverfettung, Leberzirrhose
Müdigkeit	Frühjahrsmüdigkeit, Neurosen, Polyarthritis
Muskelschmerzen	Grippe, Muskelhartspann, Muskelkater, Weichteilrheuma
Muskelschwäche	Rachitis
Muskelschwund	Polyarthritis
Nagelbrüchigkeit	Polyarthritis
Nervenschmerzen	Bechterew-Krankheit, Gürtelrose, Nervenentzündung
Nervosität	Neurosen, Schlafstörungen, Wurmkrankheiten
Niesreiz	Heuschnupfen, Schnupfen
Ohnmacht	Blutunterdruck, Durchblutungsstörungen
Ohrensausen	Arterienverkalkung, Bluthochdruck, Herzschwäche, vegetative Dystonie
Ohrenschmerzen	Gehörgangentzündung, Mittelohrentzündung
Ohrschwellungen	Mittelohrentzündung
Pulsbeschleunigung	Herzflattern, Herzflimmern, Herzjagen, Herzschwäche
Rückenschmerzen	Bandscheibenvorfall, Bechterew-Krankheit, Spondylose
Schlafstörungen	Depressionen, Nervosität
Schluckschmerzen	Rachenkatarrh
Schnupfen	Erkältung, Grippe, Heuschnupfen
Schüttelfrost	Lungenentzündung, Nierenbeckenentzündung, Nierenentzündung

236

Leitsymptom	Krankheiten
Schuppen	Talgfluß
Schwarzwerden vor den Augen	Blutunterdruck
Schwellungen	Bluterguß, Herzschwäche, Schleimbeutelentzündung, Sehnenscheidenentzündung, Thrombose, Wassersucht
Schwerhörigkeit	Adenoide Vegetationen, Gehörgangentzündung, Hörsturz, Innenohrentzündung, Mittelohrentzündung, Ohrpfropf, Ohrsklerose
Schwindel	Arterienverkalkung, Blutarmut, Bluthochdruck, Blutunterdruck, Grippe, Herzneurose, Herzschwäche, Lungenemphysem, Sonnenstich, vegetative Dystonie, Wechseljahre
Schwitzen, übermäßiges	Nervosität, Rachitis, vegetative Dystonie
Sehschwäche	Grauer Star, grüner Star
Seitenstechen	Bronchitis, Lungenentzündung, Rippenfellerkrankungen
Sodbrennen	Magendrücken, Magengeschwür, Magenschleimhautentzündung
Sprachstörungen	Parkinson-Krankheit, Schlaganfall
Stirn-Wangen-Schmerzen	Schnupfen
Übelkeit	Appetitmangel, Durchfall, Erbrechen, Grippe, grüner Star, Herzneurose, Hitzschlag, Leberschwäche, Leberzirrhose, Migräne, Sonnenstich
Überbein	Sehnenscheidenentzündung
Unruhe	Nervosität
Venenerweiterung	Krampfadern
Verstopfung	Dickdarmkatarrh
Völlegefühl	Leberentzündung, Leberschwäche, Magendrücken, Magenschleimhautentzündung
Wahnvorstellungen	Psychosen
Wirbelsäulen-schmerzen	Wirbelsäulenentzündung, Wirbelsäulenverkrümmung
Zahnfleischrötung	Zahnfleischentzündung, Zahnfleischschwund

Adressenverzeichnis

Bei den nachstehenden Adressen können zu den jeweiligen Spezialgebieten weitere Informationen und Kontaktanschriften angefordert werden (frankierten Rückumschlag beilegen). Es handelt sich um eine Auswahl von Adressen; wenn Verbände und Institutionen hier nicht genannt werden, spricht das nicht gegen sie.

Deutschland

Ärztegesellschaft für Naturheilverfahren e.V.
c/o Immanuel Krankenhaus
Königstraße 63
D-14109 Berlin
Tel. 0 30 - 80 50 56 91; Fax 0 30 - 80 50 56 92
www.datadiwan.de/aen

Anthroposophische Gesellschaft
Zur Uhlandshöhe 10
D-70188 Stuttgart
Tel. 07 11 - 1 64 31 - 21; Fax 07 11 - 1 64 31 - 30
www.anthroposophie.de

Berufsverband Deutscher
Psychologinnen und Psychologen e.V.
Oberer Lindweg 2-4
D-53129 Bonn
Tel. 02 28 - 9 87 31 - 0; Fax 02 28 - 9 87 31 - 71
www.bdp-verband.de

Deutsche Akupunkturgesellschaft
Goltsteinstraße 26
D-40211 Düsseldorf
Tel. 02 11 - 36 90 99; Fax 02 11 - 36 06 57
www.akupunktur-aktuell.de

Deutsche Gesellschaft für Hypnose e.V.
Druffels Weg 3
D-48653 Coesfeld
Tel. 0 25 41 - 7 00 07; Fax 0 25 41 - 7 00 08
www.hypnose-dgh.de

Deutsche Gesellschaft
für Verhaltenstherapie e.V.
Neckarhalde 55
D-72070 Tübingen
Tel. 0 70 71 - 94 34 - 11; Fax 0 70 71 - 94 34 - 35
www.dgvt.de

Deutscher Verband
für Physiotherapie e.V.
Deutzer Freiheit 72-74
D-50679 Köln
Tel. 02 21 - 98 10 27 - 0; Fax 02 21 - 98 10 27 - 25
www.zvk.org

Deutscher Zentralverein
homöopathischer Ärzte e.V.
Am Hofgarten 5
D-53113 Bonn
Tel. 02 28 - 2 42 53 30; Fax 02 28 - 2 42 53 31
www.homoeopathy.de

Fachverband Deutscher Heilpraktiker
Maarweg 10
D-53123 Bonn
Tel. 02 28 - 61 10 49; Fax 02 28 - 62 73 59
www.heilpraktiker.org

Förderverein für Yoga und Ayurveda
Weidenerstraße 3
D-81737 München
Tel. 0 89 - 6 37 10 12; Fax 0 89 - 6 70 89 79
www.institut.fya.bei.t-online.de

Freier Verband
Deutscher Heilpraktiker e.V.
Erphostraße 23
D-48145 Münster
Tel. 02 51 - 13 68 86; Fax 02 51 - 39 27 36
www.fvdh.de

Institut für Bach-Blütentherapie
Eppendorfer Landstraße 32
D-20249 Hamburg
Tel. 0 40 - 43 25 77 10; Fax 0 40 - 43 52 53
www.bach-bluetentherapie.de

Kneipp Ärztebund e.V.
Hahnenfeldstraße 21 a
D-86825 Bad Wörishofen
Tel. 0 82 47 - 9 01 10, Fax 0 82 47 - 9 01 11
www.kneippaerztebund.de

Stiftung Ökologie und Landbau
Weinstraße Süd 51
D-67098 Bad Dürkheim
Tel. 0 63 22 - 98 97 - 00, Fax 0 63 22 - 98 97 01
www.soel.de

Verband Deutscher Heilpraktiker e.V.
Ernst-Grote-Straße 13
D-30916 Isernhagen
Tel. 05 11 - 6 16 98 - 0, Fax 05 11 - 6 15 98 - 20
www.heilpraktiker-vdh.de

Österreich:

Allgemeine Anthroposophische Gesellschaft
Tilgnerstraße 3/5
A-1040 Wien
Tel. +43-(0)1 - 50 53 - 454
Fax +43-(0)1 - 50 53 - 207

Berufsverband Österreichischer
Psychologinnen und Psychologen
Möllwaldplatz 4/4/39
A-1040 Wien
Tel. +43-(0)1 - 4 07 26 71 - 0
Fax +43-(0)1 - 4 07 26 71 - 30
www.boep.or.at

Dachverband der österreichischen Ärzte
für Ganzheitsmedizin
Diepoldstraße 10
Postfach 58
A-1174 Wien
Tel. + Fax +43-(0)1-4 84 27 97
www.ganzheitsmed.at

Österreichische Gesellschaft für
Akupunktur und Aurikulotherapie
Huglgasse 1-3
A-1150 Wien
Tel. +43-(0)1 - 9 81 04 - 57 58
Fax +43-(0)1 - 9 81 04 - 57 58
www.akupunktur.at

Schweiz:

Allgemeine Anthroposophische Gesellschaft
Postfach
CH-4143 Dornach 1
Tel. +41-(0)61 - 7 06 42 - 42
Fax +41-(0)61 - 7 06 42 - 14
www.goetheanum.ch

Schweizer Ärztegesellschaft für Akupunktur
Postfach 566
CH-8134 Adleswil
Tel. +41-(0)1 - 7 10 90 70
www.saga-tcm.ch

Schweizer Physiotherapie Verband
St. Karlistraße 74
CH-6004 Luzern
Tel. +41-(0)41 - 4 62 70 - 60
Fax +41-(0)41 - 4 62 70 - 61
www.fisio.org

Schweizer Psychotherapeuten Verband
Weinbergstraße 31
CH-8006 Zürich
Tel. +41-(0)1 - 2 66 64 - 00
Fax +41-(0)1 - 2 66 64 - 01
www.psychotherapie.ch